十四五
学术文库系列

陕西省科学技术研究发展计划项目（2014KRZ04）
西安交通大学人文社会科学学术著作出版基金
中央高校基本科研业务费专项资金资助
Supported by "the Fundamental Research Funds for the Central Universities"

元宇宙
产业链管理：
生态系统与商业模式

YUANYUZHOU CHANYELIAN GUANLI:
SHENGTAI XITONG YU SHANGYE MOSHI

王能民 陈 玲 董 蓉 刘梦芮 编著

西安交通大學出版社
XI'AN JIAOTONG UNIVERSITY PRESS

图书在版编目(CIP)数据

元宇宙产业链管理:生态系统与商业模式 / 王能民等编著. --西安 ：西安交通大学出版社，2025.4.
ISBN 978-7-5693-4045-7
Ⅰ. F49
中国国家版本馆 CIP 数据核字第 2025RP0934 号

书　　名	元宇宙产业链管理:生态系统与商业模式
编　　著	王能民　陈　玲　董　蓉　刘梦芮
责任编辑	李逢国
责任校对	雒海宁
封面设计	任加盟
出版发行	西安交通大学出版社 (西安市兴庆南路 1 号　邮政编码 710048)
网　　址	http://www.xjtupress.com
电　　话	(029)82668357　82667874(市场营销中心) (029)82668315(总编办)
传　　真	(029)82668280
印　　刷	西安五星印刷有限公司
开　　本	700mm×1000mm　1/16　**印张**　18.5　**字数**　252 千字
版次印次	2025 年 4 月第 1 版　2025 年 4 月第 1 次印刷
书　　号	ISBN 978-7-5693-4045-7
定　　价	98.00 元

如发现印装质量问题，请与本社市场营销中心联系。
订购热线:(029)82665248　(029)82667874
投稿热线:(029)82664840　QQ:1905020073
读者信箱:1905020073@qq.com

前　言

新质生产力代表先进生产力的演进方向，是由技术革命性突破、生产要素创新性配置、产业深度转型升级而催生的先进生产力质态。新质生产力以劳动者、劳动资料、劳动对象及其优化组合的跃升为基本内涵，具有强大的发展动能，能够引领、创造新的社会生产时代；新质生产力正在改变并将继续深刻地变革企业组织资源和能力的模式。以新一代信息技术为代表的新质生产力正在改变世界经济运营业态：以虚拟现实、人工智能为代表的新一代信息技术催生了元宇宙，元宇宙被视为互联网的下一次革命，是一个平行于现实世界又独立于现实世界的虚拟空间，是映射现实世界的在线虚拟世界，是越来越真实的数字虚拟世界，它由持久的、共享的、三维的虚拟空间组成，并连接成一个可感知的虚拟宇宙。

元宇宙自提出以来发展迅速，业界积极投入其业态和模式的创新，一批元宇宙相关的新业态和新模式得到了快速的发展，新业态和新模式在快速发展的同时也面临着一些亟须解决的问题，其中突出的问题是如何形成有效的元宇宙产业链。为了在理论上厘清和明确元宇宙产业链的内在机理和管理机制，对实践中元宇宙业界正在兴起的新业态和新模式进行归纳和总结，本书围绕元宇宙产业链管理的三个基础性内容展开，即元宇宙概论、元宇宙生态系统、元宇宙商业模式，从哲学、经济学、管理学等多维视角对元宇宙产业链管理在理论上进行了较为系统的探讨。在理论分析的同时，本书基于业界实践中产生的新业态与新模式，洞察了元宇宙产业链的生态系统和商业模式内在的规律。

本书包括元宇宙概论、元宇宙生态系统及元宇宙商业模式三部分内容，共十一章。本书的内容体系由王能民构思、设计，第一部分（第一章和第二章)由陈玲撰写，第二部分(第三章、第四章、第五章、第六章)由刘梦芮撰写，第三部分(第七章、第八章、第九章、第十章、第十一章)由董蓉撰写。全书由王能民统稿。

元宇宙是一个新兴的领域，编写组希望在撰写本书时尽可能对现在的理论研究成果和业界实践进行归纳和总结，以期形成一个较为完善的体系。在本书的编写过程中，编写组参考了国内外诸多学者关于元宇宙理论研究的学术成果，引用了相关著作、教材、论文中的资料，这些作者的研究成果丰富了本书的内容。同时，本书还对元宇宙企业相关的案例素材以及管理政策进行了归纳和总结。在汇编成书之前，编者多次与政府部门和知名企业的管理人员分享了部分章节对应的内容。同时，本书的部分内容也在西安交通大学、哈尔滨工业大学、山东大学、西北工业大学、郑州大学、云南大学、云南财经大学等高校的EMBA/MBA教学中作为案例和教学内容使用过，在教学过程中有多位学员参与讨论并提出了有价值的建议。在此，向这些专家、学者和学员表示衷心的感谢。

由于作者的知识范围和学术水平有限，书中难免存在不妥之处，恳请各位专家、学者和学员批评指正，以便后期再版时完善。

本书的出版得到了陕西省科学技术研究发展计划项目(2014KRZ04)和西安交通大学人文社会科学学术著作出版基金的资助。

王能民

2025年3月

目　录

第一章　元宇宙概述与发展

第一节　元宇宙概述

一、科技巨头积极布局元宇宙

元宇宙是一个平行于现实世界又独立于现实世界的虚拟空间，是映射现实世界的在线虚拟世界，是越来越真实的数字虚拟世界，它由持久的、共享的、三维的虚拟空间组成，并连接成一个可感知的虚拟宇宙。元宇宙被视为互联网的下一次革命：自 2021 年始，元宇宙在全球范围内得到了业界越来越多的关注，全球多家科技企业积极布局元宇宙。近几年，元宇宙在基础层、平台层和应用场景等方面取得了实质性的进展，其对推动数字经济的深度革命和传统产业的实质性融合具有重要的积极作用。虚拟世界联结成的元宇宙，已经被业界认为是宏大且前景广阔的投资主题，它既为数字创新提供了新方向，也为产业链拓展开辟了新领域。不仅如此，元宇宙还为人类社会实现数字化转型提供了新的路径，并与后人类社会发生了全方位的交集，开启了一个可以与大航海、工业革命、宇航革命具有同样历史意义的新时代。

（一）脸书

2021 年 10 月 29 日，Facebook（脸书）创始人宣布，将把母公司更名为 Meta（元），并希望人们将其视为“元宇宙公司”，暗示了 Facebook 对元宇宙的雄心。该公司近年在元宇宙基础层、平台层和应用层都积极开展战略性投资。其一,在基础层和平台层方面的投资。2021 年该公司资本支出约为 190 亿美元;因为对数据中心、服务器、网络技术设施和办公场地进行投资,2022 年该公司资本支出在 290 亿~340 亿美元;在硬件方面,该公司收购 Oculus(奥克卢斯),并加大增强现实(augmented reality,AR)技术和虚拟现实(virtual reality,VR)技术和领域的投资,布局虚拟现实设备,目前已经具有千万级销量终端。其二,积极探索元宇宙的应用场景。该公司主要布局包括:①虚拟社交。旗下 VR 虚拟社区 Horizon(地平线)平台逐步探索虚拟社交场景。②数字货币领域。发布 Libra(天秤座)现已更名为 Diem(迪姆)。③游戏领域。在已有的“Beat Saber”《节奏光剑》、“Population: One”《人口:一号》两款爆款游戏之外,Facebook 正在跟荷兰 VR 游戏开发商 Vertigo(维尔蒂戈)合作开发五款即将推出的游戏。④社交领域。Facebook 推出 VR 社交软件 Horizon Home(地平线家园),用户可以在 VR 中构建自己的社交化身 Avator(艾维特),并通过该化身与朋友共度时光,Facebook 还推出了类似于 Zoom(佐姆)的企业通信软件 Workplace(职场),并在此基础上推出了面向 VR 用户的跨平台 VR 协作平台和协同办公软件 Workrooms(工作室)。

(二)英伟达

2021 年 11 月 10 日,英伟达正式发布 Omniverse(全景宇宙)平台,全面拥抱元宇宙。其推出的 Omniverse 是专为虚拟协作和实时逼真模拟打造的开放式平台。根据英伟达官网信息,Omniverse 可以让用户通过云在软件之间、在本地或世界各地无缝地实时工作。其产品包括由 5 个组件共同组成的完整生态系统,分别是平台中央数据库 Nucleus(核)、连接其他应用的桥梁 Connect(连接)、套件、仿真和 RTX(高级多图形处理器渲染器)。通过 Omniverse,开发者可以更好地实现应用软件间的实时协作,简化跨平台的工作流程。Omniverse 通过这些组件和工具,支持建筑设计、工程制造、媒体娱乐等多个行业的 3D 设计和仿真需求,为用户提供了一个协作和创新的平台。

（三）微软

微软（Microsoft）为驱动元宇宙提供了所需的各种技术和产品支撑，已经形成从数据预测与模拟、历史数据追踪分析、建模与检测、同步现实世界等能力进行突破的技术栈，涉及物联网、数字孪生、混合现实等技术领域，以及在人工智能的帮助下，以自然语言进行交互，并用于视觉处理的机器学习模型等技术储备；其主要产品包括微软全息眼镜、微软混合现实平台、微软低代码开发平台、微软提供的云计算服务和操作系统等。

微软积极探索元宇宙的应用场景，工业元宇宙是其重要布局的领域。微软认为：工业元宇宙是数据驱动的工业未来，坚定创新、加码投资，微软希望加大人工智能（artificial intelligence，AI）在工业元宇宙方面的应用，通过与一系列的科技公司合作，共同利用人工智能的进步来提升工业元宇宙：2023 年 7 月，微软宣布了全新的计划 Microsoft AI Cloud Partner Program（微软人工智能云合作伙伴计划），并宣布会把工业元宇宙纳入其所述项目。

二、元宇宙的概念

（一）概念

“元宇宙”一词最早出自 1992 年出版的科幻小说《雪崩》，该作品的主角通过一台特制的电脑，戴上耳机和目镜，找到连接终端，就能以虚拟分身的方式进入由计算机模拟、与真实世界平行的另外一个世界——虚拟空间。在它的描绘中，所有现实世界中的人在元宇宙中都有一个网络分身，在其中以虚拟身份自由生活。

由于元宇宙还处在早期阶段，科技、商业、投资等行业人士从他们自身的角度出发，对元宇宙有着不同的理解。各界对元宇宙的终极形态还没有一个明确的定论，元宇宙目前还没有权威的定义。元宇宙的英文为 Metaverse，从词汇成分来看，它是由“Meta”和“verse”拼成的组合词，

Meta 意为“超越”,verse 则是 universe(宇宙)的衍生词,从表意上看,元宇宙可以理解为超越宇宙的一种存在形式。元宇宙在百度百科词条上的解释为:“元宇宙是一个在线可与现实世界交互的虚拟空间,其中所有事件都是实时发生的,且具有永久的影响力。”元宇宙在维基百科上的定义为:“元宇宙是通过虚拟增强的物理现实,是呈现收敛性和物理持久性特征的、基于未来互联网的具有连接感知和共享特征的三维虚拟空间。”从百度百科和维基百科的解释来看,Meta 确实意为“超越”,verse 则对应“数字空间”里所构建的“空间”。

Facebook 的创始人认为,元宇宙是移动互联网的继任者,将成为一个永续的、实时的且无准入限制的环境,用户可以通过多种设备进行访问。在元宇宙中,用户不仅仅能观看内容,更可以置身其中。Roblox(罗布乐思)的联合创始人认为,元宇宙是一个虚拟空间,人们可以在其中投入大量的时间进行工作、学习和娱乐。未来,Roblox 的用户不仅能够在平台上阅读关于古罗马的书籍,还可以参观元宇宙中重建的历史名城,并在其中自由探索。《人工智能研究杂志》的创始人提出,元宇宙是一个呈指数级增长的虚拟世界,人们可以在其中创造属于自己的世界,并以他们认为合适的方式将物理世界的经验和知识加以应用。

从人类认知世界和宇宙来看,元宇宙是人类信息文明时代认知宇宙的一种宇宙认识论。一方面,“元”有本质、根本的意思,如同农耕时代人类认知宇宙成果之一的《道德经》中的“道”,《道德经》认为万物源于“道”,即“道生一,一生二,二生三,三生万物”;也如同现在化学学科里讲的元素中的“元”,从这一意义上来看,元宇宙里的“元”有本质、根本、源头的意思。元宇宙在某种程度上使得人类的感知摆脱了对客观物质世界的依赖,突破了虚实的界限。在元宇宙中,人类自身的主体地位被削弱,这使得人类对感知的认识更为抽象化、本质化。另一方面,“元”有向度、维度的含义,多维数据是元宇宙的关键要件。互联网的诞生开启了现实世界数字化的进程,用户的数据通过各种智能设备记录下来,再通过大数据技术形成用户在数字世界中的“立体画像”,但这些“立体画像”

仍然是一维的，因为它们的来源是用户本身；而在元宇宙中，人与物、人与环境的数据相结合，形成多维数据，这使得元宇宙能够反过来为现实生活中的诸多问题提供更有效的解决方案。

从其表现形式来看，元宇宙是整合多种新技术而产生的虚实相融的新型互联网应用和社会形态，它基于 AR、VR、扩展现实（extended reality，XR）、拟真现实（emulated reality，ER）技术提供沉浸式体验，基于数字孪生技术生成现实世界的镜像，基于区块链技术搭建经济体系和去中心化的组织社群体系，将虚拟世界和现实世界在经济系统、社会系统、身份系统上密切融合，实现虚实融合、虚实共生。元宇宙是承载人类未来生活方式的数字新空间，是一个人人都有可能和意愿参与的数字新世界，让每个人都可以摆脱物理世界中现实条件的约束，从而在数字空间中成就更好的自我，实现自我价值。

从其所依赖的技术基础来看，元宇宙集成了第五代移动通信技术（fifth-generation，5G）/第六代移动通信技术（sixth-generation，6G）、Web3.0（网络 3.0）、VR、AR、混合现实（mixed reality，MR），囊括了包括区块链技术在内的数字技术的成果，特别是游戏引擎在内的虚拟现实技术革命的成果，向人类展现出构建与传统物理世界平行的全息数字世界的可能性；元宇宙丰富了数字经济转型模式以及去中心化金融（decentralized finance，DeFi）、分布式文件共享系统（inter planetary file system，IPFS）、非同质化通证（non-fungible token，NFT）等数字金融成果。这些技术的创新和应用引发了信息科学、量子科学、数学和生命科学的互动，改变了科学范式，推动了传统的哲学、社会学和人文科学体系的突破，也为人类认知宇宙提供了新的技术手段。

总体来看，有关元宇宙概念的界定模式大致可以分为三类。一是物质世界数字化，即在互联网实现人类视觉、听觉数字化的基础上，元宇宙实现了触觉、味觉等各种感官体验的高度仿真。二是“平行世界”，即元宇宙描述了人类能够在虚拟空间进行与现实世界相同的活动。三是元宇宙是整合多种新技术而产生的新型虚实相融的互联网应用和社会形态,虚拟世界与现实世界在经济系统、社交系统和身份系统层面相互交叉融合。不管如何认识元宇宙,可以确定的是,元宇宙代表了未来互联网发展的一种新形态。一方面,元宇宙是一种全新的网络平台,集合了社交、公共服务、智能制造、医疗健康、教育等多种功能,实现了企业平台与公共平台的互联互通;另一方面,元宇宙也是一种信息技术的"统合体",是以区块链、人工智能、虚拟现实/增强现实、数字孪生等技术为底层架构的综合技术形态。

(二)元宇宙的行为主体及其活动

元宇宙的行为主体主要包括消费者、企业和政府。消费者是元宇宙生态系统的主要体验群体,其活动集中于教育培训、旅游、娱乐、购物等日常生活场景中,这些场景提供了丰富多样的体验和交互机会,使消费者能够在元宇宙中参与各种活动,满足其娱乐和购物需求。企业是元宇宙生态系统中的主要创造主体,其利用元宇宙生态系统的互动性和创新性,积极构建元宇宙在工业、农业、商业等社会生产活动中的应用场景,发展元宇宙商业模式,以提高其在 Web3.0 时代中的竞争力。政府是元宇宙生态系统中的主要管控主体,是实现元宇宙生态中政务管理、社会治理活动的主导力量,例如通过对数字孪生体输入不同的运行及外部环境数据,实现对智慧城市中人、物体和场景的模拟,构建动态一体化的数字孪生城市,从而更高效地实现城市交通管制或布局规划。

三、元宇宙的内涵

(一)模拟现实的虚拟世界

元宇宙是模拟现实世界的虚拟世界,具有现实世界的全部要素,包含身份、商业、娱乐、社交、文明、治理以及感受(感受被认为是现实世界最重要的特征之一)等。模拟现实世界的虚拟世界是理解和思考元宇宙未来发展方向很重要的一个出发点。公众目前对元宇宙的印象和感知更多地来源于游戏或社交类的应用;虚拟世界对现实世界的全模拟和镜像，是对元宇宙的起源《雪崩》小说场景的延伸设想。该小说描述了这样一个虚拟世界：主角来到一个商业街区——超元域（元宇宙）的香榭丽舍大道；街道很长，长度有六万五千五百三十六公里；商业街区有很多人（百万人，超过现实的一个数字）往来穿行；街区中有很多店铺；开设这些店铺要征得第三方批准，然后购买临街土地，获得相关执照等；人类通过数字虚拟化身在这个街区中行走和交互，作者称这个世界为元宇宙。

（二）创新的虚拟世界

元宇宙是一个创新的虚拟世界，具有完全虚拟创造出来的人、物品、环境、规则等。这个创新的世界也具备现实世界的所有要素。与模拟现实世界的虚拟世界不同的是，这些创造出来的虚拟人、物品、环境等，在现实世界没有与之对应的实际人物、物品、环境。人们可以极大地发挥人类的想象力和创造力，去创造这些虚拟的人、物品、环境。

虚拟世界商业模式与交易规则的基础依然是现实世界供给与需求的精准匹配以及虚拟的人、物品和环境，因其满足了需求方特定的偏好而具有价值。例如，资源的稀缺性和受众对稀缺资源的追求使得虚拟资源具有价值升值的可能性，其商业模式在一定程度上会因为其虚拟资源的有限以及受众对该虚拟资源的认可，使其虚拟资源交易成为可能，如比特币是典型的元宇宙应用场景之一，其商业模式和交易规则相对清晰。然而，由于比特币本身存在一些局限性，其在交易过程中仍面临诸多亟待解决的问题。

（三）虚实融合并将超越现实

元宇宙的发展将推动虚拟世界和现实世界紧密融合和互动：由虚到实、由实到虚，虚中有实、实中有虚。基于这种融合和互动，可以说现实世界也是元宇宙的一部分。这种融合和互动，将超越单一的现实世界或虚拟世界，这也是“Meta（元）”这个词的本义，即高于和超越。业内也有从虚实融合程度的视角来定义元宇宙的观点。例如，当对虚拟世界的依赖程度超过对现实世界的依赖时，这一时刻便被视为正式进入元宇宙时代的标志。如前所述,虚拟世界将具备现实世界的各个要素(自然环境、自然人、社会体、物品、商业环境、社会系统、经济系统、企业生产系统、个人生产系统、文明体系和治理体系),在这些要素的维度上,都会产生虚拟世界与现实世界之间的融合和互动。人们将以特定的数字身份自由参与到元宇宙中,同时可以以虚拟身份参与到现实世界的互动中。通过连接相互分割的若干个封闭的个人虚拟空间,可形成更大的虚拟社区空间,通过连接多个虚拟社区空间,可形成更大、更多元的虚拟社会空间;货币、属性、环境、事件等信息均可在异度空间和同度异构空间之间相互映射,从而实现信息跳转和虚拟时空的穿梭(黄安明 等,2022)。

元宇宙为虚实融合提供了入口。元宇宙虚实交互入口有两种:第一种是应用数字工具,包括各种便携可穿戴的增强现实/虚拟现实设备等;第二种是应用脑机接口技术直接将相关的电信号通过无线脑机接口提供给人脑,进行实时、无障碍的信息交换,借此可自由地进入元宇宙。从元宇宙的商业模式上看,进入元宇宙的场合可以有两种:一种是个人场合,无论是在家中、办公场所或者自然环境下,个人均可以通过虚实交互工具进入虚拟世界;另一种是公共场合,第三方提供元宇宙入口供人们进入,有点像个人 KTV 小屋或者剧本杀的空间。元宇宙通过由实向虚和由虚向实两条发展路径实现虚拟世界和现实世界的融合和互动。由实向虚,即现实场景叠加沉浸式数字体验,如虚拟教育、虚拟培训、虚拟商城等。由虚向实,即虚拟世界向现实延伸,如虚拟游戏“Niantic Lightship”(《导航灯塔》)通过对现实世界地图定位、环境与物体识别判断、实时互动分享等技术,倡导人们通过虚拟世界与真实世界的人与物接触。

四、元宇宙的属性

(一)无边界性

作为一个三维(three dimensional,3D)虚拟空间,元宇宙消除了物理形态的障碍。它是一个无尽的空间，对可以同时使用它的参与者人数、可以进行的活动类型数量以及可以进入的行业范围等没有任何限制。另外，无边界性体现为元宇宙比当前的互联网平台有更强的可访问性，它是开源开放的，所有的参与者都可以根据自身的不同需求在元宇宙中进行创造，元宇宙的用户就是元宇宙内的消费者，同时也是创作者。每个参与者不仅可以购买和使用别人创作的内容（如虚拟身份及非同质化通证等），也可以自己进行创作。在这种模式下，元宇宙的边界将不断地被拓展。

（二）永续性

元宇宙的永续性体现在两个方面：一是元宇宙不存在关机和重启等操作，用户可以随时在世界的任何地方利用装置自由地与元宇宙连接，这保证了用户的体验感是连续的。这种特性可以模糊掉用户在进入元宇宙时的不真实感，使元宇宙成为与现实世界并行的平行世界。二是元宇宙不会停止或被重置，而是以开源开放的方式无期限地持续发展下去，元宇宙内的每一个参与者既是元宇宙的用户，也是保证元宇宙可以持续发展的创造者。

（三）高拟真性

具有高拟真性是构建元宇宙的基本条件。现实世界发生的一切都可以在元宇宙中实现。虚拟现实技术、体感技术及交互技术的发展使得参与者可以在元宇宙内获得深度沉浸体验。在这个虚拟空间内，元宇宙还具有可以随着用户需求变换环境、颜色及亮度的能力。

（四）去中心化

去中心化在元宇宙中有两种含义：其一，元宇宙是以去中心化的方式运行的，不归属于某一个特定平台或公司；其二，元宇宙的网络架构是去中心化的。近几年技术的进步使得去中心化网络成为可能。去中心化网络就是将数据处理工作分布在多个设备上，而不是依赖于单个中央服务器。每一个单位设备都是可以与其他节点独立交互的迷你中央处理器。因此,即使其中一个主节点崩溃或者遭到攻击,其他服务器也可以正常运转,用户仍可以继续传输和访问数据。而云计算和边缘计算的发展也为计算机及其他设备提供了更优越的数据处理能力,大幅提升了数据传输及访问的速度。

(五)经济系统

经济体系是能够保证有效组织和分配生产要素及资源的基础。元宇宙作为现实世界的映射,构建虚拟经济系统是整个元宇宙架构中必不可少的一环。虚拟经济不仅可以让参与者在虚拟世界中交换数字资产,也能有效激励更多参与者在元宇宙中创作内容。元宇宙中的经济系统所依赖的基础技术是区块链技术,这一技术是实现去中心化运营的关键之一。区块链的点对点传输方式能够确保虚拟世界中的所有交易公开透明,从而在没有"中心化"管理的情况下,依然保障参与者数字资产的安全。

(六)社交体验

互联网已经并正在深刻改变人类的生活与工作模式,特别是互联网时代的社交方式已经彻底颠覆了传统的社交模式。而元宇宙会进一步拓展互联网社交的边界:元宇宙的核心是生活在这个虚拟空间中的每一个用户,所有参与者都可以在这里共同体验、共同创造及共同分享各自生成的内容。去中心化的运营模式将改变现实世界的传统秩序,模糊了现实和虚拟边界的元宇宙将创造出完全崭新的社交模式及社交体验(成生辉,2022)。

随着计算机及信息技术、新能源技术等第三次科技革命的快速发展,小说、电影等文学作品对未来虚拟世界的畅想逐步走向现实,作为互联网终极形态的智能融合的元宇宙生态正掀起一波新的产业革命浪潮。基于区块链技术的数字货币有可能逐渐取代现实货币,数字货币是元宇宙诞生和发展的重要基础和前提。人类社会的各种交易和交往都发生在虚拟世界中,元宇宙发生在三维数字空间中并产生新的社会关系,其中的人可以凭借"虚拟身份"进行交易、交流,从而摆脱现实世界中时间、空间等诸多现实因素的限制，实现经济和社会的新繁荣。

五、元宇宙的价值

元宇宙本质上是数字世界与物理世界融合的产物，通过加速前沿技术的融合应用，它为信息技术创新提供了新的赛道和契机。元宇宙将构建出一个不同于移动互联网的全新数字空间，在这个新的数字空间中，数字经济、数字社会和数字生态有望加速发展。

（一）满足人类的五重需求

马斯洛需求层次理论指出，人类的五重需求依次为生理需求、安全需求、归属需求、尊重需求和自我实现需求。元宇宙借助数字技术赋予人类满足需求的新业态、新模式与新的可能，从新的维度实现对这五重需求的满足。

在生理需求层面，虚拟化身突破物理躯体限制，在数字空间满足能量补给（虚拟货币兑换现实商品）、环境适应（温度体感模拟）等需求。区块链赋能的分布式经济系统让用户通过数字劳动（虚拟场景搭建、数字内容创作）获得真实收益，形成虚实联动的经济闭环。在安全需求层面，元宇宙的数字层运用智能合约保障虚拟资产确权；社会层通过去中心化自治组织建立社区治理机制。用户数字身份采用多重加密锚定技术，实现身份信息与虚拟资产的分离存储。在归属需求层面，扩展现实技术创造的沉浸交互体验，实现表情、动作的同步，使远程协作获得超越物理接触的情感共鸣。数字原生社群通过智能匹配算法，帮助用户突破地理、语言障碍，建立基于价值认同的“精神部落”。在尊重需求层面，区块链技术使每个数字足迹都可追溯、可确权，形成永久性的成就档案。智能合约支持的“贡献证明”机制，让边缘化群体也能通过微小贡献的积累获得社会认可。在自我实现需求层面，用户在元宇宙中可同时经营多个数字分身，探索人生可能性，并且人工智能辅助创作工具降低了创作门槛，使普通人也能参与虚拟世界建设。

(二)促进人与社会的良性发展

元宇宙通过可穿戴设备和计算机技术扩大了人类活动的范围,XR技术为用户带来虚实结合、人机交互的环境。人类不仅可以在现实世界生活,还可以在虚拟世界生活,同时拥有物理空间与网络空间的身份,在现实社会与虚拟社会的状态下自由切换身份状态,并不断促进现实社会的发展。

元宇宙帮助人类由现实世界走向虚拟世界,不仅扩大了人类的活动范围,也丰富了人类的活动层次。自然界中难以获取之物或不存在之物,人类都可以在元宇宙中实现,从而获得新的认知并将这些认知应用于日常生活,实现人与社会的良性发展。在由实到虚的过程中,由于人类活动从现实世界迁移到虚拟世界,现实世界可能会产生部分坍塌空间,而机器人、人工智能和物联网可以对其进行补充。虚拟是现实的延伸,现实是虚拟的根源。个体通过在元宇宙中实践,促进虚拟世界和现实世界的良性互动,最终实现人和社会的发展在虚拟和现实两个维度的和谐。

(三)激发信息技术产业的发展

人类需求端和技术供给端是时代变革发展的主要驱动因素。元宇宙是集合多层次用户需求、多项技术发展贡献的时代发展必然产物,是下一代沉浸式互联网交互形式的革命,它颠覆了人类现有的生产和生活方式。随着时代的发展、技术的革新和物质的丰富,人类愈发重视精神娱乐消费,更深层次地期待全新的娱乐方式和社交体验。元宇宙为消费者提供包含虚拟听觉、视觉和触觉等新型娱乐方式,满足消费者对虚拟世界的探索渴望,并提供创新的社交方式。

新一代信息技术的进步为元宇宙的发展提供了技术供给和支持,为元宇宙的实现提供了可能。目前,元宇宙的发展正处于早期,随着信息产业相关政策的不断完善,元宇宙技术条件日益成熟,如5G基站的领先部署以及云计算、区块链、虚拟现实/增强现实等技术日新月异的发展，为推动元宇宙底层基础设施打下坚实基础。元宇宙技术的发展和应用正不断扩大，通过综合集成现有信息技术、交互设备、基础设施等，元宇宙将改变各行各业的发展模式，推动产品创新，促进产业新一轮发展，实现软件、硬件技术创新的目标。

（四）推动人类社会的发展

元宇宙可以提供更加沉浸式、个性化、多元化的互联网体验，让用户可以在其中参与交互、交易、消费和供给等各种活动。元宇宙作为一个新的数字领域，未来会催生很多新的商业机会和就业岗位，可以推动数字经济和数字社会的发展，提高社会的生产力和创造力。另外，元宇宙可以打破现实中的地域和文化限制，让人类实现更加广泛的社交和合作，促进文化和知识的交流和传播，从而促进人类的共同进步，推动人类社会向更加先进和发达的方向发展。

(1)生产关系改变：物理时空的突破。与现实生产相比，虚拟生产的最大特点体现在突破了现实生产的物理限制和空间约束。一方面，虚拟生产几乎没有原材料限制，同时流程极短，绝大部分虚拟创作仅需要简单的材料，且不需要大规模的采购和库存，产成品存储成本几乎为零，同时具有较强的创造性，但标准化程度较低。另一方面，虚拟生产没有地点限制，利用网络进行数据传播。虚拟物品的全球运输非常容易，体现在基于网络的产品全球化传播能力极强，壁垒主要在于语言等文化隔阂，而非物理距离隔离。

(2)社群关系改变：基于兴趣的“邻里关系”。传统的熟人社交以现实为纽带，包括亲缘关系和邻里关系，也包括同事、同学、朋友等社交关系。陌生人社交则更多基于兴趣、情感需求等。在移动互联网时代，社交关系呈现平台化、垂直化与社区化的特点。艾媒咨询数据显示，在移动社交用户的社交需求方面，具有相同爱好的人建立的社交关系占比为33.9％，这一比例仅次于熟人通信。由于空间距离限制的消失，虚拟世界的社群关系将有别于传统社群关系，虚拟世界没有空间隔阂，其分隔将由物理位置的分隔变为其他形式的分隔。从目前的陌生人社交产品和社交场景来看,基于兴趣、目的等形式的分类将成为虚拟世界人群分隔的主要形式。

(3)组织关系改变:去中心化自治组织(decentralized autonomous organization,DAO)。DAO 是在区块链及 NFT 等技术基础上衍生出的概念,其核心是由达成同一个共识的群体自发产生的共创、共建、共治、共享的协同行为。从实践来看,DAO 是具有共享股权结构表和银行账户的互联网社区,能够通过治理为成员提供发声渠道,形成扁平化的结构,创造灵活的工作流,分配资源以完成一个核心任务。从类型来看,DAO 的应用范围极广,涵盖捐赠、投资、服务、协议、社交、收藏、媒体等方面。从形式来看,最轻量的 DAO 是链下治理的探索,其目的是创造活跃讨论和社区归属感,而不是利润。重型的 DAO 涉及巨额资本,需要链上治理以执行和批准提案(邢杰 等,2021)。

第二节　元宇宙的发展历程

人类对宇宙的认识是由其在某一个阶段认识世界所依赖的科学与技术手段所决定的,依托其所认知世界的科学与技术手段产生了一系列的宇宙认知学说。在上古时代,人类认识世界所依赖的科学与技术手段十分有限,因此就形成了对物的崇拜,如某一部落或民族对太阳、月亮或动物等的崇拜,其认为该物创造了世界。伏羲根据自然界的八种现象(天、地、水、火、山、雷、风、泽)及它们中间的相互关系,用乾、坤、坎、离、艮、震、巽、兑八种符号相对应,借助先天八卦总结出自然界的发展规律,如天、地,阴、阳,春、夏、秋、冬四季,这些就是易经雏形。易经的核心思想是"阴阳太极"的此消彼长,其标志性图形就是阴阳合抱的图形,代表宇宙间万事万物的两种特征。其中阳代表外在的、扩张的、运动的、光明的一面,阴代表内敛的、收缩的、静止的、阴暗的一面,但是阴和阳不是绝对的,而是根据不同的情景相互转换、变化无穷的,易经的符号阴阳图就代表着阴和阳是相辅相成、相互转换的，代表着阴中有阳、阳中有阴。易经的五行学说体现了中国古代的宇宙观，其宇宙观主要包括：其一，宇宙的构成。该学说认为宇宙是由金、木、水、火、土五种基本要素所构成的。这五种要素代表了不同的物质和能量状态，它们相互交织、相互作用，形成了宇宙的复杂性和多样性。其二，宇宙的运动。五行学说描述了宇宙的运动变化，五行相生相克的理论揭示了事物之间的生发、制约、平衡和发展的规律，五行要素之间的相互作用和转化，推动着宇宙的不断变化和发展。其三，宇宙的秩序。五行学说强调宇宙的秩序和平衡，五行要素之间的相生相克关系维持着宇宙的平衡和稳定，当某一行过于旺盛或过于衰弱时，就会打破原有的平衡状态，引发一系列的变化和调整。

进入农耕文明时代后，人类对世界认知的技术手段有了新的发展，春秋时期思想家如孔子、老子等基于当时的科学与技术手段对宇宙有了一些新的认知。老子的道法自然的思想是典型的宇宙认知论的新发展。其在《道德经》中提出了“有物混成，先天地生，寂兮寥兮，独立不改，周行而不殆，可以为天地母”的观点，这一观点描述了宇宙生成的演化过程。老子认为，“道”是宇宙的本源和根基，是所有事物的起点和终点，是宇宙中一切事物的本质和规律；所有的事物都由道而来，也都将归于道；道是一种无形无物的存在，无所不在却又无处不在，是一种超越人类理解的存在；道的存在使得宇宙能够运行和变化，人类通过道法自然把握和利用自然的规律，实现自身的生存和发展。

关于宇宙学，古希腊哲学家认为：万物都是由原子构成的，原子在物理上是不可分的，也是不可被毁灭的；原子之间存在虚空，原子是永远运动着的；原子的数目和种类都是无限的，而它的形状和大小则存在差异。无中不能生有，存在是永恒不变的。在原子论中，原子是构成一切自然事物的最基本的实在单元。原子永无休止地向各个方向运动，运动是原子本身的固有属性。原子的运动受严格机械法则的控制，没有任何东西会毫无根据地发生，万物都受必然性的支配。无数原子在空间中相互碰撞、弹射，形成了漩涡运动。在漩涡运动中，原子相互纠缠、结合，相同大小和重量的原子聚焦在一起,较重者位于中心,较轻者位于外围,于是就形成了一个个有中心、圆形的原子团,这些原子团就是构成可见的物质世界的基础。

当人类进入工业文明时代,航海和天文等科学和技术的成果使人类对宇宙有了新的认识,打破了人类对世界的旧有认知,扩大了人类了解世界的边界,使人类认知宇宙的手段出现了新的突破:日心说代替了地心说。地心说和日心说是古代描述宇宙结构和运动的两种学说。地心说曾在古代西方长期处于兴盛的地位。该理论认为地球在宇宙中心处于静止不动的状态。从地球向外,依次有月球、水星、金星、太阳、火星、木星和土星,它们沿着各自的运行轨道绕地球运转。日心说提出于1543年,该理论认为太阳是宇宙的中心,一切行星都在围绕太阳旋转。其中,地球也是行星之一,它一方面自转,一方面又和其他行星一样围绕太阳转动。日心说否定了地球是宇宙的中心,确立太阳为行星系统的中心。学者通过对天体系统的严密观测,得出大量精确的观测数据,并结合当时正在发展的三角学的成就,对行星、太阳、地球之间的关系进行了科学详尽的分析,计算了行星轨道的相对大小和倾角等,"营造"出了一个井然有序的太阳系。与地心说相比,日心说更吻合实际观测资料,因此最终取代了地心说。

宇宙起源的大爆炸学说最早是在20世纪初被提出的。基于当时对宇宙膨胀现象的观察,科学家们推测宇宙起源于一个"原始原子"的爆炸。随着时间的推移,这一理论不断得到发展和完善,并在20世纪中叶被相关的天文学观测与物理学理论进一步支持和验证,最终成为主流的宇宙学模型。它的主要观点是:宇宙曾有一段从热到冷的演化史。在这个时期里,宇宙体系在不断膨胀,使物质密度从密到稀地演化,如同一次规模巨大的爆炸。刚发生爆炸时,物质只能以电子、光子和中微子等基本粒子的形态存在。爆炸结束之后,宇宙不断膨胀导致温度和密度很快下降。随着温度降低,逐步形成原子、原子核、分子,并复合成为通常的气体。气体逐渐凝聚成星云,星云进一步形成各种各样的恒星和星系,最终形成如今所看到的宇宙。随着科技的进步，科学家们也在研究更先进的太空探测技术，如光帆和虫洞驱动等，以便更远、更快地探索银河系的边缘。通过探索银河系，人类不仅可以更好地了解宇宙的起源和演化，还可以寻找其他生命的存在，甚至开拓新的居住地。

人类进入信息文明时代后，虚拟现实、人工智能等新一代信息技术使人类对宇宙的认知从现实世界转到虚实结合的元宇宙。元宇宙是利用科技手段进行链接与创造的，与现实世界映射和交互的虚拟世界，已具备新型社会体系的数字生活空间。当人类将自己的价值观念、人文思想、技术工具、经济模式和宇宙认知融合在一起的时候，这种被赋予特定理念的宇宙就成了"元宇宙"。元宇宙即互联网技术形态和社会发展形态，它的发展遵照互联网技术发展的逻辑，也遵循社会经济发展的逻辑。虚拟世界平行于现实世界，大数据是关联两个平行世界的桥梁，互动体验设备是同时进入两个平行世界的插口。

一、从文化看元宇宙的发展

元宇宙既是现实世界"之后"的宇宙，又是超越现实世界"之上"的宇宙，现实世界与元宇宙之间是历史与未来、现实与愿景的关系。从这个角度来看，类似于元宇宙的构想在人类思想史上并不罕见，《理想国》《新大西岛》等作品在某种程度上与元宇宙的构想有相似之处，它们都是对理想社会和虚拟世界的探索。然而，元宇宙与以往构想的不同之处在于，元宇宙是一种虚拟现实。所谓虚拟现实，不是指虚无缥缈的现实，而是指现实是由某种称为"虚拟"的手段构造出来的，即现实在表面上看是"虚拟"的，但实质上却是真实存在的。

以文学、艺术和宗教为载体的古典形态的元宇宙可以从多个文化传统中找到类似的概念。例如，西方的《圣经》、宗教史诗《神曲》以及艺术作品如《蒙娜丽莎》等，这些都可以视为元宇宙的早期表达。特别是《神曲》，它通过对人类灵魂历程的描绘，想象了一个封闭、至善的宇宙空间，这与现代元宇宙的构想在某些方面具有相似性。同样，在东方文化中，

《易经》《河图洛书》《西游记》也可以看作是具有东方特色的元宇宙表达。

以科幻小说和电影为载体的新古典元宇宙构想,如 200 多年前的科幻小说《弗兰肯斯坦》以及后来广受欢迎的经典作品《哈利・波特》,均深入探讨了虚拟世界或超自然世界的可能性。虚拟现实建模语言于 1996 年所构建的虚拟城市"Cybertown",是新古典元宇宙发展中的一个重要里程碑。其中,1999 年上映的电影《黑客帝国》是最具代表性的作品之一。影片通过一个被人工智能"矩阵"控制的世界,揭示了看似正常的现实其实是虚拟构建的假象。在影片中,生活在虚拟世界中的人类坚信自己真实存在,但最终真相揭露时,他们不过是计算机程序中的一部分。电影通过对虚拟与现实的切换,以及主人公面临命运抉择的情节,揭示了关于心灵与自由意志的深刻哲理,强化了虚拟世界和现实世界之间界限模糊的主题(赵国栋 等,2021)。

从概念到文学,从文学到游戏,从游戏到电影,无论是在虚拟中寻求真实,还是从真实中探究虚拟,无论是影视、小说、游戏,当人类打破这些边界,对"常识之下"的认知进行挑战和探索的时候,元宇宙真正的价值(即自反性、超脱性的思维)就出现了。从这一意义来看,元宇宙可以被认为是一个关于超越和回溯的虚拟世界。

二、从技术看元宇宙的发展

元宇宙源于游戏但已超越了游戏本身。一方面,以游戏为主体的元宇宙基础设施和框架日趋成熟;另一方面,游戏与现实边界逐渐模糊,创建者仅仅是最早的玩家而不是所有者,而规则由社区群众共同决定。2003 年,美国互联网公司 Linden Lab(林登实验室)推出基于 Open3D(开放三维)技术的"Sccond Life"(《第二人生》),这被认为是标志性事件。2006 年,Roblox(罗布乐思)公司发布同时兼容了虚拟世界、休闲游戏和用户自建内容的游戏"Roblox"(《罗布乐思》);2009 年,瑞典 Mojang Studios(魔匠工作室)开发游戏"Minecraft"(《我的世界》);2019 年,Facebook(脸书)公司宣布 Facebook Horizon(脸书视界)成为社交

VR 世界；2020 年，以太坊平台支持用户拥有和运营虚拟资产 Decentraland(去中心化乐园)。这些事件共同构成了元宇宙发展的重要历史节点。元宇宙呈现着超乎想象的爆发力，其背后是相关元宇宙要素的群聚效应，类似 1995 年互联网经历的群聚效应(赵国栋 等，2021)。

在技术视角下，技术意义的元宇宙包括内容系统、区块链系统、显示系统、操作系统，最终展现为超越屏幕限制的 3D 界面，所代表的是继个人计算机时代、移动时代之后的全息平台时代。支持元宇宙的技术集群包括五个板块：一是网络和算力技术，包括空间定位算法、虚拟场景拟合、实时网络传输、图形处理器(graphics processing unit，GPU)服务器、边缘计算、降低成本和网络堵塞解决方案；二是人工智能；三是电子游戏技术，如支持游戏开发的程序代码和资源(图像、声音、动画)管理的游戏引擎；四是显示技术，如 VR、AR、MR 的持续迭代升级，构建了从虚拟沉浸到现实融合的体验阶梯，推动了感知交互的不断深化；五是区块链技术，通过智能合约、去中心化的清算与结算平台和价值传递机制，保障价值归属与流转，实现经济系统运行的稳定性、高效性、透明性和确定性。

构建一个元宇宙需要包括各种各样的虚拟场景、物体、角色、事件等在内的大量数字内容来填充。此前，内容匮乏被认为是元宇宙落地所面临的核心挑战之一。人工智能生成内容(artificial intelligence generated content，AIGC)的走红改变了这一局面，2023 年以大模型为代表的 AIGC 技术席卷全球。AIGC 即利用人工智能技术来生成各种形式的数字内容，比如图像、音频、视频、文本、3D 模型等，它被认为是继专家生成内容(professional generated content，PGC)、用户生成内容(user generated content，UGC)之后的新型内容创造方式。

元宇宙未来技术的发展通常被划分为四个阶段。一是数字孪生阶段。运用数字孪生技术将现实世界的时空环境和人映射到元宇宙中。二是虚拟原生阶段。在虚拟世界里，通过人工智能技术，实现了驱动人和虚拟数字人之间、虚拟人和虚拟人之间的交互，不需要借助真实场景的参与。三是虚实共生阶段。将现实世界的信息与虚拟世界的信息相互融合、相互作用，实现虚实共生。四是虚实联动阶段。基于人工智能引擎，实现自然世界、虚拟世界、机器世界的交互，实现自然人、虚拟人和高仿人机器人一体化的虚实联动。

三、从应用看元宇宙的发展

元宇宙是一个开放智能的经济生态，依托数字基础设施特有的身份识别、资产确权和交易机制等公共属性，该系统能够实现智能化价值交换，并构建起覆盖人类政治、经济、文化、心理及社会活动的新型交互范式。当前，以元宇宙为基础创造出的各种实践层出不穷。如互联网一样，元宇宙在初期只是一个新媒介，即“全民生产力工具”从手机转变为增强现实智能终端，并进一步改变各行各业生产关系，最终成为新一代社会基础设施、产业基础设施。“元宇宙＋”融入智能制造、智慧文旅、智慧党建、智慧社区、智慧医疗、智慧教育、智慧商业等行业，通过数字化、智能化、可视化实现产业与科研双赛道的高质量发展。例如，元宇宙虚拟展厅就充分运用5G、3D建模技术和计算机图形三维引擎技术，不但可以为企业和商品植入语音、视频、文字、图片等内容，还能嵌入虚拟数字人解说，让用户快速、全面、精准地了解企业和商品的全信息，给用户提供前所未有的沉浸式体验，让用户足不出户就能实现云逛展，大大提高营销转化率，实现精准营销。元宇宙虚拟展厅解决了传统的商品展示存在信息碎片化、接受信息效率低、营销转化周期长、用户流失率高等问题，为企业提供了大量的客流、信息流等，给企业带来了丰厚的经济效益和长远的发展前景。

元宇宙赋能传统实体产业形成所谓的“＋元宇宙”，这是元宇宙主动与传统产业的融合，产业元宇宙的关键要素包括对象感知、3D建模、数据分析和智能驱动，通过感知“人物场”，进行三维建模，实时融入工厂等运营数据，借助行业大脑智能驱动现实生产环境的资源调度、运营管理和安全保障。产业元宇宙是通过视觉等传感器收集大量数据，机器学习实时分析数据，研发空间搜索引擎，关注生产资料、生产线指标等，为

IoT(物联网)提供智能大脑。目前,应用场景越来越成熟的元宇宙包括工业元宇宙、医疗元宇宙和教育元宇宙。工业元宇宙是在元宇宙中新建了整个工业生产体系,模拟物体和人在现实中的各类特征,在虚拟世界中实现对工业全要素、全价值链、全产业链的全息展示和跨时空聚合,并叠加新的社交模式和新型经济模式,借助人机交互、数字化身等手段协同开展工业生产经营活动,促进工业转型升级和创新发展。医疗元宇宙使 VR、AR、MR 等技术在医学成像、手术辅助、医学教育、远程医疗、康复训练、药物研发等方面彰显价值。教育元宇宙打破了空间阻隔,为线下教育与线上教育带来变革,实现云端智慧教育的统合,教师和学生以数字身份参与课堂,在虚拟教学场所中进行互动。此外,虚拟空间的可塑性也催生了如虚拟实验室、虚拟集会等场景,将元宇宙从课堂延伸至课后活动。在元宇宙时代,人类将进入“生活就是学习,学习就是生活”的生活学习模式,学习变成了终生的、全天候的持续过程。

元宇宙最终将在未来科技(量子计算、通用人工智能、太空互联网等)的赋能下,逐步成长为人类走向“星际大航海”时代的科研加速器、产业加速器,如用元宇宙仿真环境训练宇航员、培养青少年人工智能编程、发现新材料与新药物等。当虚实结合技术与物联网、大数据、云计算、人工智能、5G 等技术不断融合,数字孪生赋能各行各业,元宇宙将推动着各产业数字化、智能化的发展进程,并将成为我国经济社会发展变革的强大动力。元宇宙可能会给人类带来一个更智慧的城市以及全新的商业模式和生活方式。

综上所述,元宇宙相关应用的落地将与人类日常工作生活密切相关,主要包括四种形式。一是工作“元化”,即大量工作场景如会议、设计、监控等将在元宇宙中发生;二是生活“元化”,即大量的生活场景如购物、休闲、娱乐等将转移到元宇宙中;三是研发“元化”,即虚拟世界将打破人类所习惯的现实世界物理规则,从全新视角推动研发创新,元宇宙有可能成为研发的新型实验室;四是社会治理“元化”,即元宇宙的发展将进一步推动智慧城市建设,促进社会治理效率和水平的提升。

第三节　元宇宙的发展前景

每一次技术革命都会带来社会结构、机制及关系的联动变革。元宇宙融合了主观创造的虚拟世界和客观存在的现实世界,反映了人类社会数字化的迁徙过程,即信息社会、体验社会、共生社会三个阶段。随着人类社会的不断变迁,人与信息的关系也由简单的信息获取变为信息连接,再由信息连接过渡至信息体验,最后达到深度融合。

第一,信息社会。在 Web1.0(网络 1.0)和 Web2.0(网络 2.0)时代,互联网得以飞速发展,其最早的用途是传递信息,人与机器可交互,人通过机器传递信息,人与信息的关系呈现中介式的特征。在这个阶段,人与机器之间仅仅是可读模式。在 Web2.0 时代,人与人相互连接,可以通过机器直接传递信息。在该阶段,人不仅可以通过机器阅读信息,而且可以编辑信息,人机之间也由可读模式逐步转变为可读写模式。

第二,体验社会。体验社会的发展以扩展现实技术作为支撑,扩展现实技术包括增强现实技术、虚拟现实技术及混合现实技术。利用硬件设备,结合多种智能技术手段,将虚拟的内容与真实的场景相融合,使人与信息之间呈现具身性的特征。人类通过智能头盔、传感器等设备,可以身临其境地感受信息,以第一人称视角,充分调动感觉器官,沉浸式地体验信息。

第三,共生社会。共生社会的技术基础为 Web3.0。Web3.0 时代的基础是语义网络,与此相对应的是高度发达的智能技术。在 Web3.0 时代,除了人与机器可以进行交互外,人与人之间也可以进行交互,虚拟世界实现革命性发展。媒介产品的高速迭代不仅完成了虚拟世界的现实化,而且加速了虚拟世界的发展,将原本只处于想象中的虚拟世界,通过高级的数字技术和显示技术展现在人们眼前,完成了元宇宙中必不可少的人机互动和人人互动。元宇宙状态下的社会是共生社会,在这个社会中,实现了人-机连接、人-人连接,信息传递也由信息社会的可读写模式转变为沉浸式的可读写模式和可拥有模式。依托数字孪生技术、虚拟现实技术构建场景，实现场景共生；借助搭建的虚拟实验室，实现认知共生；利用元宇宙虚实融合技术，实现行为共生（杜雨 等，2022）。

元宇宙的发展包括从“技术变革”到“工业变革”再到“终极形态”三个阶段。一是技术变革阶段。该阶段主要以消费级虚拟现实/增强现实硬件逐步铺开为发展主线。随着智能化、虚拟化、去中心化等技术落地的不断推进，多个利用人工智能、虚拟现实、区块链技术的独立虚拟平台陆续出现，为用户提供更高技术含量、更新奇、更丰富、更多元的体验，这一阶段雏形产品主要以社交＋轻游戏的泛娱乐形式为主。二是工业变革阶段。该阶段主要以算力、人工智能、通信技术等元宇宙基础设施逐渐完善为发展主线。产业界将深度利用元宇宙创建全新的生产模式，提高生产效率，元宇宙经济系统也在此建立，凝聚“共识”的非同质化通证有望成为元宇宙经济“通货”。三是终极形态阶段。该阶段主要借助脑机接口和元宇宙平台。前期多个独立的虚拟平台开始聚合打通，完成标准、协议形成，用户有望通过脑机接口实现信息直连，与虚拟世界的交互达到虚实共生的程度，真正的元宇宙时代即将到来。

一、产业政策利好元宇宙创新发展

近年来，国家日益重视互联网、人工智能等行业的发展，致力于打造科技强国，出台了一系列政策支持行业发展。国家提出要加快物联网、大数据、边缘计算、区块链、5G、人工智能、增强现实、虚拟现实等新技术的发展。2025 年，我国虚拟现实产业整体实力进入全球前列，掌握了虚拟现实关键核心专利和标准，形成了若干具有较强国际竞争力的虚拟现实标杆企业，创新能力显著增强，应用服务供给水平大幅提升，产业综合发展实力实现提升，虚拟现实应用能力明显提升，经济社会各领域发展质量和效益显著提高。元宇宙作为沉浸式的智能科技行业的新兴代表，受到了国家层面的鼓励和支持，如工业和信息化部部长于 2023 年 3 月在国务院新闻办新闻发布会上表明，将研究制定未来产业发展行动计划，加快布局人形机器人、元宇宙和量子科技等前沿领域，全面推进 6G 技术研究，鼓励地方先行先试，加快布局未来产业。

基于工业和信息化部等 5 部门共同印发的《元宇宙产业创新发展三年行动计划（2023—2025 年）》，元宇宙的应用场景主要集中在以下三个方面。首先，在培育三维交互的工业元宇宙方面，该计划从探索推动工业关键流程的元宇宙化改造、加快重点行业工业元宇宙布局、探索工业元宇宙创新应用模式三方面提出要求。针对家电、汽车、船舶、航空航天、重大技术装备、电子信息制造等离散型制造业，加速实现基于工业元宇宙的跨行业协同。其次，在元宇宙产品供给方面，该计划要求拓展元宇宙入口，加速 XR 头显、裸眼 3D 等沉浸显示终端的规模化推广，丰富基于手机、计算机、电视机等终端的元宇宙应用，支持脑机接口等前沿产品研发；创新数字人、虚拟空间开发工具组件，推动数字人制作便捷化、精细化、智能化，推广虚拟会议室、展厅、营业厅、社交空间等产品；培育写作、绘画、编曲等智能内容生成产品；发展全息实时通信、3D 实景地图等超高沉浸感产品。最后，该计划指出要推广沉浸交互的生活消费场景，建设文旅元宇宙，围绕文化场馆、旅游景区和街区、节事活动等应用场景，提供数字藏品、数字人讲解、扩展现实导览等产品和服务；打造虚实融合的公共服务场景，加快数字人客服、实景导航等在政务服务中的应用，构建面向公众的一体化元宇宙政务服务体系；支撑智慧安全的应急保障场景，推动元宇宙与自然灾害预警预报、高危企业园区监管执法、灾害事故预测推演、应急救援处置等应急管理领域的创新融合。

二、技术赋能元宇宙应用场景创新

元宇宙是前沿数字科技的集成体，其关键价值应是赋能实体经济和社会发展，积极推动数字世界与物理世界的融合发展，实现数字经济高质量发展。元宇宙对未来人工智能的芯片、人工智能的算法、物联网、区块链等都会提出非常高的技术要求。元宇宙具有庞大的用户基础和广阔的产业空间：其终端用户群体规模可观，且企业、政府部门及事业单位等各类组织均可成为元宇宙的B端用户。而这种用户需求恰恰成为驱动技术迭代的核心动力。此外,元宇宙产业拥有庞大且完整的上游、中游、下游产业链体系。上游产业以基础设施为主,包括芯片、基带、网络、云计算、人工智能等领域的供应商(如芯片厂商、云计算厂商等)。中游产业涵盖技术支撑与开发工具,既包括区块链、数字孪生、世界编辑器等技术平台,也包含操作系统、数据库、编译器等基础软件,同时需要大量内容创意团队和开发服务商的参与。下游产业聚焦应用场景,覆盖游戏、社交、广告、媒体、政务、航天、航空、汽车、军事等多个领域。元宇宙产业凭借上中下游的协同联动,未来有望成为全球经济的新增长点。

与元宇宙相关的关键技术包括网络及运算技术(5G、6G、物联网、云计算、雾计算及边缘计算)、管理技术(能耗管理、资源管理、会话管理及时空一致性管理)、虚实对象连接、建模与管理技术(身份建模、社会计算、去中心化管理技术)、虚实空间交互与融合技术(扩展现实、电子游戏技术、脑机接口技术)等。技术的进步与发展,将为元宇宙的实现和应用奠定坚实的基础,同时,元宇宙的发展也会促进现有技术的升级换代。我国制造业体系全、场景多、市场大,数字经济蓬勃发展,具备发展元宇宙产业的坚实基础,但在关键技术、产业生态、领军企业、标准治理等方面仍存在短板。为凝聚业界共识,集聚资源,推动关键技术创新,构筑协同发展产业生态,形成推动元宇宙产业发展合力,工业和信息化部等5部门共同印发了《元宇宙产业创新发展三年行动计划(2023—2025年)》。该计划提出要强化人工智能、区块链、云计算、虚拟现实等新一代信息技术在元宇宙中的集成突破,丰富元宇宙产品供给,并推动智能生成算法、分布式身份认证、数据资产流通等元宇宙关键技术在国家重大科技项目中的布局工作。

元宇宙的发展一方面由实向虚,实现真实体验数字化,另一方面由虚向实,实现数字体验真实化。元宇宙的发展会形成以推进物质世界生产效率为核心的产业元宇宙和以丰富个人精神世界为核心的消费元宇宙的双中心生态体系。多元融合将是元宇宙的演变趋势。在元宇宙发展的起步阶段,预计将会形成以各行业为核心的分散化、多中心的元宇宙小生态体系,随后相近的小生态体系之间开始逐步打通数据与标准,实现相似相融的整合,而成熟阶段的元宇宙目前仍充斥着大量不确定的想象。

(一)产业元宇宙

元宇宙作为新兴产业技术的集合体,融合了多项高新技术产业链,不仅能助力企业研发,实现降本提效、高效协同、节能减排的效果,还能帮助传统产业完成转型。元宇宙能够赋能产业数字化、网络化、智能化转型。在设计、生产运输、交付等产业链各环节,其应用遍布制造、建筑、物流、医疗、能源等实体产业。具体实施步骤包括:第一步,产业链数字化。对生产线或产品进行传感捕捉,形成孪生商品或工厂模型。第二步,产业链网络化。通过5G或物联网,将生产线环境与产品数据实时上传到人工智能超算中心,生产大数据在线融合,形成“指标孪生”。第三步,产业链智能化。基于生产数据构建自动化或半自动化决策模型,沉淀知识图谱和产业大脑,通过机器人或机器手反向指挥生产参数调整,形成“决策孪生”的价值闭环,如图1-1所示(商汤智能产业研究院,2022)。

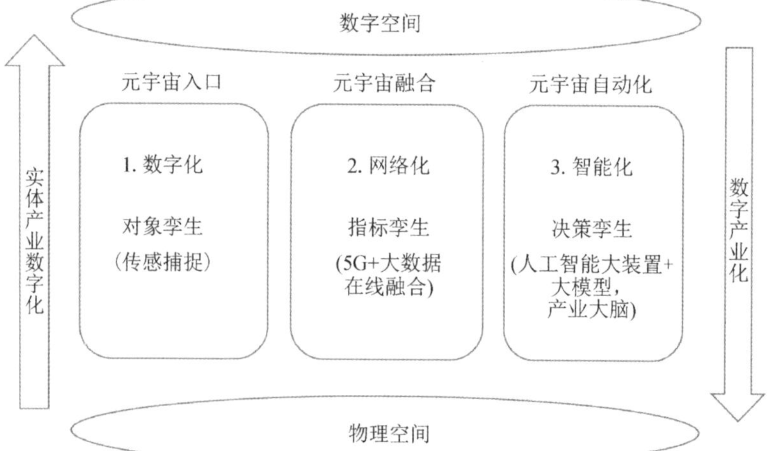

图1-1　数字经济与实体经济深度融合

在产业数字化领域，全球产业数字化转型进入规模化扩张和深度应用阶段，数字化转型应用领域由生产研发向供应链协同、绿色低碳方向延伸，推动产业高端化、智能化、绿色化、融合化发展，助力提升产业链与供应链的韧性和安全水平。工业互联网平台作为转型的重要支撑，加速与人工智能、5G等数字技术深度融合，逐步推动形成平台化、开放化、无线化、智能化的新型产业形态。产业元宇宙的重点是实现企业的智能决策。大型企业将构筑产业元宇宙平台，供大量中小企业使用。数字技术与实体经济深度融合，推动新一代基础设施建设。例如，人工智能大装置是商汤科技公司开发的一种新型人工智能基础设施，它可以提供研发创新支持、产业创新动力和算力基础设施，持续为"人工智能模型工厂"输入海量产业数据，进而生成适用于工业、农业和服务业的基础模型及规模化长尾场景模型。这一过程催生出大量产业智能应用场景，并为在线智能生产服务提供支撑。其特点是强算力、大数据、富知识、快决策，人工为辅、智能为主。

产业元宇宙的发展路径为"元宇宙＋"和"＋元宇宙"。"元宇宙＋"就是"元宇宙＋各个传统行业"，是元宇宙与传统行业进行深度融合的体现，强调"逆袭创新"，创造新的发展生态，优化生产要素，更新业务体系，重构商业模式，超越行业的原有模式，通过与传统产业的融合渗透，助推产业转型升级，给人类的生产生活方式带来深刻变革。"＋元宇宙"就是各个传统行业主动与元宇宙融合，即其他行业的元宇宙化，如工业元宇宙主要是传统行业以既有业务为基础，利用元宇宙技术，将现有产业的存量优势、行业标准优势和公信力优势发挥到最大，来提高为用户服务的效率和质量。"元宇宙＋"是利用元宇宙技术与行业产业进行深度融合，共享资源和知识，创造新的发展业态和行业，属于改变行业本质的增量变化。"＋元宇宙"是用元宇宙技术服务于传统行业，提升服务能力和品质，并不改变行业的属性划分，属于不改变行业本质的增量变化。

工业元宇宙是产业元宇宙重要的应用领域，是基于元宇宙核心基础设施和应用理念构建的服务于工业经济的新型工业体系、工业生态和工业模式。工业元宇宙可通过实现人、机、物深度融合，推动传统工业的数字化转型。工业元宇宙赋能“产品、生产、流通”三大价值流，把握“智慧研发、智力生产、智能应用、智效管理”四个方向，实现“降本、增效、提质、求安、创制”五项目标。工业元宇宙未来市场空间巨大，是互联网发展到一定阶段后的大势所趋，以工业互联网和智能制造为基础的工业元宇宙具有广阔的前景。根据市场情报提供商集邦咨询的预测，工业元宇宙将推动全球智能制造市场规模于2025年达到5400亿美元；国外某知名研究机构报告亦表明，在未来十年后，元宇宙、区块链和4D打印技术将在工业领域得到广泛应用。

基于工业互联网支撑体系形成的工业元宇宙，是元宇宙技术与工业经济深度融合的新型应用模式和工业生态。工业元宇宙是由一个复杂的多主体互动而形成的系统，支撑工业元宇宙的关键技术主要包括数字孪生技术、虚拟化技术、人工智能技术、区块链、计算机图形技术和算力技术。工业元宇宙通过打造与现实工业经济映射和交互的虚拟世界，构建起工业产品全生命周期的虚实共生、企业和消费者智能高效闭环下的全息智能制造、智能经济体系，从而推动工业互联网走向更有效落地、更虚实融合的阶段。工业元宇宙框架如图1－2所示（中国信息通信研究院，2023）。

工业元宇宙主要具备如下六大核心特性：①虚拟生产。在工业元宇宙中，虚拟生产是孪生现实生产线，实现虚拟生产提前验证现实生产，减少试错成本。②自主创造。各生产参与方都可根据各自领域的经验优势，利用预定好的成熟模型或工具，实现自主发明创造并获得相应权益。③沉浸式体验。在虚拟工厂中，消费者沉浸式体验产品功能、性能和质量，在购买之前就深入了解产品情况。④交互与共同参与。设计相关方共同参与设计，贡献经验和思路，理念交互，实现最优的设计，并快速发

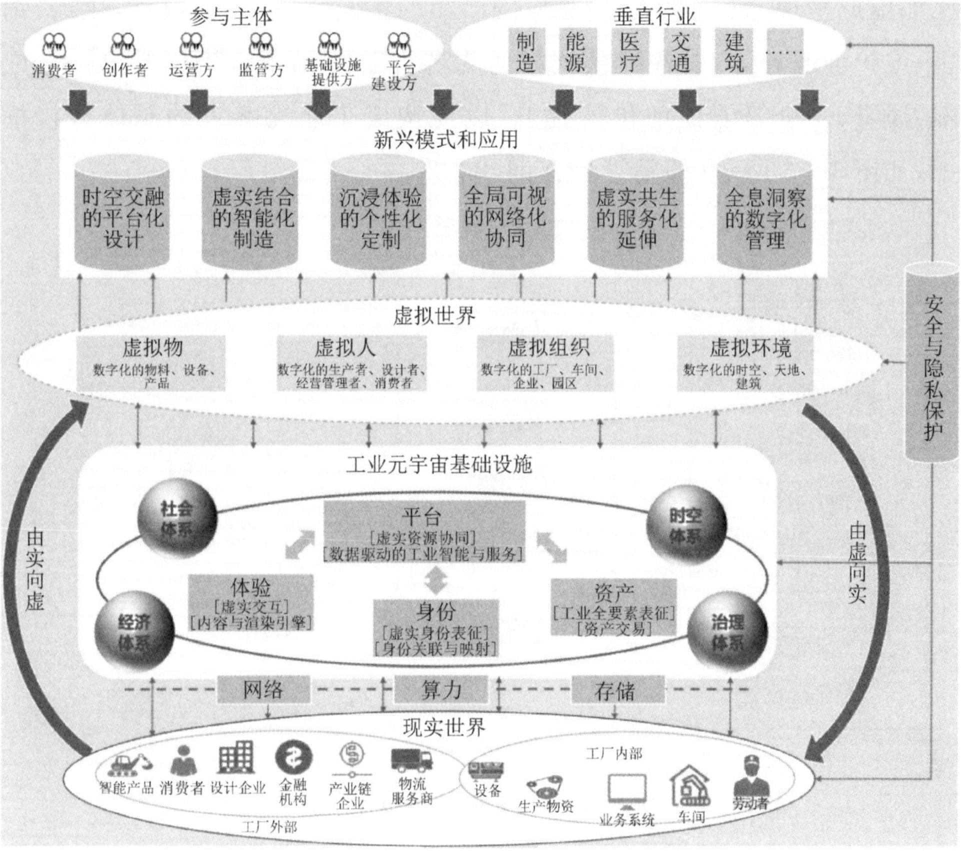

图 1-2　工业元宇宙框架

现问题并进行迭代。⑤共识机制。通过共识机制和智能合约机制实现生产标准化，避免规格不统一；实现最大限度的商务自主化，实现商务上的优势互补。⑥协同合作。上下游产业链在元宇宙中实现无缝协作，形成供应链元宇宙化，直观并直接共享上下游信息，形成供应链一体化，特别是用户、生产、销售和服务的四方协同。

工业元宇宙尽管涉及汽车、能源、钢铁、机械装备、电子制造等诸多行业，但可以采用相近的方式进行分析，即产品全生命周期和元宇宙模式应用结合的方法。一个维度是以产品全生命周期视角解构企业经营管理场景；另一个维度是将元宇宙的具体应用模式(通常也是技术模式，比如虚拟呈现、数字孪生等）对应到产品的不同阶段，包括设计、生产、销售、维护和服务等，看各种模式如何为各种工业场景带来体验、效率、成本、质量、安全等方面的价值提升，以此构成工业元宇宙的总体分析框架，如图 1—3 所示（德勤管理咨询，2022）。

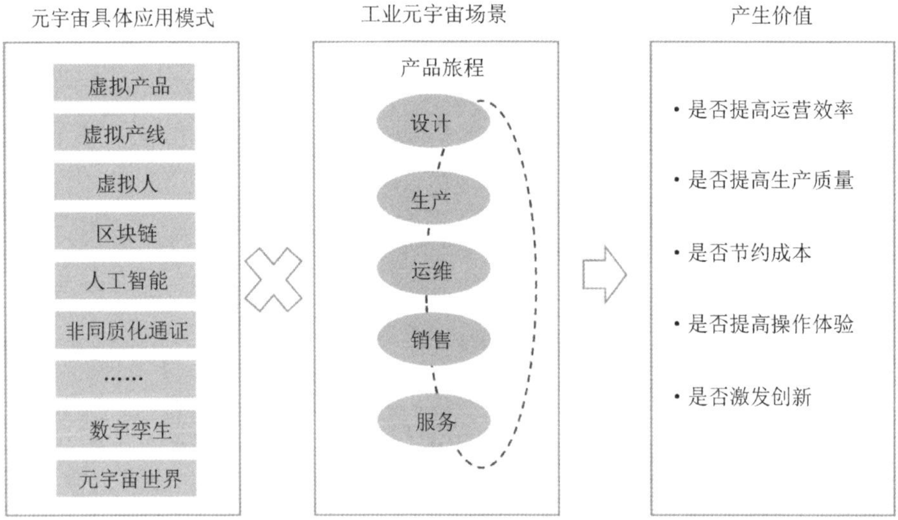

图 1－3　工业元宇宙通用分析方法

（二）消费元宇宙

当下的消费行为已由传统模式向体验型、社交型、健康型模式转变。商业空间需要满足顾客社交活动的需求，提升消费者的消费预期。消费元宇宙所设想的是面向消费者、创作者、商场等多用户及平台的复合模型。通过数字孪生带来的巨大空间潜力，将多元用户集合统一、虚实交互，以拓展商业空间的辐射领域。

消费元宇宙模型以消费者与创作者为主体，通过自下而上的架构，形成用户主导的价值生产网络、动态化用户画像体系、跨平台沉浸式交互体验三大价值创造引擎。三者的系统化协同效应驱动了线下商业空间形态的重构。在用户主导的消费元宇宙模型中，将形成以用户个体为核心的去中心化平台，消费者与创作者主导了商业的空间形态与运营模式。消费元宇宙针对其消费形式及内容，可分为两个发展维度，即由实向虚和由虚向实。一是由实向虚。实现消费数学化，用数字化手段升级传统消费内容，提高消费效率，增强用户感知度，实现商业全场景体验的数字化呈现。电商与直播平台已逐步转变用户的购物行为，将商品挑选、购买过程复刻在线上平台。未来实体商业空间将实现全流程的数字化，满足用户体验、试用、收取等多样化需求，实现消费行为的全域覆盖。二是由虚向实。实现数字化消费，搭建全新的数字化消费内容及消费形式。通过原生虚拟空间所产生的新型数字消费产品，一方面优化线上商业系统，搭建新消费品牌孵化平台；另一方面影响线下商业空间，通过扩展现实等技术，将数字内容再现于实体商业空间，丰富空间维度与信息层级，吸引用户关注，重新激活线下空间活力。

现阶段，商业空间需充分调动区域活力，剖析、整合用户需求和用户特征，巩固高活跃度用户，重点打造商圈特征形象。加强数字化手段，拓展消费者触点与信息传播渠道，逐步引导以人为本的消费元宇宙模型落地。德勤(2023)指出，消费元宇宙具体实施的场景包括三方面。一是“数字＋教育”模型。具备教育业态发展优势的商圈，应充分利用其附属的高端家庭客户群及顶级教育资源。鼓励新型空间及创作者进入新型业态，激发商圈活力，综合培育虚拟原生的线上“第三课堂”。二是“数字＋娱乐”模型。针对规模巨大、业态丰富的商圈，参照乐园模式打造商圈，对商业体内各主力业态进行主题化、娱乐化、体验化的再造提升。乐园型购物中心并非将商业体改造成以游乐设施为主的乐园形态，而是借鉴和嫁接乐园运营模式，将乐园元素注入商业体，形成“类乐园”的购物体验，在商圈内打造复合的“乐园群”。三是“数字＋体育”模型。为摆脱体育主题商圈过度依赖实体空间与线下运营的现状，需要将商圈转型为线上线下融合的潮流运动消费目的地，打造数字孪生空间及原生虚拟空间，打造开发虚拟演出、线上健身等多元的“体育消费元宇宙”。

本章小结

元宇宙是以多重技术集合为基础,以虚拟世界的构建为核心,不局限于技术层面,而是上升到未来社会和文明形态层面的设想。元宇宙将打破人们所习惯的现实世界物理规则,以全新的方式激发产业技术创新。此外,元宇宙将与不同产业深度融合,以新模式、新业态带动相关产业跃迁升级。伴随元宇宙技术和产业成熟度的持续提高,其应用范围将逐步扩大,并不断深入。

第二章　元宇宙发展的政策环境

第一节　国外元宇宙布局策略

元宇宙这个概念汇聚了近几年数字技术方面的重要技术，如区块链、人工智能、大数据、Web3.0、云计算等，并可能引发社会经济生活的变革。众多发达国家认为元宇宙是一个具有战略意义的领域，对未来经济增长、社会变革、数字产业持续增长等具有重要价值，从而出台了支持元宇宙发展的相关政策。

一、美国

美国是全球元宇宙领域技术极为发达的国家之一。在元宇宙基础技术领域，英伟达凭借 GPU 底层算力以及 Omniverse Avatar（全域虚拟化身）技术平台处于领先地位，其实时仿真模拟和协作平台 Omniverse（全景宇宙）在数字孪生方面基础深厚。Epic Games（虚幻游戏）公司在虚幻引擎等技术方面走在前沿。脸书和微软拥有全球领先的 VR/AR 设备，分别推出了 Quest（探索）系列和 Hololens（全息眼镜）系列产品。在应用方面，美国企业布局十分超前，如 Epic Games 创始人一直强调其旗下的《堡垒之夜》作为元宇宙平台的意义；Roblox（罗布乐思）首次将元宇宙（Metaverse）一词写入招股说明书；脸书在 2021 年 10 月 28 日直接宣布将公司名称更改为元宇宙一词中的 Meta（元），并将公司股票代码从 2021 年 12 月 1 日起变更为“MVRS”，希望成为一家元宇宙公司。

在政府层面，美国政府虽然对元宇宙相关的技术高度重视，但整体上尚未制定清晰的战略规划。这主要是美国政府担心元宇宙会带来个人数据安全风险。在促进技术进步方面,2017 年 5 月,5 名美国国会议员宣布成立一个关于虚拟、增强和混合现实的国会小组,其核心是确保国会尽其所能,鼓励而非阻碍这些先进技术的发展。该小组在联合声明中指出,随着这些技术的不断进步和壮大,这个"现实的小组"将努力促进国会和领先的技术产业之间信息共享。这些技术在娱乐、教育和医疗领域展现出巨大的创新潜力。随着这些技术的发展,不可避免地会出现隐私、知识产权等领域的问题。因此,需要两党议员一起共商相关政策以支持创新,并应对扩展现实这一新兴部门带来的挑战。2019 年,国会通过了政府虚拟现实技术法案,提议创建"联邦政府现实技术可用性咨询委员会",为政府发展 VR/AR/MR 技术提供政策咨询。《2021 年美国创新和竞争法案》将沉浸式技术确定为重点领域十大关键技术之一,并提出要提升这一技术的全球竞争力。2022 年通过的《芯片和科学法案》也将沉浸式技术作为重点支持领域之一。

美国政府积极关注元宇宙的发展,并认为其在经济、社会和国家安全等方面具有重要作用。近年来,美国针对元宇宙制定了一系列政策,以促进基础设施建设、技术创新和产业发展:美国国会通过了一系列法案,支持对元宇宙领域的研究与发展;美国政府为推动元宇宙的发展,推出了一系列的政策,如 2018 年 10 月制定了《美国领先制造业领先战略》,2021 年 10 月制定了《政府对人工智能数据的所有权和监督法案》,2022 年 3 月 9 日签署"关于确保数字资产负责任发展"的行政命令。同时,美国通过各种投资计划支持元宇宙相关企业和项目:美国国家科学基金会投资了大量与元宇宙相关的科研项目,以推动技术创新;美国政府与业界、学术界和国际组织展开合作,共同探讨元宇宙的发展前景,如举办元宇宙国际研讨会,探讨元宇宙在全球范围内的影响和发展策略。

美国政府在促进元宇宙相关技术发展的同时,对其广泛应用可能带来的数据安全与隐私保护问题一直持保守态度。2018 年,联邦贸易委员会对脸书的消费者数据泄露事件处以 50 亿美元的罚款。元宇宙涉及

NFT、区块链等，必然使用智能合约。而美国人认为智能合约可能违反相关的数据保护法律。2018 年 10 月 16 日，美国商品期货交易委员会的某位专员在第 38 届年度海湾信息技术展览会上探讨了这样一个假设：如果智能合约中的代码被专门设计用于实现受该展览会监管的某种交易活动，并且该代码可能被美国人使用，那么展览会可能会对此智能合约代码的开发者提起诉讼。

2020 年 10 月，美国两党参议员提出《政府对人工智能数据的所有权和监督法案》，要求对联邦人工智能系统所涉及的数据特别是面部识别数据进行监管，并要求联邦政府建立人工智能工作组，以确保政府承包商能够负责任地使用人工智能技术所收集的生物识别数据。这一新规体现出美国对基于数据与身份识别的数字化渗透持谨慎态度，而元宇宙同样基于类似技术理念。这一法案说明了美国对智能合约所带来的潜在安全问题持谨慎态度。

二、欧洲国家

欧洲各国政府关注元宇宙发展，并着手制定相关法规，以确保新兴产业的合规性和可持续发展：德国联邦议院已通过一项关于虚拟世界和元宇宙的法案，旨在对虚拟财产、交易和税收等方面进行规范。欧洲各国政府和企业纷纷加大对元宇宙领域的投资力度，以推动产业发展：法国政府宣布投资 2 亿欧元支持元宇宙创新；英国政府设立了一个 5000 万美元的元宇宙基金；德国政府设立了“元宇宙研究所”，目的是研究元宇宙的技术和应用前景，同时还关注元宇宙中的道德和社会责任等问题，这个研究所是由德国联邦教育和科学部资助成立的，由来自不同学科的专家组成。欧洲企业积极开展合作，共同推进元宇宙技术发展：法国电信巨头 Orange（奥兰治）与虚拟现实技术公司 Improbable（英薄普罗波布尔）合作，开发基于元宇宙的虚拟现实应用；德国汽车制造商宝马公司宣布与元宇宙平台 Somnium Space（索姆尼姆空间）达成合作协议，共同探索虚拟世界中的汽车体验；德国西门子公司正在探索元宇宙的应用,而英国电信公司 Vodafone(沃达丰)则在元宇宙领域进行了投资;法国达能集团也在元宇宙中进行了布局。欧洲各国高校和研究机构积极开展元宇宙相关领域的教育和研究工作,培养专业人才:荷兰阿姆斯特丹大学推出全球首个元宇宙学位课程,涵盖虚拟现实、区块链和人工智能等技术;英国曼彻斯特城市大学也与元宇宙技术公司 Improbable 合作,建立了元宇宙创新中心。欧洲各国政府和企业积极推进元宇宙在日常生活中的应用,如举办虚拟音乐会、线上展览等。此外,一些国家还开始在元宇宙中开展社会实验,如瑞典政府在 Somnium Space 上创建了一个虚拟小镇,探索未来城市规划和社会治理。

为确保元宇宙领域的健康发展,欧洲各国政府和企业高度关注隐私、数据安全、知识产权等问题,并着手建立相应的治理机制。欧盟委员会曾表示,他们认为元宇宙是一个具有巨大潜力的新兴产业,但同时也面临着一些风险和挑战,其在制定政策推动元宇宙发展中会将元宇宙安全问题监管与保护并重。欧洲议会要求加强对元宇宙的监管以打造公正的元宇宙,为此,欧洲议会提出了一项草案,要求加强对元宇宙的监督和管理,以确保其在安全和隐私方面符合法律法规的要求。例如,欧洲委员会发布《数字市场法》和《数字服务法》,对在线平台的责任和监管进行规范。围绕元宇宙,欧洲推出了一系列的重大计划。

(一)欧盟"目的地地球"计划

目的地地球(DestinE)旨在开发一个高精度的地球数字模型,以模拟自然现象,监测人类的相关活动。该计划由欧洲航天局、欧洲中期天气预报中心和欧洲气象卫星应用组织实施:从 2021 年秋季开始,计划在未来 7 至 10 年内完成。作为欧盟委员会绿色协议和数字战略的一部分,DestinE 将有助于实现绿色和数字双重转型的目标。DestinE 的核心将是一个用户友好且安全的基于云的数字建模和仿真平台,该平台将提供对相关数据的便捷访问,并配备高级计算基础设施,涵盖高性能计算资源、专业软件工具、各类人工智能应用程序以及分析功能,全方位满足用户需求。它将针对诸如极端天气事件、气候变化适应、海洋及生物多样性等主题,打造全方位的数字复制品。DestinE 将发挥地球系统数字建模的潜力,重点聚焦气候变化影响领域、水和海洋环境领域、极地地区环境领域、冰层变化领域、生物多样性保护领域以及极端天气影响领域,深入探索可能的缓解措施。

DestinE 也是欧洲数据战略的一个关键组成部分,该计划希望通过在全欧洲开放公共数据集,在 2030 年形成"数字孪生地球"。①DestinE 用户将能够访问大量自然和社会经济信息,以便持续监测地球的健康状况,如研究海洋状况、冰层状况、生物多样性状况、土地利用状况和自然资源状况。②支持欧盟的政策制定和实施,如评估环境政策和相关立法措施的影响和成效。③对地球自然系统进行高精度动态模拟,重点关注海洋、陆地、海岸和大气等领域。④提高建模和预测能力,如在风暴、洪水和其他极端天气事件和自然灾害发生时,帮助人们预测和规划应对措施。⑤加强欧洲在模拟、建模、预测数据分析、人工智能和高性能计算等方面的工业和技术能力。

DestinE 通过以下关键事件逐步发展:2024 年,开发开放核心数字平台,并构建前两个针对极端自然事件和气候变化适应的数字孪生体;2027 年,整合更多的数字孪生体,如海洋数字孪生体,为平台中的特定行业提供服务;2030 年,通过平台提供的数字孪生体的融合,实现地球的"完整"数字复刻。

(二)德国数字化战略

德国最新的数字化战略以 2022 年发布的《数字化战略》为基础,并持续进行更新和具体实施,其核心目标包括:①数字主权。减少关键技术依赖(如半导体、云基础设施、关键软件),增强德国的自主能力。②现代化国家。彻底实现政府服务的数字化,提升行政效率和公民便利度。③推动创新和经济转型。利用数字技术推动产业升级,培育初创企业,提升德国经济竞争力。④赋能公民与社会参与。提升全民数字素养和技能,确保所有人能平等参与数字生活,加强网络安全和个人数据保护。⑤可持续的数字化转型。利用数字技术应对气候变化和促进资源节约。其关键行动领域和最新进展包括:①数字基础设施。千兆网络全覆盖,目标到2030年实现全国范围内的光纤和最新移动通信标准(5G/6G)全覆盖。政府投入巨资加速扩建,并简化审批流程。②人工智能。大规模应用推广,核心目标是让人工智能走出实验室,广泛应用于德国中小企业、工业和公共服务领域。持续资助顶尖人工智能研究机构,建立新的人工智能能力中心。③数字化行政服务。目标是到2026年底,所有关键政府服务都能在线完成,推动公民基础登记信息的数字化。④产业数字化。深化工业4.0,支持制造业中小企业进行数字化转型(如通过中小型企业数字化中心);发展量子计算,投入大量资金进行研发和应用探索,建立能力中心和测试平台。⑤气候与可持续性。利用数字技术(如人工智能优化能源消耗、智能电网、精准农业)推动气候保护和可持续发展,政府大力资助相关项目。

(三)新版《英国数字战略》

从"服务数字化"到"数字服务化",2022年6月,英国政府发布了新版《英国数字战略》。新版《英国数字战略》明确了英国未来发展数字经济的六大支柱:构建世界级的数字基础设施,激发创意和保护知识产权,吸引全球的数字经济人才,为数字化发展提供资金支持,通过数字化提升整个英国的商业与社会服务能力,提高英国在数字经济领域的国际地位。

从英国数字经济的发展历程可以看出,以下五方面经验较为关键。

(1)推进"数字政府"建设。近年来,英国政府全力推进数字政府建设:从"服务数字化"到"数字服务化"的转变。自2017年出台《数字发展战略》之后,英国政府推出了与之相配套的《政府转型战略(2017—2020)》,对建设数字政府做了进一步规划。此后,英国政府又出台了《公共服务标准》,为完善数字政务服务的用户体验和满意度设立了14条标准。《政府数字服务:2021—2024 年战略》宣布,政府将建立适用于所有人的单一数字身份,推出在线政务服务的单点登录方案,归口线上政府服务至单一平台。

(2)布局人工智能产业。英国先后发布了《产业战略:人工智能领域行动》《国家计量战略实施计划》等一系列战略行动计划来支持人工智能产业的发展。2021 年,英国还发布了《国家人工智能战略》,计划未来 10 年将以更大力度推动人工智能商业化进程。

(3)激发创意和保护知识产权。英国计划到 2025 年把用于人工智能、下一代半导体、数字孪生、自主系统和量子计算等领域的公共研发支出增加到 200 亿英镑。同时,允许英国创作者通过流媒体与数字平台建立联系以产生新的收入来源,并实施创意产业税收减免政策,促进数字媒体领域的创新。

(4)重视人才培育和引进。英国政府致力于吸引全球优秀人才到英国发展。除了为数字经济企业提供综合签证方案之外,英国还计划实施一项面向高级人才的无担保科技类"精英签证",以帮助初创和快速发展的科技企业从海外招聘人才。

(5)推动数字经济立法,保障数字技术安全,保护数字知识产权并确保治理体系的公平公正。

三、日本

日本一直高度重视虚拟现实产业发展,在技术与应用方面均具有较好的基础。索尼与虚拟现实开发商 Hassilas(哈西拉斯)拥有 Play Station(游戏站)主机系统和游戏生态,旗下 Play Station VR 的全球销量排名行业前三;2020—2021 年,索尼两次投资 Epic Games 公司,在虚幻引擎等技术方面进行了战略布局;索尼还推出了 Dreams Universe(梦境宇宙),用户可以在其中进行 3D 游戏创作、制作视频,并分享到 UGC 社区。日本在动画、漫画、游戏等领域具有领先优势,这使其在元宇宙发展所需的知识产权资源方面具有优势。2021 年 8 月 5 日,Avex

Business Development(爱贝克思商业发展)公司与 Digital Motion(数字动态)公司合作成立了 Vitual Avex(爱贝克思虚拟)公司,计划促进现有动漫或游戏角色在元宇宙中有更多的应用,举办虚拟艺术家活动,以及将真实艺术家演唱会等活动虚拟化。在增强现实方面,日本创造了著名的虚拟偶像初音未来。在实际运用方面,VRChat(虚拟现实聊天)是一款充满动漫人物和现实场景创作的游戏,据调查,90%的日本人使用 VRChat,其他流行的虚拟现实应用程序包括 Virtual Cast(虚拟角色)、Cluster(集群)和 NEOS VR(尼奥斯虚拟现实),很多人将这些程序称为元宇宙。按照这一标准,日本约有 50%的用户每天访问元宇宙。其他 25%的用户通常每周至少访问两次元宇宙。几乎一半的访问通常持续 3 小时,32%的访问通常持续 6～12 小时。

近年来,日本积极布局元宇宙相关产业,建立新型国家优势;积极拥抱元宇宙,致力于将 Web3.0 技术纳入国家的发展规划,围绕元宇宙推出了一系列的行动和政策。2020 年 8 月,经济产业省成立了加速数字化转型研究小组,对数字化转型问题进行调查研究。2021 年 3 月,经济产业省召开了半导体和数字产业战略审查会议,以研究有关半导体、数字基础设施和数字产业的未来政策方向。2021 年 6 月,经济产业省发布了《半导体与数字产业战略》,提出了半导体产业及数字产业的整体发展战略。2022 年 1 月,经济产业省成立了“数字产业转型研究组”,就数字产业及其转型的四条路径进行了深入研究。2023 年,《数字空间不动产登记法》承认虚拟土地物权,促进开发(如涩谷区虚拟地块拍卖)。2024 年,推出国家认证标准“Web3.0 安全协议”,确保用户数据主权和跨平台互操作性。预期 2025 年可完成国家元宇宙平台公测,接入 80%的政务服务,2027 年实现虚拟办公普及率 50%,工业元宇宙在百余家头部制造企业中完成部署,2030 年建成“日本数字孪生体”,实时映射全国交通、能源、环境数据。

1.《关于虚拟空间行业未来可能性与课题的调查报告》

日本经济产业省于 2021 年 7 月发布了《关于虚拟空间行业未来可

能性与课题的调查报告》，将元宇宙定义为“在一个特定的虚拟空间内，各领域的生产者向消费者提供各种服务和内容”。该报告认为，该行业应将用户群体扩大到一般消费者，应降低虚拟现实设备价格以及虚拟现实体验门槛，并开发高质量的虚拟现实内容以留住用户；政府应着重防范和解决“虚拟空间”内的法律问题，并对跨国、跨平台业务法律适用性等加以完善；政府应与业内人士制定行业标准和指导方针，并向全球输出此类规范。这些建议体现了日本政府对元宇宙行业布局的思考，即通过现有的发展成果尽可能在民众范围内推广元宇宙理念，同时通过制定指导方针与政策来规范元宇宙的建设。

2. 一般社团法人日本元宇宙协会

2021 年 12 月中旬，日本的加密资产（虚拟货币）兑换平台 FXCOIN（富氪币）等成立元宇宙的业界团体，业界团体名称为“一般社团法人日本元宇宙协会”。相关团体将与金融厅等行政机构相互配合，推动元宇宙市场体系建设，力争使日本成为元宇宙发达国家。除了 FXCOIN 和 CoinBest（科因贝斯特）等日本虚拟货币兑换平台之外，涉足电子钱包业务的 Ginco（金科）等也将加入该协会；该协会还欢迎其他互联网金融公司和游戏公司加入。日本成立的元宇宙协会除了研究元宇宙世界动向之外，还希望加深与行政机构的沟通，为日本企业在元宇宙市场的发展创造有利条件。例如，日本《民法》仅承认实物所有权，因此，除需要探讨虚拟物所有权的相关法律问题外，还需要分析元宇宙中虚拟土地转化为非同质化通证、虚拟货币用于相关支付时，是否能够在虚拟货币兑换平台之外完成交易等与金融相关的风险点。

3.《数字经济基本战略》

2022 年 4 月，日本政府发布《数字经济基本战略》，在该战略中明确提出了“元宇宙”的概念，并提到将推动虚拟现实和增强现实的应用和发展，以促进数字化转型和经济增长。此外，日本政府还探索利用区块链技术来构建可信的元宇宙生态系统。日本政府和企业对元宇宙领域的布局十分积极。日本首相在 2022 年 10 月的发言中明确表示,将投资数字化转型服务,包括非同质化通证和元宇宙。紧随其后的一个月,日本数字部又制订了创建 DAO 的计划,以帮助政府机构进入 Web3.0 领域。

四、韩国

在韩国,元宇宙发展具有良好的基础。韩国拥有全球领先的超高速 5G 网络和光缆网络,对 Oculus Quest(奥克卢斯探索)等虚拟现实设备的接受度和渗透率非常高,游戏产业十分发达。根据德国某统计数据公司的数据,2024 年韩国整体游戏市场价值为 188.67 亿美元,自 2007 年以来韩国游戏市场营收一直在稳步增长,这表明韩国在游戏领域的影响力持续扩大。这包括了整个游戏行业,而不仅仅是与元宇宙相关的游戏。整体来看,韩国在"虚拟数字人"方向的应用较为领先,与其成熟的偶像工业相结合,具有非常多的应用场景。

韩国高度重视数字经济和文化产业,已在元宇宙产业方面建立了系统性政策体系,构成了全球层面最为完善的元宇宙政策体系。例如,2021 年 11 月 3 日,首尔市政府宣布打造"元宇宙首尔",该项目计划耗资 39 亿韩元。韩国政府还公布了促进元宇宙产业发展的长期路线图,目标是 5 年内成为全球第五大元宇宙市场。韩国政府积极推动建立联盟,投资建设元宇宙平台:韩国政府于 2022 年通过第一阶段工作完成平台的搭建,引入经济、教育、旅游等 7 大领域相关服务。韩国信息通信产业振兴院联合多个机构和企业成立了"元宇宙联盟",旨在构建元宇宙生态系统。此外,韩国数字新政推出数字内容产业培育支援计划,共投资 2024 亿韩元,其中扩展现实内容开发投资 473 亿韩元、数字内容开发投资 156 亿韩元、扩展现实内容产业基础建造投资 231 亿韩元。韩国政府还计划构建元宇宙生态系统,包括在首尔金融科技实验室复制元宇宙平台(以构建培养金融科技产业的线上线下集群)以及在钟路区搭建投资首尔中心(被称为"元宇宙投资首尔")。韩国的高校和研究院所也是元宇宙研究的重要力量,首尔大学、高丽大学等韩国知名学府都在元宇宙领域展开了深入的研究和实践，这些机构和企业的紧密合作也为韩国元宇宙产业的发展提供了强有力的支持。

韩国首尔市政府发布了《元宇宙首尔五年计划》，宣布从 2022 年起分三个阶段在经济、文化、旅游、教育、信访等市政府所有业务领域打造元宇宙行政服务生态，旨在使首尔成为一个共存的城市、先进的城市、安全的城市和温情的城市。首尔市智慧城市政策官表示："元宇宙基于不同的技术能力和用户需求正实现多元化发展，将快速成长为新的数字经济模式。首尔市政府将结合公共需求和民间技术，开拓'元宇宙首尔'，打造男女老少都能享受的'元宇宙首尔'，使首尔发展成为名副其实的包容性智慧城市。"

韩国围绕元宇宙推出了一批示范性标杆项目，具体包括：①普信阁新年敲钟。首尔市在元宇宙平台上举行普信阁虚拟敲钟仪式，迎接新年的到来。②首尔金融科技实验室集合地。为外国投资者提供虚拟替身投资会商、虚拟会议和教育、首尔宣传实感体验等投资、创业一站式支援服务。③虚拟综合办事大厅。"元宇宙 120 中心""元宇宙市长室"听取市民意见建议，"元宇宙智能工作平台"中的公务员虚拟替身为市民提供服务。④"元宇宙观光首尔"。虚拟化光化门广场、德寿宫、南大门市场等首尔主要旅游景点，虚拟再现敦义门，体验宗庙等祭奠仪式，展现首尔鼓节、花灯节、贞洞夜行等传统节日，引入热门餐厅、博物馆、美术馆，为虚拟首尔团体旅游团提供元宇宙庆典、会展服务。

五、新加坡

新加坡政府从多个维度对元宇宙进行布局，旨在推动元宇宙产业的发展，并将其作为未来经济增长的重要驱动力。这些举措旨在推动新加坡在元宇宙领域的发展，并为国家的经济发展注入新的活力，实现新旧动能的转换。新加坡在元宇宙方面的重要布局主要包括：①签署双边协议。新加坡电信与韩国 SK 电讯达成合作，共同分享 5G 网络等技术；韩国 SK 电讯将向新加坡电信提供元宇宙平台及相关技术信息。②星展银行积极布局元宇宙。星展银行作为新加坡最大的银行,正积极探索元宇宙领域,以寻求业务创新和发展。③发展增强现实和虚拟现实技术。新加坡政府认识到增强现实和虚拟现实技术在元宇宙领域的重要地位,加大了对相关技术的投入力度,以推动硬件公司的商机和发展。④支持元宇宙初创企业。新加坡政府通过各种政策和资金支持,鼓励元宇宙初创企业在新加坡扎根和发展,以培育具有竞争力的企业群体。⑤打造数字经济发展蓝图。新加坡政府出台了一系列政策,旨在推动数字经济的发展,其中包括元宇宙在内的多个重点领域。⑥投资元宇宙产业。新加坡政府通过投资 Epic Games 公司等元宇宙相关企业,积极参与元宇宙产业的建设和布局。⑦推动跨部门合作。新加坡政府积极促进各政府部门在元宇宙领域的合作,以实现资源共享和协同创新。⑧加强国际合作。新加坡政府与世界其他国家在元宇宙领域开展合作,共同推动技术研发和产业发展。

第二节　国内元宇宙政策环境

一、国内主要规划和行动

我国在元宇宙发展方面具有独到的优势。在基础设施方面,2019 年 6 月,中国发放了 5G 牌照。在 5G 建设过程中,我国处于全球领先地位。2021 年 9 月,我国 5G 基站数量超过 100 万个,占全球总数的 70% 以上。5G 终端手机连接数量超过 3.92 亿,占全球的比重达到 80%。数字基础设施建设带动了网速的提升和费率的下降,我国移动宽带的网络速率在全球 139 个国家和地区中排名第 4 位。2020 年下半年以来,随着 5G 建设进程的加快,移动网络单位流量平均资费下降 10%。固定宽带也获得了较大的发展空间。截至 2024 年底,我国 5G 移动电话用户数已达 10.14 亿户,固定互联网宽带接入用户总数达 6.7 亿户,其中千兆光网覆盖用户数为 2.07 亿户,固定宽带端到端用户体验速度达到每户

511.8 Mbps。

元宇宙需要大量的算力支撑。近年来，我国云计算快速发展，云计算市场迅速扩张。根据中国信息通信研究院发布的《云计算白皮书（2024 年）》所披露的数据，2023 年，中国云计算市场实现了显著增长，市场规模上升至 6165 亿元人民币，同比增长 35.5%，这一增速在全球范围内都处于领先地位。其中，公有云市场的表现尤为突出，其市场规模达到 4562 亿元人民币，同比增长 40.1%。与此同时，私有云市场规模增至 1563 亿元人民币，同比增长 20.8%。2025 年 3 月，国际数据公司发布《中国公有云大模型服务市场格局分析，1Q25》报告，首次揭示了我国公有云大模型市场的竞争态势。数据显示，2024 年我国生成式人工智能基础设施规模达 356 亿元人民币，其中，火山引擎以 46.4%的市场份额占据首位，百度智能云、阿里云的市场份额均为 19.3%，腾讯云、中国移动、天翼云等公有云厂商整体占据 15%的市场份额，目前该市场已形成“一超多强”的竞争格局。

中国互联网用户规模居全球第一，这为元宇宙在应用、内容和场景等方面的拓展提供了独特的优势。根据 2025 年 1 月 17 日中国互联网络信息中心发布的第 55 次《中国互联网络发展状况统计报告》，截至 2024 年 12 月，中国网民规模达 11.08 亿，互联网普及率达 78.6%，该普及率超过全球平均水平。各种消费互联网应用的用户数量快速增长，网络购物用户规模达 9.74 亿，渗透率达到 87.9%。

在政策方面，由于元宇宙涉及非同质化通证等类金融产品，在中央层面尚未出台统一的政策，总体上以稳为主。2022 年 1 月，在工业和信息化部召开的中小企业发展情况发布会上，工业和信息化部中小企业局局长表示，工业和信息化部将加大力度推进中小企业数字化发展，支持发展数字经济，抢抓国家推进新基建的大好机遇。培育一批专精特新中小企业，特别要注重培育一批深耕专业领域工业互联网、工业软件、网络与数据安全、智能传感器等方面的“小巨人”企业，培育一批进军元宇宙、区块链、人工智能等新兴领域的创新型中小企业。2023 年，工业和信息化部等四部门印发《新产业标准化领航工程实施方案(2023—2035年)》,该方案聚焦“8+9”产业,综合考虑了对经济社会全局和长远发展具有引领带动作用的因素,统筹兼顾产业发展现状与发展潜力,新兴产业主要聚焦新一代信息技术、新能源、新材料、高端装备、新能源汽车、绿色环保、民用航空、船舶与海洋工程装备等8个领域,未来产业聚焦元宇宙、脑机接口、量子信息、人形机器人、生成式人工智能、生物制造、未来显示、未来网络、新型储能等9个领域;其中元宇宙是未来产业的重要组成部分。

(一)《“十四五”数字经济发展规划》

2022年1月,国务院印发的《“十四五”数字经济发展规划》指出,建设数字中国是数字时代推进中国式现代化的重要引擎,是构筑国家竞争新优势的有力支撑。加快数字中国建设,对全面建设社会主义现代化国家、全面推进中华民族伟大复兴具有重要意义和深远影响。该规划提出,到2025年,基本形成横向打通、纵向贯通、协调有力的一体化推进格局,数字中国建设取得重要进展。数字基础设施高效联通,数据资源规模和质量加快提升,数据要素价值有效释放,数字经济发展质量效益大幅增加,政务数字化智能化水平明显提升,数字文化建设跃上新台阶,数字社会精准化、普惠化、便捷化取得显著成效,数字生态文明建设取得积极进展,数字技术创新实现重大突破,应用创新全球领先,数字安全保障能力全面提升,数字治理体系更加完善,数字领域国际合作打开新局面。到2035年,数字化发展水平进入世界前列,数字中国建设取得重大成就。数字中国建设体系化布局更加科学完备,经济、政治、文化、社会、生态文明建设各领域数字化发展更加协调充分,有力支撑全面建设社会主义现代化国家。

(二)《工业元宇宙创新发展三年行动计划(2022—2025)》

2022年10月,工业和信息化部文化发展中心牵头成立工业元宇宙协同发展组织,并发布《工业元宇宙创新发展三年行动计划(2022—

2025)》。工业元宇宙是指在新发展理念指引下，在新一代信息技术引领下，借助新时代各类新技术群跨界融合，实现工业领域中“人、虚拟空间与现实空间”虚实映射、交互融合、以虚促实、以虚强实的工业全要素链、全产业链、全价值链(三链)智慧、协同、开放、服务、互联的复杂数字工业经济系统。该计划提出3年实现“三个100”的目标，着力推动工业元宇宙的技术储备、标准研制、应用培育和生态构建全方位健康发展。其主要措施包括：①通过创新能力提升行动、支撑体系健全行动、融合赋能深化行动、产业生态健壮行动等4项行动，形成100个可复制的典型案例，为应用推广提供标准模板。②打造100个工业元宇宙标杆应用企业，提供元宇宙在工业领域的高水准落地示范。③建设100个赋能创新中心，并推动建设一批“工业元宇宙＋垂直行业”的工业元宇宙开放平台。④培育一批具有国际竞争力的工业元宇宙产业链领军企业，强化产业链上下游协同，加快联合创新，推动开源框架和智能芯片等软硬件适配，构建安全可靠、软硬一体的产业发展生态。⑤发挥龙头企业带动作用，促进大中小企业融通发展，形成一批工业元宇宙领域专精特新“小巨人”企业和单项隐形冠军企业。⑥发挥超大市场优势，深化与国内外龙头企业、科研机构等开展资本、技术、人才交流合作，打造有韧性、安全可控的元宇宙产业链与供应链。

(三)《虚拟现实与行业应用融合发展行动计划(2022—2026年)》

2022年11月，工业和信息化部、教育部、文化和旅游部、国家广播电视总局、国家体育总局五部门联合发布《虚拟现实与行业应用融合发展行动计划(2022—2026年)》，该计划提出到2026年，三维化、虚实融合沉浸影音关键技术取得重点突破，新一代适人化虚拟现实终端产品不断丰富，产业生态进一步完善，虚拟现实在经济社会重要行业领域实现规模化应用，形成若干具有较强国际竞争力的骨干企业和产业集群，打造技术、产品、服务和应用共同繁荣的产业发展格局。该计划提出了如下五大重点任务：①推进关键技术融合创新。提升“虚拟现实＋”内生能力与赋能能力,加快近眼显示、渲染处理、感知交互、网络传输、内容生产、压缩编码、安全可信等关键细分领域技术突破,强化与5G、人工智能等新一代信息技术的深度融合。②提升全产业链条供给能力。面向大众消费与行业领域的需求定位,全面提升虚拟现实关键器件、终端外设、业务运营平台、内容生产工具、专用信息基础设施的产业化供给能力。提升终端产品的舒适度、易用性与安全性。③加速多行业、多场景应用落地。面向规模化与特色化的融合应用发展目标,在工业生产、文化旅游、融合媒体、教育培训、体育健康、商贸创意、演艺娱乐、安全应急、残障辅助、智慧城市等领域,深化虚拟现实与行业有机融合。④加强产业公共服务平台建设。面向行业共性需求,依托行业优势资源,重点建设共性应用技术支撑平台、沉浸式内容集成开发平台、融合应用孵化培育平台,持续优化虚拟现实产业发展支撑环境。⑤构建融合应用标准体系。加强标准顶层设计,构建覆盖全产业链的虚拟现实综合标准体系。加快健康舒适度、内容制作流程等重点标准的制定推广,推动虚拟现实应用标准研究。

(四)《元宇宙产业创新发展三年行动计划(2023—2025年)》

2023年9月,工业和信息化部等五部门联合印发了《元宇宙产业创新发展三年行动计划(2023—2025年)》。该计划指出,元宇宙是人工智能、区块链、5G、物联网、虚拟现实等新一代信息技术的集大成应用,是具有广阔空间和巨大潜力的未来产业。发展元宇宙产业将极大地开辟数字经济的新场景、新应用、新生态,培育经济新动能。特别是发展虚实融合互促的工业元宇宙,将进一步加速制造业高端化、智能化、绿色化升级,是新型工业化建设的重要发力点之一。我国制造业体系全、场景多、市场大,数字经济蓬勃发展,具备发展元宇宙产业的坚实基础,但在关键技术、产业生态、领军企业、标准治理等方面仍存在短板弱项。该行动计划主要概括为:①5大任务,即"构建先进元宇宙技术和产业体系""培育三维交互的工业元宇宙""打造沉浸交互数字生活应用""构建系统完备产业支撑”“构建安全可信产业治理体系”。②4 项具体措施，即“加强关键技术集成创新”“丰富元宇宙产品供给”“构筑协同发展产业生态”“探索推动工业关键流程的元宇宙化改造”，它们紧紧围绕 5 大任务，进一步明确细化了各自的发力方向和突破点。③4 项工程，即“提升关键技术”“培育产业生态”“工业元宇宙赋能”“强化产业基础”，它们从技术、生态、赋能、产业基础等不同维度，进一步谋划布局产业突破口，为带动示范任务一、二、三、四的实践落地提供了重要支撑平台。进一步强化人工智能、区块链、云计算、虚拟现实等技术在元宇宙中的融合创新，加快关键技术布局，加紧基础软硬件的研发创新，在高端电子元器件、建模软件等重点方向尽快取得突破。在元宇宙产品供给方面，围绕社交、文娱、办公等现实需求，在元宇宙入口、虚拟空间应用工具和平台上着重发力。同时，该计划倡导做强市场主体，培育元宇宙龙头企业和专精特新企业，建设一批元宇宙创新应用先导区、科技园区和产业园，打造特色化产业集群，并探索用户参与技术创新和内容生产的新模式、新业态。

二、地方政府元宇宙政策

自 2020 年以来，推进数字化转型一直是国内重点工作方向之一，而元宇宙概念所涵盖的技术应用与发展理念恰恰与数字化转型高度吻合。上海、北京等地方政府对元宇宙的态度更为积极，均出台了相应的元宇宙政策。例如，2022 年 7 月上海发布的《上海市数字经济发展“十四五”规划》明确提出，元宇宙及相关领域是上海市数字经济发展的重点之一。目前，已有多个省市政府相继发布元宇宙建设规划，针对元宇宙相关产业的政策设计已开始有序推进。随着这些政策的持续落地与深化，元宇宙有望在更多领域创造出更大的价值，推动经济社会的数字化进程迈向新高度。

（一）北京

2023 年 2 月 23 日，北京市东城区发布《东城区加快元宇宙产业高质量发展行动计划(2023—2025年)(征求意见稿)》,向社会公开征求意见。该计划指出,力争通过3年努力,推进元宇宙产业链条化、规模化,形成100家以上元宇宙生态链企业。依托故宫-王府井-隆福寺"文化金三角"、东城园国家文化和科技融合示范基地等空间,落地建成10项元宇宙示范应用场景项目。在增强现实/虚拟现实、区块链、人工智能等元宇宙相关领域,新培育20家专精特新企业。

2023年3月20日,北京市朝阳区发布《朝阳区互联网3.0创新发展三年行动计划》,从加强关键核心技术攻关、建设产业服务平台、推动重大应用场景建设、完善互联网3.0生态体系、深化国际化开放合作等方面,确定了21项重点任务,提出打造"一纵一横多引擎"的互联网3.0区域产业布局,力争在2025年将朝阳区打造成引领全国的互联网3.0产业高地。

(二)昆明

2023年1月3日,昆明市人民政府网公布了《昆明市数字经济发展三年行动计划(2022—2024年)》,其中提及壮大区块链产业和超前布局元宇宙产业:到2024年,昆明市建成1个元宇宙发展试验区,形成5个以上元宇宙创新应用试点;并新增10家以上具备较强竞争力的技术龙头区块链企业,孵化20个以上区块链特色应用。该计划提出,昆明市力争通过3年时间,使全市数字经济规模翻一番,突破5000亿元,年均增长25%以上。

(三)上海

2023年1月11日,上海市政府工作报告提出,大力发展数字经济、绿色低碳、元宇宙、智能终端四大新赛道。

2023年1月15日,上海市经济和信息化委员会发布了《关于2022上海市元宇宙重大应用场景"揭榜挂帅"项目发榜的通知》,张榜公示《2022上海市第一批元宇宙重大应用场景需求列表》,鼓励以国内外重点企业和科研院校合作、大企业带领小企业的方式联合承接元宇宙重大应用场景任务。该通知包含医疗健康、数字城市、课堂教育、商业运营、品牌娱乐、文旅出游和智能制造 7 个类别的 20 个场景，如瑞金医院元宇宙智慧医院、“元”上苏河和宝钢工业元宇宙。

2023 年 1 月 29 日，上海市人民政府印发《上海市提信心扩需求稳增长促发展行动方案》，其中提到要加快培育壮大新兴产业集群。加快发展集成电路、生物医药、人工智能三大产业，制订新一轮三大产业上海方案。实施数字经济、绿色低碳、元宇宙、智能终端等新赛道和未来健康、未来智能、未来能源、未来空间、未来材料等五大未来产业集群行动方案，支持智能网联汽车创新发展和示范应用。

2023 年 3 月 6 日，《松江区培育“元宇宙”新赛道行动方案（2022—2025 年）》发布。该方案提出，到 2025 年，元宇宙相关产业规模达到 500 亿元；在硬件、软件、内容及场景应用领域引进培育 10 家以上细分领域头部企业；推动元宇宙虚实交互技术在工业、教育、影视、文旅、商贸等领域的数字化应用，打造 5 个以上垂直场景融合赋能创新示范应用，推出 10 个以上引领行业前沿的标杆性产品和服务；建设一批创新平台，培育一批创新人才，组建一个产业联盟，制定一批行业标准。

2023 年 6 月 14 日，上海市科学技术委员会印发《上海市“元宇宙”关键技术攻关行动方案（2023—2025 年）》。该方案围绕“元宇宙”内容、存算、传输、终端等技术层面，结合国内外产业发展情况和本市研发基础，聚焦沉浸式技术、Web3.0 技术两大主攻方向，在沉浸影音、沉浸计算、新型显示、感知交互与区块链等关键技术领域打造新高地。

2023 年 6 月 21 日，上海市文化和旅游局发布了《上海市打造文旅元宇宙新赛道行动方案（2023—2025 年）》。该方案提出了到 2025 年上海文旅元宇宙新赛道建设的主要目标，明确了未来三年上海文旅要集中发力的五个领域，打造文旅元宇宙新赛道的五大专项行动，即数字文旅新基建专项行动、技术工具新突破专项行动、文旅元宇宙新场景专项行动、数字艺术品新赛道专项行动和沉浸互动新内容专项行动。

2024 年 1 月 4 日，中共上海市委办公厅、上海市人民政府办公厅联合印发《上海市贯彻落实国家文化数字化战略的实施方案》。该方案聚焦元宇宙新赛道,布局未来文化产业,培育10个以上数字文创标杆园区,发挥上海数字文创暨元宇宙产业联盟作用,推动数字文创元宇宙产业集聚区建设。

2024年2月14日,上海市政府发布了第二批元宇宙重大应用场景需求列表并张榜公示。此批重大应用场景共40个,主要围绕工业、文旅、医疗、教育四个赛道,由上海市经济信息化委、市文化旅游局、市卫生健康委、市教委联合启动。

(四)成都

2023年1月3日,成都市新经济发展工作领导小组办公室印发《成都市元宇宙产业发展行动方案(2022—2025年)》,这是成都首个聚焦元宇宙的政策文件。该方案提出,到2025年,成都元宇宙产业体系初具雏形,相关产业规模达到1500亿元。构建起完整的成都元宇宙产业链,研究掌握一批核心技术,引进培育一批优质企业,融合打造一批特色应用场景,开发储备一批城市名片,对产业转型升级、城市治理形成引领带动作用。

(五)重庆

2023年1月6日,重庆市永川区人民政府官网发布《重庆市永川区元宇宙产业发展三年行动计划(2023—2025年)》。该计划指出,力争到2025年,将永川打造成为以数字内容制作为特色的全国知名、西部领先的元宇宙应用示范区,引入培育一批掌握关键技术、营收上亿元的元宇宙企业,构建科技影视、虚拟数字人、数字藏品等多领域元宇宙新模式、新服务。

(六)南京

2023年2月,南京发布《南京市加快发展元宇宙产业行动计划(2023—2025年)》。该计划指出,高标准打造1～2个元宇宙特色园区,到2025年,元宇宙及关联产业规模超过1350亿元;引进培养10名高层次领军人才，建成3～5个元宇宙重点实验室或技术中心；培育10家以上元宇宙领军企业、50家以上细分领域专精特新企业，形成元宇宙企业梯度集群；围绕工业、教育、文化等重点领域，推出50个在全国有影响力的创新产品，打造100个元宇宙示范场景；不断完善公共服务支撑体系，推动产业开放合作，高水平打造1～2个元宇宙合作交流平台。

（七）苏州

2023年1月，苏州出台《苏州市培育元宇宙产业创新发展指导意见》，提出核心技术加速突破、产业规模全国前列、产业生态持续完善、融合应用不断深化等发展目标。其发展目标为：到2025年，培育集聚元宇宙核心企业超200家，元宇宙相关产业规模达到2000亿元；在工业、医疗、文旅、教育、城市管理等契合度较高领域率先探索打造30个应用场景示范项目，打造苏州人工智能产业创新集群，推动全市软件和信息服务业业务收入超3000亿元；打造苏州新型显示产业创新集群，推动全市电子信息产业规模突破1.8万亿元。

（八）郑州

2023年2月7日，郑州市制造业高质量发展工作领导小组办公室发布《关于开展元宇宙典型案例及创新场景需求征集工作的通知》。该通知提出，打造中部地区元宇宙产业创新发展先行区、引领区，面向智能制造、教育、文旅文博、医疗卫生、社会治理、商务办公、展览体验、商贸消费、智能网联汽车、农业食品、人工智能等领域的元宇宙相关硬件、软件、服务、应用，开展元宇宙典型案例及创新场景需求征集。

2023年5月24日，郑州市发改委发布《郑州市元宇宙产业发展实施方案（征求意见稿）》和《郑州市元宇宙产业发展若干政策（征求意见稿）》，向社会公开征求意见。该方案提出，到2025年，郑州元宇宙核心产业规模突破500亿元，带动相关产业规模超过2000亿元。引进培育“100＋”元宇宙领先企业，培育“300＋”家创新型中小企业，打造“50＋”典型应用场景。力争经过三年努力，把郑州市打造成为全国一流的元宇宙创新之城、产业之城、融合应用之城。

（九）合肥

2023 年 2 月 14 日，合肥发布《合肥高新区元宇宙产业发展规划（2023—2028）》。其发展目标为：到 2028 年，元宇宙相关产业规模突破 800 亿元；建成 5 个国内一流的元宇宙技术研究和创新平台，累计申请相关专利超过 800 项，突破关键核心技术超 50 个；引进元宇宙领域科技领军人才 50 名，培育青年创新创业团队 100 个、相关从业人员 50000 人；培育和引进 10 家以上具有国际竞争力的创新型头部企业和“链主企业”，打造 50 家以上专精特新企业，培育 100 家创新型中小企业；推动建设 2 个以上具备特色的元宇宙产业园区，落地 10 个以上“元宇宙＋”“＋元宇宙”的重大示范应用项目。

2024 年 1 月 20 日，合肥市政府发布《合肥市元宇宙产业发展计划》。该计划提出，到 2028 年，建成具有全国影响力的元宇宙产业集群，培育、引进 300 家元宇宙生态链企业，打造 20 家元宇宙行业细分领域领军企业，建成 3 个以上元宇宙产业创新发展引领区，打造 50 个元宇宙融合赋能创新示范应用项目。

（十）武汉

2023 年 2 月 27 日，武汉发布《汉阳区关于加快元宇宙创新发展扶持政策（试行）》。其扶持对象主要包括从事虚拟现实、增强现实、数字孪生、人工智能、区块链、图形处理器、交互、物联网等元宇宙底层支撑技术，研发生产虚拟主机、虚拟现实、增强现实、混合现实、脑机交互等元宇宙终端设备，聚焦教育医疗、服装设计、文化创意等元宇宙场景内容搭建和生产等企业。

（十一）无锡

2023 年 2 月 28 日，无锡印发《无锡市元宇宙创新发展三年行动计划（2023—2025 年）》。其发展目标为：到 2025 年，力争将无锡市打造成元宇宙领域的“元技术”创新高地、“元产业”发展高地、“元作品”创作高地，元宇宙技术创新能力、核心产业规模和应用示范处于国内领先水平，元宇宙成为助推无锡数字经济发展的新引擎。到2025年，建设2～3家元宇宙创新载体，组织实施10个以上元宇宙领域重大项目，引育10家以上元宇宙细分领域龙头企业，汇聚10个以上元宇宙领军人才团队，打造若干创新体验中心，推动形成一批元宇宙示范应用场景，元宇宙核心产业规模突破500亿元。

（十二）杭州

2024年2月23日，杭州市商务局印发了《杭州市推进数字贸易强市三年行动计划实施方案（征求意见稿）》。该方案提出，到2026年，杭州实现数字贸易额超3700亿元，引导元宇宙、数字孪生、数字藏品等新业态发展，推动数字媒体、数字出版等数字产品贸易的进步。2024年12月，杭州市人民政府印发《杭州市未来产业培育行动计划（2025—2026年）》。该计划提出，要发挥杭州数字经济产业优势，围绕人工智能、低空经济、人形机器人、类脑智能、合成生物等五大产业生态圈建设，积极跟踪元宇宙、未来网络、量子科技、先进能源、前沿新材料、商业航天、无人驾驶等前沿领域产业的发展。这些政策为杭州元宇宙产业的蓬勃发展奠定了坚实基础，助力杭州在数字经济时代抢占元宇宙产业发展的高地，推动元宇宙与数字贸易等多领域的深度融合与创新发展。

（十三）广州

2024年5月16日，广州市人民政府印发《广州市数字经济高质量发展规划》。该规划明确规定，到2025年，数字经济核心产业增加值占地区生产总值的比重达到15%，累计建成5G基站超10万座，智算中心规模达到3000P（1P相当于每秒1000万亿次的浮点运算）。超高清视频及新型显示产业规模达到3000亿元，软件业务收入达到7500亿元。公共数据开放数据集达到1600个，数据交易规模达到50亿元。该规划提到，加快元宇宙产业前瞻性部署；开展非同质化通证、虚拟现实/增强现实、脑机接口、智能芯片、智能算法、数字孪生、人机交互、区块链等元宇宙关键技术研发与应用;推动元宇宙技术与制造、教育、医疗等场景结合,发展数字会展、全景导览、线上购物、虚拟课堂、全景旅游等多种数字新业态,以及数字孪生工厂、未来城市等社会经济赋能场景的应用推广,拓展元宇宙行业发展新空间。

本章小结

当下,不少国家均已意识到元宇宙技术的价值前景和发展空间。为了抢占元宇宙发展先机,在新一轮全球科技竞争中占据高地,各国已重点关注元宇宙技术,都纷纷出台各项政策和措施,积极为元宇宙的快速发展营造良好的环境;并对元宇宙产业、技术、生态以及所涉及的隐私等问题出台了相关政策,这为未来元宇宙产业的健康发展提供了保障,从而推动元宇宙技术从量变到质变的发展,这也为人类社会产生更加深刻的影响。

第三章　生态系统

第一节　信息文明时代的商业变革与竞争转型

一、信息文明时代的商业模式变革

以新一代信息技术为代表的新质生产力改变了世界经济运营趋势，信息化、网络化和智能化正成为新的世界经济主题，市场环境越来越开放，新技术迭代的速度越来越快，云计算、大数据、人工智能、物联网等新一批智能技术已经渗透到人类生产生活的各个领域，推动着整个社会向数字化迈进。数字化、智能化推动着商业经济环境的巨大变革，经验主导的思维定式导致企业可能会被新的技术、新的业态所淘汰，企业需要商业模式变革。

人工智能、大数据和云计算等新一代智能技术更新换代飞速，若企业无法快速适应技术升级的节奏，就会面临失去竞争优势而被市场淘汰的风险。除此之外，当面临重大的技术转型时，企业依靠工业时代的思维和商业模式精心培育的核心能力可能会被新的市场场景所淘汰。当下面临新一代信息技术变革所引发的竞争格局变化，企业需要守正创新：在坚持企业所依赖的原有路径如技术、市场和渠道等建立的商业模式形成的优势的同时，更需要看到信息文明对工业文明带来的革命性影响，变革已有商业模式以适应信息文明对竞争所提出的新要求。对于在工业时代具有竞争力的企业来说，需要以既有业务为基础，利用互联网技术和理念提高为用户服务的效率和质量，即“＋互联网”，在原来商业模式中，该企业往往拥有的是存量优势、行业标准优势和公信力优势，但更需要新一代信息技术赋能。这是因为迫于外部特别是互联网企业的压力和内部问题导向的压力，传统企业需要利用互联网技术提高自身服务客户、创新商业模式的能力。

企业如果不能坚持守正创新，就很容易被市场所淘汰，手机市场某巨头企业的退市是典型的案例。该企业成立于1865年，1997年登上全球手机销量第一宝座，此后该企业连续十年蝉联销量冠军。2000年，该企业市值近2500亿美元。在巅峰时期，该企业占据着全球一半以上的手机市场，每10个手机用户中就有8个用户使用其产品。该企业以一己之力几乎撑起了芬兰整个国家的经济发展，1998—2007年，芬兰经济增长的25%都来自该企业。但自2007年开始，随着第一部苹果手机的问世，当苹果操作系统和安卓系统两个新一代智能手机系统在手机市场开始崭露头角时，该企业仍然坚持各方面都有明显劣势的塞班系统，导致其手机不再能够满足消费者的需求。2013年9月2日，该企业以73亿美元的价格将手机业务贱卖，仅为其当初最高市值的1/16。面对手机市场技术换代的关键转折点，该企业没有察觉并跟上步伐，几十年来培育的核心技术在很短的时间内就被击垮，最终被迫退出手机市场。

新一代信息技术使得企业的边界越来越模糊，跨界与合作成为商业模式的大趋势。互联网时代的市场需求越来越多变，企业的发展不再是单一据点，会更多地受到外部环境和相关企业的影响，不同行业之间互为挑战或相互融合，跨界和合作成为企业经营的新常态。某个单独的企业通过打造核心竞争力形成竞争壁垒，进而占据绝对的市场优势，依靠“单边获利”的时代已经成为过去。在信息时代，没有企业可以单独依靠自身的能力游刃有余地成长，“合作共生”才是企业获得竞争力的关键。围绕产业链打造企业联盟，或者依托企业自身不断壮大的平台构建生态系统，是企业在新时代新格局下维持持续竞争优势的有效路径。国外的企业如苹果、微软、谷歌、思科等，国内的企业如海尔、阿里巴巴、腾讯、百度、小米等都已开始进行商业生态系统的探索与建设。

二、市场竞争关系转变

数字化技术的发展推动了企业的市场关系从以企业自身的组织边界为竞争单元转变为企业融入其生态系统实现跨组织边界融合与合作共生，这一转变的核心是企业竞争优势和市场竞争关系的转变：从单个企业的对抗，到基于价值网络的联盟对抗，再到商业生态系统的对抗。

（一）波特竞争理论——企业对抗

波特（2014）于1980年提出的竞争战略和竞争优势理论是最早的市场竞争关系理论，该理论又称为“传统的竞争优势理论”。

1. 行业内企业竞争的规模与程度的判断

在任何行业，无论是国内行业还是国际行业，无论生产产品还是提供服务，竞争规律都体现为五种竞争的作用力：现有竞争者的威胁、新进入者的威胁、买方的议价能力、供方的议价能力和替代产品/服务的议价能力。这五种竞争力影响价格、成本、投资和行业结构等诸多因素，它们综合起来决定了行业的盈利能力。

2. 波特竞争理论的核心思想

该理论基于对行业内企业竞争的规模与程度的分析来建立企业的竞争优势。企业要在激烈的市场竞争中占据一席之地，找到自身的竞争优势事关重要。基于对行业结构和吸引力的深刻洞察，企业要结合自身资源条件，创造或巩固竞争优势，进而确立持续且盈利的市场地位。

3. 波特竞争理论的缺陷

波特竞争理论是在对工业时代商业的业态和模式进行洞察的基础上所提出的理论，其核心原则是通过差异化、专一化战略，使企业在某一个细分产业中占据有利地位。一方面，这种战略思想把企业间的竞争看作零和竞争，使市场上的企业成为孤岛，不利于经济全球化时代下多样化的市场需求的满足，进而影响了市场价值的创造；另一方面,这种商业模式在行业间筑起壁垒,企业凭借有限的资源,只能在企业内部或同一行业领域进行业务扩张,既阻碍了企业业务的跨行业扩展,又降低了企业的抗风险能力,一旦其核心技术被市场淘汰,企业也将不复存在。

(二)价值网络理论——联盟对抗

波特竞争理论通常将企业看作一个自治的实体。Gulati 等(2000)提出,用孤立的原子式观点看待企业是远远不够的,越来越多的企业处于网络组织之中,这个网络不仅有供应商、顾客,还有竞争对手,维系网络存在的联系跨越产业甚至国界,包括战略联盟、合作伙伴、长期供方-买方等合作关系。其后,赵道致等(2005)将该网络定义为价值网络。

1. 价值网络的定义、基本特征与驱动因素

价值网络是对现代企业形态的一种比较适合的描述,它由利益相关者之间相互影响而形成的价值生成、分配、转移和使用的关系及其结构。价值网络改进了价值识别体系并扩大了资源的价值影响,同时使组织间联系具有交互、进化、扩展和环境依赖的生态特性。价值网络的基本特征是从分离的而不是垂直一体化的产业组织形式来理解范围、规模的外部经济特性,这导致对资源、能力的研究从企业内部向企业外部拓展。在这种观点下,企业被认为是置身于资源、信息等物质流所组成的网络中的一个行为主体。价值网络潜在地为企业提供获取信息、资源、市场、技术以及通过学习得到规模和范围经济的可能性,并帮助企业实现战略目标,如风险共担及价值共创共享能力的提升等。

企业间形成价值网络的驱动因素主要包括产品(或服务)、标准和资源(吴海平 等,2002)。

(1)产品(或服务)驱动的价值网络。产品(或服务)的不可分割性是价值网络形成的根本原因,客户尤其是企业用户大量需要的是解决方案及一揽子服务,这使得单个的产品或服务供应商很难满足这一要求,于是这些企业就组成服务网络。如在全球运输网络中,各物流企业通过合

作整合多种交通方式,为客户提供完整的运输方案。

(2)标准驱动的价值网络。当一种产品尚未成熟,但具有相当广阔的市场潜力,且这种产品带有明显的网络外部性特征时,标准的争夺对于企业或一个国家的产业来说就至关重要。拥有标准就拥有了专利许可权和市场准入权。而在标准没有最终确定之前,市场上通常存在几家实力强大的企业,其各自制定相应的标准。由于标准之战的残酷性和不确定性,企业往往组成标准联盟,建立共同的风险、收益机制。这是一个持续的动态竞争的过程。例如,20 世纪初,无线通信领域的 3G(第三代移动通信技术)标准之战形成了不同国家企业各自的价值网络,而微软 Windows(视窗)操作系统和 Linux(类尤尼克斯)操作系统的竞争最终形成了操作系统软件领域最大的两个价值网络。

(3)资源驱动的价值网络。资源驱动的价值网络是指围绕稀缺的、可独占的某种自然资源或社会资源的获取、分配、增值等活动而形成的网络。如不同业务领域的企业围绕某一矿物资源的开采、运输、加工等形成的价值网络。

2. 价值网络对企业竞争战略转变的影响

价值网络的思想打破了传统价值链的线性思维和价值活动顺序分离的机械模式,利益主体在关注自身价值的同时,更加关注价值网络上各节点的联系。从波特竞争理论到价值网络理论,市场竞争关系的转变主要表现在以下三方面。

(1)竞争主体转换。在开放经济环境下,市场竞争由企业的直接对抗转向价值网络的整体抗衡。

(2)竞争视角改变。即企业市场模式的改变,从“判断自身资源或能力并寻求相应的市场机会,建立市场地位”到“综合分析市场机会、价值网络的市场地位和自身在价值网络中的地位,通过选择价值网络确定市场地位”。

(3)传统价值观改变。传统企业的价值观是利己,以自身利润最大为导向,而价值网络成员的价值观是共同创造价值,实现价值的创造、传递与分享,并按某种分享机制确定自身利润。

综上,从波特竞争理论到价值网络理论,从单个企业对抗到建立企业联盟,是商业市场竞争关系的第一次重大转变。

(三)生态系统理论——生态对抗

新一代信息技术催生了新业态与新模式,以流量思维为代表的互联网思维催生了生态系统竞争的思想。相比网络组织概念,商业生态系统模糊了传统行业的边界,既可以在传统的行业内部形成,也可以跨越常规的行业界限,更加真实地描述了企业的生存环境。

1. 从网络组织到生态系统

在网络组织理论中,企业网络组织的形成只是企业与企业、企业与市场之间表面关系的描述,没有说明更为复杂的外部因素。商业生态系统将影响企业生存和发展的更广泛因素纳入考量范围,是指企业与企业之间、企业组织之间、企业组织与市场环境之间相互依存、相互影响、共同提升的一种商业"群落"。

2. 生态系统两种模式

企业"生态系统"的形式、规模并没有一个标准,只要与参与企业的规模、行业中的地位相一致即可。生态系统具体可归结为单网络组织商业生态系统和竞争式商业生态系统。

单网络组织商业生态系统是指系统中存在着一个典型的核心企业的生态系统。所谓"核心企业",是指网络组织中作为价值创造中枢的厂商,这种企业具有较为明显的竞争优势,系统外围的厂商则提供基本的供应、简单加工、销售等服务。如耐克,其自身没有生产能力,总公司仅负责产品开发和营销,绝大多数的产品都外包给其他专业厂商代为生产,只有核心厂商才能够将最终产品推向市场。这样就形成了一个以价值中枢企业为核心、各级供应商和经销商为外围的商业生态系统,如图 3-1 所示。

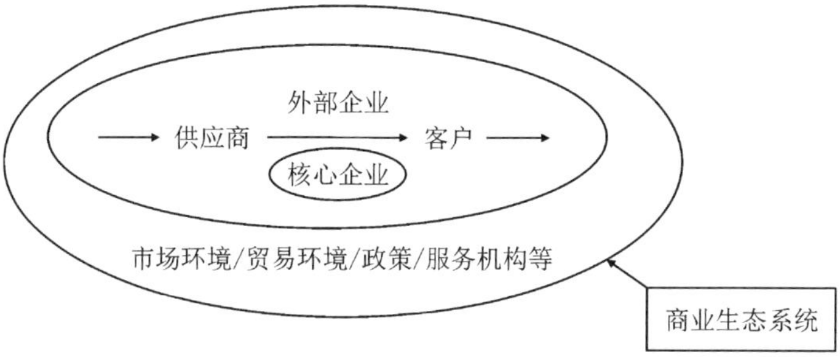

图 3-1　商业生态系统

竞争式商业生态系统是相对于单一企业生态系统而言的，在这种商业生态系统中，能够作为价值驱动的厂商不是唯一的，至少存在两家这样的厂商，它们各自都拥有明显的竞争优势，而且也都形成了以自己为核心的企业生态系统。这种类型的企业生态系统就是若干个商业生态系统的再联合，进而形成一个更大的商业生态系统，其在竞争中有更多的合作，最终实现合作共赢的目标。例如，在华为的智能车解决方案中，华为提供鸿蒙系统智能座舱、智能驾驶计算等数字技术，与各大车企通过合作车型的方式满足用户的智能出行需求。双方发挥各自优势建立合作，在节省新技术开发费用的同时共同开拓了新的市场。

3. 生态系统竞争优势

生态系统竞争优势体现在：整合互补性的外部资源，构建系统专属资源池；建立灵活又稳定的系统结构，有效配置资源，吸引和整合生态系统参与者；设立科学的激励机制和价值分配体系，有效平衡价值创造与价值捕获的关系。在资源、结构、治理三方面优势的加持下，整个生态系统的参与者协同创新、共创价值。企业竞争优势与生态系统竞争优势的比较如表 3-1 所示（易靖韬，2023）。

表 3-1　企业竞争优势与生态系统竞争优势的比较

系统要素	企业竞争优势	生态系统竞争优势
资源	专有属性的无形资产	平台参与者构建的资源池
结构	强调控制权的所有权	强调吸引和整合生态系统参与者的能力
治理	关注降低成本和价值捕获	平衡价值创造与价值捕获

如果说企业之间的竞争是小规模的局部战,那么生态系统之间的竞争就是蓄谋已久的全面战。新一代信息技术催生的新业态和模式以及供给大于需求的市场环境,使得竞争的参与各方需要在保证资源储备与基础设施稳固的前提下,将关注重点从竞争对手移向生态的价值创造过程。其中,如何吸引顾客消费其产品和使用其服务,以形成稳定的且具备一定规模的顾客流量是建立竞争优势的核心所在。对于制造业企业来说,其主要顾客流量是消费者;而对于平台型企业来说,其需关注供给端和需求端的流量。

第二节　商业生态系统概述

一、从生物生态到商业生态

(一)不同的生态系统

1. 生物生态系统

生物生态系统是包括有机体综合体和形成环境的物理因素在内的整体系统。生态系统的结构并不是固定的,而是经常自我更新的,它随着物种之间的自然干扰和竞争而发生变化。为了在复杂多变的外部和内部环境下维持系统的长期稳定,生态系统必须具有多种物种,使得它们中至少有一部分能够适应新的环境。即物种的多样性是判断生态系统基本结构、维持生态系统稳定性的重要因素。

2. 经济生态系统

经济生态系统是由人类社会各类经济活动主体及其互动关系构成的复杂系统,其运行机制与生物生态系统运行机制高度相似,无论是竞争、合作、资源分配、适应性学习,还是增长与衰退,这些在生物生态系统中普遍存在的现象,同样是经济生态系统运行的核心逻辑。经济生态系统与生物生态系统的核心差异在于演化速度，即经济生态系统演化比生物生态系统演化快得多。

3. 社会生态系统

社会生态系统是由所有相互联系的商业交易、消费者、供应商以及经济、文化和法律机构构成的整体系统。在社会生态系统中，每一个机构都是一个完全参与的实体，任何一个实体的进化都不是孤立发生的，其进化都受系统中其他实体的影响，同时也影响着其他实体和整个系统的进化。

（二）商业生态系统

1. 内涵

商业生态系统最早由美国战略专家穆尔（1999）提出，是指以组织和个人的相互作用为基础的经济联合体，是跨越多个产业的企业共同进化与持续创新的有机整体。它包括各类经济个体和组织，如供应商、生产者、流通者、消费者、竞争对手等，还包括政府机构及其他社会组织，它们在一个商业生态系统中发挥着不同的作用，各司其职，但又互相依赖、共生共荣。在商业共生系统中，虽有不同的利益驱动，但各方互利共存、资源共享，注重社会、经济、环境效益，共同维持系统的延续和发展（王娜，2007）。

商业生态系统不遵从传统的行业界限，它既可以在常规的行业内部茁壮成长，也可以跨越常规的行业分界线。例如，阿里巴巴集团自1999年创立以来，从电商平台转型为消费服务商，再转变为数字基础设施的提供商，逐步扩展其产业生态，构筑起其强大的商业生态系统：围绕商品、服务、娱乐等消费需求，搭建了中国第一电商平台（淘宝＋天猫）、本地生活平台（饿了么＋口碑网）和长视频网站（优酷）；围绕交易中的营销、物流、金融、技术，搭建了阿里妈妈、菜鸟、阿里云等基础设施。其生态系统内各产业通过互联网平台整合供给与需求，任意一个业务的发展都会促进或带动其他业务的发展(王能民 等,2023)。

2. 基本特性

作为一个衍生于自然生态系统的商业系统,商业生态系统的形成、发展和演变仍遵循自然生态系统的基本规律,其本质是一个复杂的自适应系统。商业生态系统的基本特性包括以下几个方面(刘健辉,2006)。

(1)自我组织性。自我组织是一个持续的过程,不需要外部或内部控制的介入,系统会自动调整其结构以适应环境变化。一个商业生态系统的建立就是一个自我组织过程,参与者自愿地集合在一起,没有来自外部或内部的领导。或许会有一些来自政府的控制和鼓励,但总体上是公司自由地创造了它们喜欢的结构。这种发展是持续不断的,新的联系总是不断产生的,而旧的联系又不断被分解。

(2)协同进化。协同进化是相互作用着的物种或组织之间共同进化演变的过程。一个系统适应变化的同时会改变另一个系统的适应性,这种相互依赖性所体现的进化过程就叫作协同进化。协同进化在商业生态系统中的一个典型例子是微处理器与软件的关系。

(3)适应性。适应性是指一个生物体具备的适应其所在环境的能力与过程。一个商业生态系统要与外部制约相适应,如政府制定的税收政策等都是这种制约。这种制约源自商业生态系统之外的主体,且不可能通过协同进化而改变。当环境改变时,商业生态系统通过突变性、协同进化和自我组织去适应变化着的环境。

(4)突变性。突变性是指个体行为与系统长远成果之间的联系是不可预测的,它是一个创造新的秩序和自我组织的过程。突变性的特点、性质、类型或者结构都是从个体行为的相互联系中产生的,它们要比部分的集合更强大。一个商业生态系统总是大于它各个部分的组合。不同单元相互作用的结果是任何一个单元自己不能产生的。

商业生态系统通过自我组织、突变性和协同进化而得到发展,并以此获得适应性，这些基本特性保障着商业生态系统及其内部成分的可持续发展。

二、商业生态系统的基本模型

建立商业生态系统的基本模型是研究、分析和描述商业生态系统的基本方法。相较于企业联盟，商业生态系统涵盖的范围更复杂，且不同的商业生态系统有着不同的运作方式。下面我们介绍小型商业生态系统和平台型生态系统的基本模型。

（一）小型商业生态系统

与自然生态系统类似，商业生态系统根据其所涵盖行业多样性，可分为大型商业生态系统和小型商业生态系统。一般来说，大型商业生态系统都是从小型商业生态系统进化而来的。一个小型商业生态系统应该能够在没有外力支援的情况下，完成从价值创造到价值实现的完整循环，即当整个生态系统外部质量与数量难以达到要求的时候，要有一个核心企业能够承担起构建整个生态系统的重任。图 3－2（蔡维钧，2004）是一个典型的小型商业生态系统。

该生态系统的中间核心圈包括核心产品和服务、围绕着这个核心产品和服务展开的销售渠道以及产品与服务的补充供应商，而为了形成核心产品，必须将直接供应商纳入核心范围之内。向右延伸，在市场上，企业需赢得顾客的信任，同时赢得顾客的顾客的信任；向左延伸，企业必须考虑供应商的供应商，以便保证核心产品的品质。在形成核心产品的整个链条中，为了保证其高效运转，必须有一定的保障系统，即为其服务的各种竞争机构（图 3－2 下部），还有作为链条支撑者的风险承担者，包括投资者、贸易协会、工会等（图 3－2 上部）。形成核心产品的整个链条的所有权在链条支撑者手中，他们具有支配链条的权利，决定着整个链条的命运。最后是政府的作用，商业生态系统要将政府纳入该系统，因为政府制定的各种规章对商业生态系统起着规范作用。

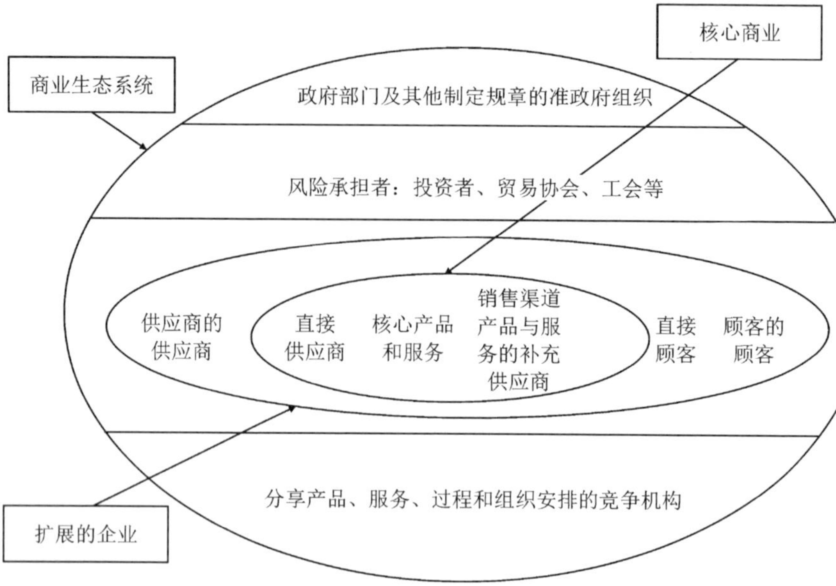

图 3-2　小型商业生态系统

一个商业生态系统所涵盖的内容要比一般概念上的企业竞争、企业联盟要多得多,商业生态系统已不遵从传统行业的界限,或者说它已经跨越了传统的行业的概念,是一个将和企业运作有联系的所有部门和行业都包括进来的系统。

(二)平台型生态系统

如果说小型商业生态系统以一条核心链为中心,那么平台型生态系统则以多链融合为中心,企业围绕用户需求聚合成链群,进行生态共治、价值共创与共享。如图 3-3 所示(张瑞敏,2021),我们以海尔的链群合约理念为例进行说明:研发、制造、销售、售后、人力等部门变成了一个个小微。小微围着用户转,聚合成链群。链群有两类:一类是体验链群,直接和用户接触;一类是创单链群,创造用户价值。体验链群发现用户的一个需求,与创单链群融合,创单链群创造后,马上感知用户体验,根据用户反馈迭代优化。

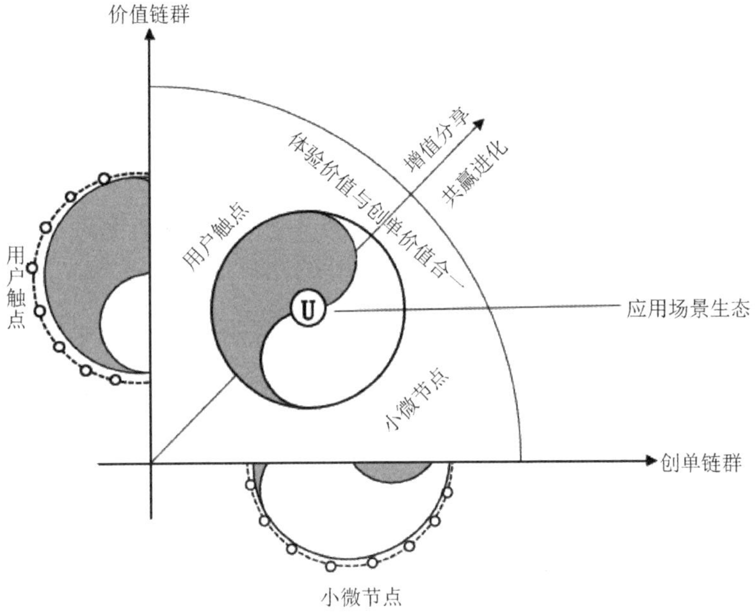

图 3－3　链群合约生态模型

在海尔组建的商业生态系统中，链群合约是其价值创造、增值、传递和分享的重要抓手。其链群合约是动态平衡的，具体可总结为生态合约、完全合约和无限合约。

(1)链群合约是一个生态合约。生态合约意味着链群不是封闭的，而是无边界的自组织。传统的合约依据内部力量设计目标，生态合约则是先设定引领目标，然后根据目标整合优秀的外部力量并成为共创者进到生态中。链群合约是无边界的自组织，体现了生态的三要素——共治、共创、共享。共治是为了实现共创，共创产生价值后共享，再吸引更多更优秀的外部力量参与共治，形成循环。

(2)链群合约是完全合约。完全合约以用户体验为中心，把所有生态方都加入进来，以创造用户最佳体验为方向整合链条，共创价值。以阳台场景为例，除了基本的洗晒功能外，用户对阳台的延伸需求已拓展至园艺、健身、个性化休闲等多个领域。每个主题阳台为实现相应功能都需融合多行业生态资源，如宠物阳台集成智能宠物设备与耐用建材，母婴阳台配备安全防护与舒适软装产品。各生态方借助技术协同、数据共享,打造智慧阳台方案,全方位提升用户体验。

(3)链群合约是一个无限合约。链群合约跟着用户体验迭代持续自涌现、自裂变、自进化。根据商业生态系统的协同进化性,链群各方共同创造用户体验,没有止境,无穷交互,无穷进化。要做到无限合约,就要实现自涌现、自裂变、自进化。自涌现就是从0到1的过程,把原来没有的创造出来。自裂变就是从1到N的过程,例如海尔商业生态中的阳台场景,由一个基本的洗晒阳台裂变出多个主题阳台,以满足用户的定制化需求。自进化就是从N到无穷大的过程,一直进化到成为生态的领导者。

第三节　商业生态系统的运作与发展趋势

一、商业生态系统的构建方法

企业是商业生态系统中的生物,对于企业来说,关键是如何选定自己所在的商业生态系统,或者如何构建自己的商业生态系统。

(一)基于生态系统结构的四阶段构建法

从商业生态系统中的企业出发分析整个系统是非常复杂的,因为由企业组成的商业生态系统远比生物的生态系统复杂得多,但如果从商业生态系统的结构来进行分析,即从整个系统的资金流、物流、人才流和信息流来分析,就有可能找出一些有规律的东西。根据穆尔(1999)的观点,一个商业生态系统的建立需要四个独立的阶段:开拓、扩展、领导、更新。第一阶段是生态系统的开拓,汇集各种能力,创造关键的产品。第二阶段是生态系统的扩展,从协作关系的核心开始,在不断增长的规模和范围中投资,并在所开发的市场中建立核心团体。第三阶段是对生态系统的领导,企业必须为生态系统整体发展做出贡献,以保持企业能在其所建立起来的商业生态系统中具有权威性。第四阶段是生态系统的更新。当企业建立起自己的商业生态系统后，必须要寻找新的方法，为旧的秩序注入新的观念，用其他替代物来延续和其他生态系统的竞争。

建立整个商业生态系统的过程，需要迎接四个方面的挑战：①建立系统和有序的共生关系，创建真正有价值的东西；②建立核心团体，在可利用的顾客、市场、同盟和供应商中扩展生态系统；③在精心锻造的生态系统中保持权威；④确保商业生态系统持续不断改进性能，防止衰退。

所有的生态系统在进化过程中都面临着无时不在的考验。因此，企业必须考虑目前自身处于其商业生态系统进化过程中的哪个阶段，以及如何利用其所在的商业生态系统来构建自己的商业生态系统。

(二)基于核心产品的涡旋式构建法

构建商业生态系统也可以从核心产品切入，通过市场涡旋的模式建立企业集群，进而形成商业生态系统。

该模式可以用社会经济学概念“经济涡旋效应”来解释。形成涡旋必须具备的一个条件是有一个巨大的引力场，经济涡旋的引力场就是经济利益引力场。该引力场又被称为“奇点”，它具有强大的吸积功能。另一个条件是依附于引力场的“衍生体”，它是信息的携带者，与引力场一起聚生俱灭。“奇点”与“衍生体”相互联系、互为条件，构成了一个统一的、动态的经济体系。

一般来说，从产品出发形成的市场涡旋基本上是从循环开始的。首先，定义产品的核心价值，深入剖析其能为市场提供的具体功能，进而满足消费者的偏好，形成销售，从而形成利润。对于单个企业来说，因为要保障利润，所以需要对其核心产品不断改进和创新，改进和创新又增加了产品的核心价值，形成了一个良性的循环，是涡旋的第一个周期。其次，当该核心产品通过销售形成利润以后，相关联的企业也相应地获得了利润，形成了共生关系，这时许多企业为了获取利润而与具有该核心产品的企业进行联合，形成一个共同体，来获得共同发展，这种联合由于核心产品的作用，带动了其相关产品的发展，因而形成围绕着核心产品的产品系列。当全部产品的价值围绕着核心产品展开后,一个商业生态系统就形成了。想要提高全部产品的价值,就必须进一步提升核心产品的价值,从而更进一步地促进销售,进而获得更大的利润,这就形成了第二个循环。这样一圈一圈地不断向外扩展,就形成了一个涡旋,如图3-4所示(蔡维钧,2004)。不断聚集的能量使该生态系统得到进一步衍生,形成了枝繁叶茂的企业群落。

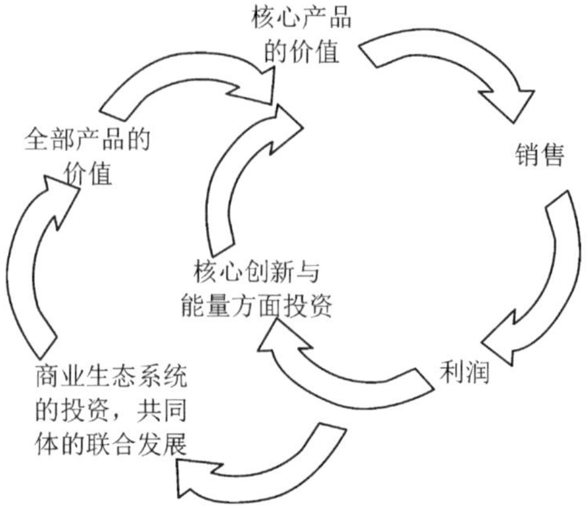

图3-4 由产品导致的市场涡旋

二、企业生态战略

(一)企业生态战略的内涵

商业生态系统强调企业如何从一个内部参与者相互依存的商业大环境出发谋求更好的生存与发展。显然,这是事关企业与环境关系、企业长远发展的重要事项,可以适当地将其归入企业战略的范畴,称为"企业生态战略",简称为"生态战略",即企业关于建构并管理生态系统的战略定位。

穆尔(1999)认为企业选择生态战略,就是要建立一个商业生态系统,然后推动这个商业生态系统在开拓、扩展、领导和更新四个阶段中演进(详见本节第一部分)。扬西蒂等(2006)从生物生态系统中不同物种的地位和角色出发,认为企业生态战略首先要回答企业在特定商业生态系统中要扮演怎样的角色的问题。据此,他们把生态战略划分为三种基本类型,即网络中心战略、支配主宰战略和缝隙战略。网络中心战略是指企业将自身定位于能够给生态系统及其成员带来益处的物种。支配主宰战略是指企业借助纵向或横向一体化,谋求成为生态系统中居于价值创造与价值分配主导地位的物种。缝隙战略是指企业借助专业化能力成为生态系统中依赖于其他参与者,但又不可或缺的专业性物种。尽管依据角色做了战略划分,对于一个企业的战略选择而言,企业应该努力建构一个商业生态系统,并选择网络中心战略,在一个以非凡的力量创造并管理的商业生态系统中获得持续竞争优势(徐井宏 等,2020)。

企业的生态战略是随着企业实践和理论探索的推进而不断进化的,一个合理有效的企业生态系统战略必须能够回答企业发展过程中的关键问题:①企业是否要走生态化发展的道路?②企业将主导建立或参与怎样的商业生态系统?③企业将在商业生态系统中扮演怎样的角色?④企业将如何主导推动或参与推动生态系统的动态演化?

(二)平台型生态系统战略

平台型生态系统颠覆了传统企业的科层制模式,超越了企业边界构建更加开放的组织形态。许多企业通过搭建平台生态系统来变革组织形态以实现价值共创,如海尔、京东、优步、谷歌等企业通过打造多元开放的企业生态和高度平台化的社交环境,构建了协同共享的商业生态并产生了巨大的效益。这样的平台企业连接了众多参与其中的成员企业,通过交互协同机制不断激发网络效应,发挥规模优势,从而以更低的成本提供更加多样的服务。企业可以利用平台商业模式加速供需双方的动态连接,并通过整合多边资源,建立高速成长且价值共创的平台供应链生态系统。

高举红等(2021)通过对现有研究及企业案例进行归纳分析,从供应链内在推动力、外在拉动力及催化剂作用三个维度分析了平台型生态系统的形成动因,具体如图 3-5 所示。这一分析有助于读者更全面地理解平台型生态系统战略的重要价值。

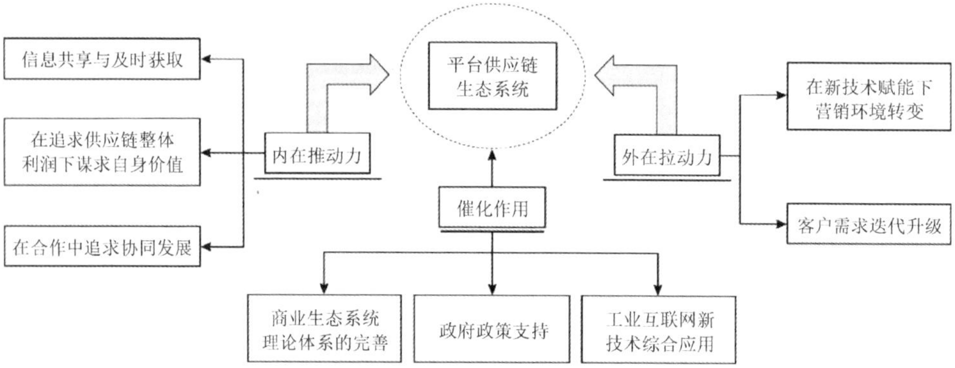

图 3-5　平台型生态系统形成动因模型

平台供应链生态系统形成的内在推动力来源于供应链各利益相关者内部发展需求。相较于线性供应链体系,开放性信息共享平台将供应资源方整合起来共同分享用户体验需求并参与全链路决策,通过信息共享将原先的供应链主体博弈模式转换成去中心化的共赢增值过程,在追求供应链整体利润的前提下让各个利益相关者各自发挥其核心能力,以实现自身价值,进而实现合作共赢的目标。

平台供应链生态系统形成的外在拉动力主要包括客户需求升级和在新技术赋能下的营销环境转变。在新商业环境下,消费者需求已从单一产品转变为某一场景下的所有配套产品及服务。企业只有探索新的制造组织模式,通过更高效地整合现有资源才能以最低的成本为消费者提供一体化的服务。除此之外,一系列新兴信息技术赋能营销环境,从传统的商家对商家、商家对顾客模式向顾客对工厂模式转变,只有平台型供应链才能将制造资源整合起来,实现消费者需求直接与供应商对接,以生产个性化定制产品。

平台供应链生态系统形成的催化作用,源于商业生态系统理论体系的完善、工业互联网新技术的发展以及政府政策的支持。理论体系的完善与新技术的综合应用,为其形成提供了理论与技术支撑;而政府对平台经济及供应链创新的政策导向,有力推动了平台供应链生态系统的发展。

在一个平台生态系统中，不同企业有不同的角色定位。一个典型的平台生态系统形成过程是：中心企业搭建平台整合多边资源，处于价值创造与分配的主导地位，没有足够能力构建生态系统的小微企业可以选择作为成员融入已成型的生态系统中，即自己不是流量主且没有能力构建并形成流量主的时候就加入一个流量主。例如在共享自行车行业，当共享自行车小微企业没有足够的能力、资源和现金流量支持其打造自己的生态圈时，可以通过加入腾讯或阿里巴巴这样成熟的生态圈来获得生存和发展的机会。

(三)案例:海尔商业生态重构

1. 案例描述

海尔集团是中国领先的白色家电制造企业，创立于 1984 年，由电冰箱制造商起步，目前在全球设立了 10 大研发中心、71 个研究院、35 个工业园、143 个制造中心和 23 万个销售网络。海尔在过去 40 多年经历的 5 次战略变革与其商业生态生命周期相对应，具体可分为 4 个阶段，见表 3－2(夏清华 等，2016)。

表 3－2　海尔商业生态生命周期

阶段	时间	战略类型	时代背景	管理模式	组织形成	典型事件
开拓期	1984—1991	名牌战略	改革开放	全面质量管理	正三角组织	1990 年获得国家质量管理奖
扩张期	1992—1998	多元化战略	南方谈话	全方位优化管理	正三角组织	1995 年全方位优化管理法获国家管理一等奖
领导期	1999—2005	国际化战略	加入世界贸易组织	市场链管理	正三角组织	1999 年在美国南卡州建厂，建立海外工厂 18 家
	2006—2012	全球化战略	互联网时代	人单合一双赢	自主经营体	建立全球五大研发中心，形成开放式创新体系
重构期	2013—2019	网络化战略	物联网时代	人单合一	小微平台组织	平台型组织，创业“小微”孵化

(1)开拓期。海尔的前身是青岛电冰箱总厂,通过在1984年引进德国利勃海尔电冰箱生产技术成立。开拓期海尔以质量管理为中心实施名牌战略,提出“要么不干,要干就干第一”的理念。

(2)扩张期。20世纪90年代,国家政策鼓励企业兼并重组,海尔以“海尔文化激活休克鱼”的思路,通过资产重组、控股联营先后兼并了国内18家企业,使企业在多元化经营与规模扩张方面进入新的发展空间,其家电产品扩展到了微波炉、彩电、传真机、吸尘器等27个门类。

(3)领导期。这一时期,海尔通过国际化和全球化战略进一步拓展商业生态。1999年,公司在菲律宾建立了第一家海外工厂,接着在美国腹地南卡罗来纳州建厂;2001年,海尔并购意大利迈尼盖蒂冰箱,在法国里昂和荷兰阿姆斯特丹建立设计中心,在意大利米兰成立营销中心,从而实现了在欧洲的本土化经营;2002年,海尔买下纽约中城格林尼治银行大厦作为北美总部;2005年,海尔中东工业园在约旦首都安曼开业;2011年,海尔与日本三洋电机株式会社签署协议,收购三洋电机多项业务,在日本以及东南亚形成2个研发中心、4个制造基地和6个区域的本土化市场架构。

(4)重构期。2013年,海尔实施网络化战略,由传统制造企业向互联网平台型企业转型;2014年,海尔正式推出“U+智慧生活操作系统”;2015年,海尔推出U+应用软件并发展了300多家企业合作商,共同构建智慧生活生态圈。这一阶段,海尔探索的互联网时代创造顾客的商业模式就是“人单合一双赢”模式(王能民 等,2022)。海尔将企业从管控型组织变成一个投资平台,员工从原来被动的命令执行者转变为平台上的自驱动创新者,而驱动员工创业的就是不断交互出的用户需求,企业与员工、合作方转为合作共赢的小微商业生态。

2. 海尔商业生态重构

(1)海尔商业生态重构动因。海尔商业生态重构动因主要有两方面。①环境变迁。首先,顾客需求的个性化趋势。互联网的信息公开化、透明化使得消费者拥有更强的自主选择权,企业需要进行有效的资源整合,以产生新的能力和竞争优势来响应快速变化的顾客需求。其次,以智能家居兴起为代表的产业革新。所有家用电器都趋于使用手机实现智能化控制。行业的智能化发展趋势给传统制造企业带来了新的挑战。②战略变革。海尔自创立以来,一直在随外部环境的变化进行战略变革,2012 年之前的战略变革以把企业规模做大做强为驱动力,2013 年的网络化战略变革以建立能快速配置资源的平台为驱动力,其特征就是对海尔传统的商业生态进行重构,将海尔打造成为一个有机的生命系统,与用户、供应商等同呼吸、共命运。

(2)海尔商业生态重构路径。生态重构的过程就是通过相应的策略整合资源的过程。组织资源包括人财物、技术、知识信息和各类无形资源。在不同阶段,海尔采取不同的资源整合策略来满足其发展需求。在开拓期,海尔主要缺乏人力、财务和技术资源,其通过战略合作和技术引进的策略整合这些资源。在扩张期,海尔积累的管理、技术等可复制模式亟须人力和物质资源向外扩张,其通过并购和多元化策略整合这些资源。在领导期,海尔需要知识和无形资源建立自己的领导者地位,其通过绿地投资和合资的策略在海外建厂、建工业园、成立合资公司,整合相应资源。在重构期,海尔实施网络化和平台化战略整合信息、人力资源,具体表现为产品平台化、服务平台化和组织平台化,依托海尔的全球研发、设计、模块化和智能化实现资源共享。

(3)海尔商业生态重构结果。海尔商业生态重构结果主要体现在结构、关系和功能变化三方面。结构和关系变化方面,在海尔商业生态生命周期的不同阶段,伴随着战略的变革,商业生态的成员结构随之发生改变,共生依赖、竞争依赖和伙伴依赖关系的成员也处于不断演化的状态。此外,商业生态成员结构和相互关系的改变最终导致其功能的变化,具体表现为产品、服务和组织形式的平台化。

三、商业生态系统的发展趋势

在工业文明时代,传统制造企业的竞争优势来源于企业的内部资源及核心能力,而到了信息技术高速发展的信息文明时代,封闭企业所掌握的资源和能力远不足以使其形成持续的竞争优势。通过跨产业的合作及资源的互换与整合,将封闭的传统商业生态重构成为开放的平台商业生态是发挥资源最大效用的途径之一。在重构转型的过程中,传统企业发挥资源优势,对产品制造、服务模式及组织结构进行平台化转型,与跨产业多方资源建立关联合作,从而聚合更多外部组织以形成资源共享的开放商业生态,共同演化、共同创造出新的竞争优势。

在信息文明时代,亚马逊、谷歌、微软、阿里巴巴、腾讯等诸多企业都依据自身禀赋对生存做出了深入的思考。对这些企业来说,无论它们进行什么样的战略选择,也无论它们侧重于什么方向的业务,有一点都是相同的:它们都在建立生生不息的生态系统。企业未来只有两条路可以走:生态化和被生态化。

本章小结

在工业文明时代,传统制造企业的竞争优势主要源自企业的内部资源与核心能力。而在信息技术高速发展的当今社会,没有企业可以单独依靠自身的能力保证其能游刃有余地成长。在新的环境下,企业竞争关系应是秉持创新、分享、共赢、开放与合作理念的竞争,共建平台生态系统,增强生态系统的竞争优势,这才是企业在新时代新格局下获取持续竞争优势的唯一出路。

第四章　元宇宙生态系统

第一节　元宇宙生态系统概述

一、元宇宙生态系统的定义

元宇宙是一个基于多种智能技术构建的数字世界。关于元宇宙生态系统的具体定义，相关观点和理论仍在发展中，尚未形成统一定论。在这个数字世界中，各企业致力于将新一代智能技术应用于其产品研发和企业治理的各项活动中，并致力于将现实世界中多种多样的应用场景进行数字化实现。在此过程中，分布于不同社会生产活动领域的企业围绕核心产品(或场景)建立起价值链、产业链。对于这些企业构成的联系链，有风险承担者、投资者和各种行会系统支撑链条运转，也有政府部门和其他制定规章的准政府组织监管规范链条运作，企业间的互动与合作受消费者需求和外部监管力量的约束，反过来也影响着消费者行为和监管者规章的制定。在 Web3.0 和产业数字化的时代背景下，一个致力于元宇宙的基础层、平台层和应用场景的发展与应用，由核心企业链群和支撑机构共同构成的商业生态系统就形成了，这即为元宇宙生态系统。数字化、互动性和创新性是元宇宙生态系统最直观的特点。

二、元宇宙生态系统的结构

关于元宇宙生态系统的结构，目前也还没有一个相对成熟和明确的理论体系。如本书在第三章第二节介绍生态系统基本特性时所述，作为一个包含许多相对独立又高度相连和互动的成分的复杂系统,对元宇宙生态系统结构特性的分析更多地应从整体入手,而不是对其组成成分进行拆解。

根据全球性会计师事务所和专业服务机构毕马威 2022 年 3 月发布的一份报告《初探元宇宙》,元宇宙生态图谱如图 4-1 所示(毕马威,2022)。在该生态图谱中,元宇宙生态系统被划分为技术系统和应用系统两个子系统,元宇宙生态建立在感知交互、网络传输、芯片算力等底层硬件基础上,基于人工智能、区块链、云服务、数字孪生等核心技术,搭建了全面涵盖面向消费者端、面向企业端和面向政府端的应用场景。企业应用相关智能技术改造产品(或场景),服务消费者,政府一方面监管企业,另一方面也尝试将各类智能技术应用于政务活动。此外,由于各类智能技术实现均需要依赖于物理硬件,硬件生产企业是元宇宙生态系统中产业链条的重要支撑。

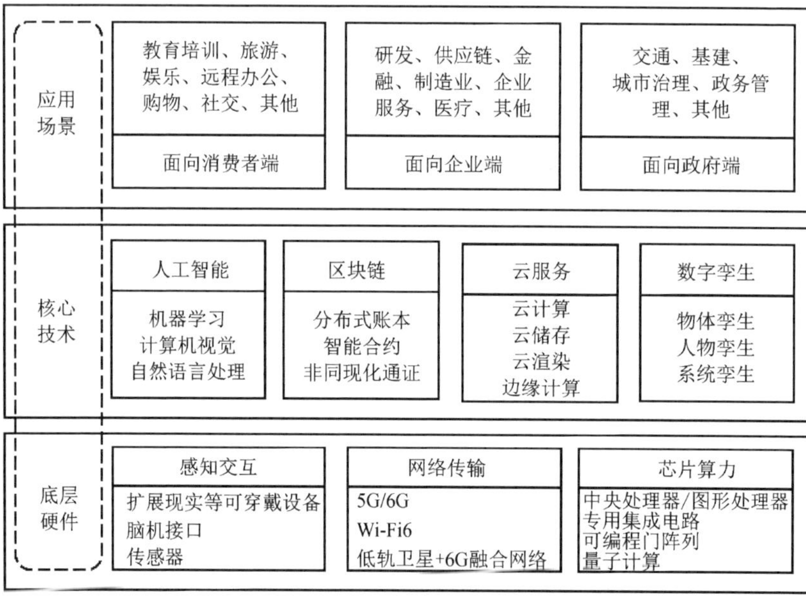

图 4-1　元宇宙生态系统

(一)元宇宙技术系统

在新一轮科技革命的浪潮下,各行各业都在尝试把智能技术引入产品研发、服务升级等产品生产和企业管理的各个环节，即生产“智能产品”。而真正的智能在于交互：智能技术将物理硬件与计算终端连接起来，计算能力较弱的硬件将用户的使用数据传输到终端，终端在汇总大规模数据的同时，凭借其超强的计算能力进行数据分析与计算，生成贴近使用者兴趣和习惯的指令并传输回硬件，让硬件能更好地服务用户。在这个过程中，数据的迭代和分析帮助产品洞察用户偏好并与用户交互，感知用户需求并提供服务以尽可能满足用户需求（周鸿祎，2016）。

元宇宙生态系统构建的基本思想就是将智能技术与具体领域、产业的基础产品结合，即“元宇宙＋”和“＋元宇宙”，生产智能产品、搭建应用场景，最大限度地改善和增强用户在使用产品或服务时的体验感和满意度。在元宇宙生态系统的建设过程中，由基础设施和智能技术构成的一套技术系统搭建起了整个元宇宙生态系统的骨架，并承载着维护系统运行的关键任务。这套技术系统将智能产品使用者与计算终端连接起来，通过数据与指令的传输，实现人机交互，为用户提供更便捷、贴近需求的服务。搭建元宇宙技术系统的几项核心设施和技术及其任务如表 4－1 所示。

表 4－1　元宇宙生态系统核心设施和技术及其任务

核心设施和技术	任务
人工智能技术	海量内容生成与呈现 智能化、效率化、趣味化、场景化
区块链技术	安全存储数据 实现数字确权与价值赋予、数字资产流通
云服务技术	云计算：动态分布算力，释放终端压力 边缘计算：分散式就近运算，减少传输延迟
数字孪生技术	映射、模拟、仿真 物、事件、场景全生命周期仿真
感知交互设施	提供虚实入口：沉浸式体验、虚拟与现实交互
网络传输设施	提供高速率、低时延、超带宽网络：万物互联
芯片算力设施	提供硬件基础：支撑大规模数据生成与计算

1. 基础设施层

基础设施层是整个元宇宙产业技术迭代、升级和进化的载体，是应用技术层算法实现的物理前提。现阶段，支撑整个元宇宙生态系统运行所需的基础设施主要包括三个部分：感知交互设施、网络传输设施和芯片算力设施。

(1)感知交互设施负责从现实物理世界中采集信息，包括各类自然环境数据、用户使用数据，之后将采集到的数据通过感知交互终端传输到计算终端，在计算终端进行数据的分析与渲染。常见的感知交互设施有语音识别设备、生物识别设备、运动跟踪器、各类基于扩展现实技术的可穿戴机器设备，如虚拟现实眼镜、头盔、手套、增强现实头戴式显示器等。

(2)网络传输设施承载着各终端间(包括移动端与移动端、移动端与云端服务器等)数据与信号的传输任务，主要包括 5G/6G 网络、Wi-Fi6(第六代无线网络技术)、低轨卫星＋6G 融合网络等，其运作以网络通信技术为核心，在保障元宇宙生态系统中数据的高速、稳定传输方面发挥作用。

(3)芯片设施主要部署于计算终端，负责执行计算机指令，进行数据处理和控制计算机的各种操作，是支撑元宇宙生态系统进行大规模数据计算的核心设施。元宇宙系统运行的本质就是处理数据，具体可以概括为用户数据分析和内容创作两部分：系统每天会接收到海量的用户使用数据，基于对这些数据的分析与计算，使用各类人工智能算法创作大量的高质量内容反馈给用户。大规模计算对于计算终端的芯片算力提出了更高的要求，如今市场上常见的芯片设施主要有：中央处理器，它拥有较强的单线程性能和逻辑处理能力，适合于计算任务的顺序处理；图形处理器，它拥有大量计算核心，可对多个计算任务进行并行处理；可编程逻辑器件(field programmable gate array，FPGA)，可根据计算需求灵活配置其逻辑功能，适用于特定应用和高度定制的场景，相较于中央处理器和图形处理器有更高的性能和效率。此外，针对大规模数据生成任务的可支撑量子计算的应用型专用集成电路(application specific integrated circuit，ASIC)也正在研发中(张臣雄，2021)。

对三类基础设施的代表企业与核心产品的分析见本章第二节价值链和第三节产业链部分，关于三类基础设施的工作原理、技术架构、应用与发展现状等介绍，详见本书第五章。

2. 核心技术层

元宇宙整体技术发展不仅需要底层硬件的支持，同样也需要上层应用和算法的突破，以保障元宇宙产业模式的不断升级与完善。当前，支撑元宇宙应用场景构建和终端平台发展的四大核心技术包括人工智能、区块链、云计算和数字孪生技术。

(1)人工智能技术。作为元宇宙的关键支撑技术，人工智能技术近年来发展迅速，已形成较为完善的人工智能技术生态系统。人工智能在元宇宙中的应用主要集中在内容生成、自然语言处理、计算机视觉等方面。人工智能技术的具体应用包括：通过自然语言技术处理人机之间的交流与沟通，在增强实时沟通效率的同时弱化系统的机器属性；通过智能语音算法构建多语言实时转译体系，达到不同语言玩家之间无障碍交流的效果；通过海量数据进行机器学习，训练人工智能进行内容创作，从而实现从专家生成内容和用户生成内容到人工智能生成内容的转变。三种内容生成方式的概念与对比如表4-2、表4-3所示。

表4-2　三种内容生成方式简介

生成方式	简介
专家生成内容	专家生成内容是指由专业的内容创作者或团队进行创作、编辑和发布内容的创作方式。这种创作方式起源于传统媒体时代，如报纸、杂志、电视和电影等。在信息时代，专家生成内容已经应用到各种领域，如网站、应用程序、短视频和音乐等，比如中国中央电视台、新华社等官方媒体或者IT(信息技术)之家、36氪等垂直专业媒体都属于专家生成内容范畴

续表

生成方式	简介
用户生成内容	用户生成内容是指由普通用户或受众参与创作、编辑和发布内容的创作方式。这种创作方式是由 Web2.0 时代引起的,随着社交网络和博客的出现而流行起来。用户生成内容的应用场景包括社交网络、在线论坛、博客和知识共享平台等。用户生成内容创作的内容可以是图片、视频、音乐、博客、评论等形式,其创作主体来源广泛,可以是个人创作、团队协作,甚至能汇聚全球范围内的用户共同创作。其代表应用有小红书、抖音、百度贴吧等。
人工智能生成内容	人工智能生成内容是一种新兴的创作方式,利用人工智能技术和自然语言处理技术来生成内容。目前,AIGC 主要应用大致可分为写作、音频、图像、视频四大类。其代表工具有生成式预训练转换器(generative pre-trained transformer,GPT)系列、人工智能音乐生成助手(AIVI)、大规模视频辅助剪辑工具(Kinetics)等。

表 4-3　三种内容生成方式对比

生成方式	内容创作者	生产方式	创作流程	发展趋势
专家生成内容	由专业的内容创作者或机构创作,创作者的水平、素质和专业度较高	通常以固定的内容形式和节奏发布,以保证内容的质量和连续性	通常包括主题选定、创意构思、策划、撰写、编辑、排版、发布等多个环节,需要时间和精力的投入	将持续发挥其专业优势,保持高质量和内容深度,但难以快速扩展和覆盖人群
用户生成内容	由普通用户自行创作,创作者的水平参差不齐,质量难以保证	多样化的形式和发布频率,难以形成内容的连续性,且质量难以保证	通常是个人兴趣爱好、自媒体平台、社交网络等自发行为,流程简单直接	将继续作为个人表达和社区分享的方式存在,但需要注重内容质量和版权保护
人工智能生成内容	由机器算法自动生成,创作者是人工智能程序	自动化的方式生成,不受时间和精力限制,可以快速生成大量内容	通过程序训练生成,流程自动化,只需要进行算法训练和参数调整	将越来越多地用于快速生成内容和自动化生产,但需要注重算法的精度和模型训练

（2）区块链。在万物数字化的元宇宙中，现实世界中基于“实体”和“信用”的认证体系也需要在数字世界中建立机制，区块链是解决元宇宙中身份与资产认证的核心技术。区块链的本质是分布式账本，通过哈希算法及时间戳技术储存数字信息，然后通过分布式存储和广播共识机制确保交易认证的正确性和不可篡改性，因此区块链技术具有高效（无须第三方）、稳定（全自动化）、透明（全链广播共识机制）等优势，可以有效地解决元宇宙中价值归属、流通和虚拟身份认证等问题。

（3）云计算技术。元宇宙作为完全数字化虚拟时空，其中人、机、物及其之间的交互都需要依赖相当高的算力，同时作为完全拟真世界，全时域实时稳定运行对服务器的可靠性也提出了相当高的要求，普通本地互联网数据中心无法满足其要求，而云计算作为架设在分布式机群上的计算平台，在满足元宇宙对高算力和稳定性要求的基础上，还兼顾了低延迟和不同地区定制化配置的需求。将数据的存储和计算迁移至云端是云计算在元宇宙中的主要应用。

（4）数字孪生技术。数字孪生技术的理念是建立一套完整的包括物理空间、虚拟空间、联结物理空间和虚拟空间的数据流、联结物理空间和虚拟空间的信息流等要素在内的现实世界完全模拟体，为现实世界复杂性、系统性问题的解决提供助力。数字孪生技术与元宇宙构造现实社会的拓展和延伸的概念高度相符，成为元宇宙在虚拟世界中构建现实世界数字孪生体的基础应用，在很大程度上实现了元宇宙的构建效率与真实体感的提升。

（二）元宇宙应用系统

元宇宙应用系统在面向消费者端、面向企业端和面向政府端三个板块的应用场景如表 4－4 所示。本章第二节和第三节分别从价值链与产业链的角度介绍生态系统中不同应用场景下的代表企业，关于不同场景的发展状况及企业的商业模式详见本书商业模式篇。

表 4－4　元宇宙应用场景

应用板块	应用场景
面向消费者端	教育培训、旅游、娱乐、远程办公、购物社交等
面向企业端	研发、金融、企业服务、医疗等
面向政府端	交通、基建、城市治理、政务管理等

第二节　元宇宙价值链

一、元宇宙价值创造的理论逻辑

（一）传统工业企业价值创造和元宇宙价值创造的比较

传统工业企业与元宇宙价值创造存在要素差异，具体表现在价值来源与价值传递结构两方面，集中表现为价值形式的不同（吴松强 等，2023）。

1. 价值来源：连接价值与劳动价值

价值来源不同的背后实际上是经济学逻辑在元宇宙情境下的转变，即由单一消费者的边际效用递减转变为消费者整体的边际效用递增。工业经济时代遵循劳动价值论，即劳动创造价值，价值载体是实体的工业产品，企业创造价值的目的是交换凝结在产品中无差别的人类劳动，使消费者获得产品的所有权，取得拥有这种产品所带来的效用而支付价值。由于消费者对所有权的欲望强度有限，从整体来看，产品以所有权为代价被实现的价值也有限；从消费者角度来看，随着消费者对同种商品消费量的增加，其从该商品连续增加的每一消费单位中所得到的效用量递减，即存在边际效用递减规律。元宇宙时代是连接创造价值的时代，价值载体是虚拟的数据，消费者对产品的需求也由获取产品的所有权向获取其使用权转变，当消费变为使用时，边际效用递减不再成立。对单个消费者而言，产品创造的价值在每一次被消费者发现并使用时，通过与消费者的情感连接为消费者带来效用，产品以使用为代价被实现的价值空间无限延展；对消费者整体而言，在不同消费者的多次使用中，流量集聚效应实现了该产品产生价值的增值，即元宇宙中产品的价值表现为连接价值，且此种连接价值会在价值传递过程中增值。

2. 价值传递结构：价值链与价值网

价值传递结构差异是企业及价值活动所有参与者创造与实现价值的路径在元宇宙情境下的转变，蕴藏着数字经济中关于“平台”和“共创”的概念。波特(2014)提出的价值链是建立在工业化时代的物流、资金流和信息流基础上的价值链，其将企业内外价值增值的活动进行排列，并分析某一环节如何创造价值。这一理论的重要前提是价值是在同一企业中被创造和实现的，而价值网理论则将所有商业活动参与者纳入其中，即企业要与客户、供应商、资源互补者共同合作创造、传递并分享价值，同时又要与客户、供应商、资源互补者共同分配价值，价值是在多个利益相关者中被共同创造和共同实现的。

3. 价值形式：实体产品与数字产品

价值形式差异的背后实际是产品形式在元宇宙情境下的转变，价值形式的转变是价值来源与价值传递结构转变的综合体现。工业经济时代，人类劳动以实体产品形式被记录，实体产品外在呈现的工序复杂程度及其质量水准普遍被视作等同于该产品凝结的人类劳动的大小和质量，从而具有相应的劳动价值，同时实体产品在不同层面的价值也分别映射了企业在生产、优化该产品时各个价值增值环节的成效，即价值链的作用。而元宇宙中，人类劳动以数字产品形式(数据)被记录，数字产品的质量与工序复杂程度无法直接可见，该数字产品能与用户产生联系的程度被定义为新的标准，用来衡量产品中蕴藏的劳动大小和质量，由此具有相应的连接价值。一方面，这种劳动区别于打造实体产品的体力劳动，主要表现为思考如何与用户产生连接的脑力劳动，即知识；另一方面，因数据的虚拟特性，使得其可以在多重利益相关者中被分享、修改和优化,这种劳动大小和质量可以在多重利益相关者的共同劳作中发生变化,即构成价值网。

(二)元宇宙价值创造要素主体

数字产品、连接价值与价值网是元宇宙价值创造的关键要素,其中数字产品对应数据;价值网反映在价值创造与价值实现两个过程中,其在价值创造过程中表现为“价值共创”。在元宇宙情境下,各个参与者提供的用于创造价值的资源实质是知识,其在价值实现过程中表现为“价值共享”,由消费转为使用从而具有价值增值可能性的连接价值适应了这一模式,因此价值网在价值创造过程与价值实现过程中分别对应知识与连接价值,也反映了元宇宙价值创造环节包括的三个要素主体,即知识、数据与连接价值。从生产过程来看,这三者分别对应生产要素、产品与产品价值,知识作为生产要素创造数据,数据对内是元宇宙的生产产品,对外是整个社会的生产要素,数据蕴含的价值是连接价值。

(三)元宇宙价值创造运行路径

元宇宙价值创造过程分为价值生产、价值遭遇、价值传递与价值外溢四个环节,元宇宙的价值创造情境亦是平台生态系统,其不存在权力中心,具有多重参与者,且子系统间的相互作用呈涌现性特征,其多重参与者为用户、政府、企业等,参与者分别处于用户层、平台层、利益相关层与外部物理层四个子系统中。用户层的供需双方借助平台层完成资源的匹配与交换,并由此逐渐形成利益相关层,资源匹配与交换的规则随着利益相关层的发展而不断完善,平台层促成并维护着用户网络,平台层中的交换行为也推动了利益相关层的发展,平台生态系统各层次的活动、平台生态系统间跨层次的交互活动共同赋能平台生态系统的价值创造。

由此,从价值创造的角度分析元宇宙的参与主体如图 4-2(吴松强等,2023)所示,包括用户层、平台层、利益相关层和外部物理层,它们构成了元宇宙的多层次运营结构。在元宇宙的价值创造中,价值创造—价值获取的演进逻辑仍然成立，并被分离为价值生产、价值遭遇、价值传递、价值外溢四个环节并在不同的层次中执行，各层次之间的协同关系驱动元宇宙整体价值创造的递进实现。从横向上看，元宇宙总体满足价值创造—价值实现的演进逻辑，其中用户层的价值创造行为表现为价值生产，价值实现表现为个体间的连接价值；平台层的价值创造行为表现为价值遭遇，价值实现表现为社群逻辑下的连接价值；利益相关层的价值创造行为表现为价值传递，价值实现表现为利益相关者逻辑下的网络中心度；外部物理层的价值创造行为表现为价值外溢，价值实现表现为经济逻辑下的数据要素带动经济内生增长。从纵向上看，元宇宙的各层次分别有序演进，且每个独立演进过程中的价值环节具有递进意义。

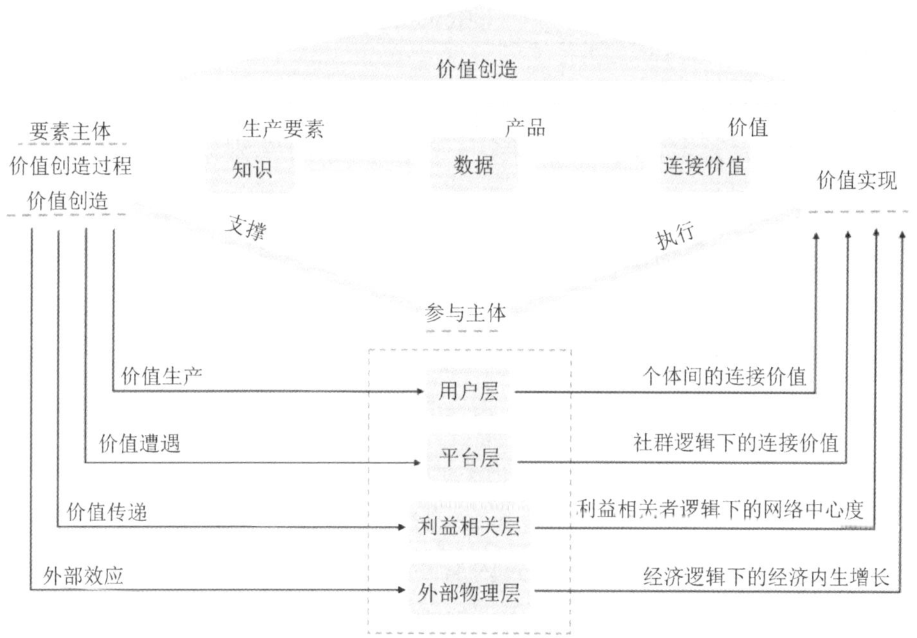

图 4-2　元宇宙价值创造运行路径

二、元宇宙七层价值链模型

元宇宙价值链描述元宇宙生态系统中价值的创造、交换和传递过程。元宇宙七层价值链模型如表 4－5(成生辉,2022)所示。该模型从体验、发现、创作者经济、空间计算、去中心化、人机界面和基础设施七个层面阐述元宇宙的价值及生态构成。

表 4－5　元宇宙七层价值链模型

层级	价值产生	代表内容(场景)
7	体验	游戏、社交、电子竞技、剧院、购物
6	发现	广告网络、社交、内容分发、评级系统
5	创作者经济	工具设计、资产市场、工作流、商业
4	空间计算	三维建模引擎、多任务处理用户界面、地理信息映射
3	去中心化	边缘计算、人工智能主体、微服务、区块链
2	人机交互	移动设备、智能眼镜、可穿戴设备、神经接口等
1	基础设施	5G、Wi-Fi6、6G、微机系统、图形处理器等

(一)体验层

许多人认为元宇宙是一个围绕于现实世界的三维空间,但实际上元宇宙既不是三维的也不是平面的,甚至不是具象的,元宇宙是对现实空间、距离及物体的非物质化。元宇宙中的体验并不是打造简单的立体空间中的沉浸感,它可以把人类生活场景的方方面面映射进数字世界。当物理世界数字化之后,体验可以变得更加丰富。元宇宙可以帮助人类拓展空间和时间的边界,在虚拟世界中,可以获得在现实世界中无法拥有的体验。例如,法国某电子音乐艺术家利用 Unity(优尼提)引擎在虚拟的“巴黎圣母院”举办了一场虚拟音乐会,粉丝可以与其虚拟形象进行互动。

元宇宙也可以帮助用户成为内容的创造者:内容会从人与人、人与物、人与空间的互动中产生并拓展,每个用户体验、消费内容的同时也可以参与内容的创作。元宇宙中关于体验的“沉浸感”,不仅指数字世界对现实世界的高度复制和映射,更多的是指元宇宙会极大地提升人对各个事物及活动的体验感,且可以激发更多的内容创作灵感。

(二)发现层

发现层主要聚焦于把人们吸引到元宇宙中的方式。广义上来说,发现机制可分为两种：一是主动发现机制，即用户自发查询某一个新场景的相关信息；二是被动输入机制，即在用户并无确切需求的情况下推广给用户本人。主动发现机制的实现方式包括实时显示、社区驱动型内容、多数好友在用应用软件、应用商店（评论、评分系统、分类和标签）等。被动输入机制的实现方式则包括显示广告、群发型广告投放（邮件、领英）和通知等。

（三）创作者经济层

创作者经济层包含了实现元宇宙生态所需要的要素。如今，各行各业已经初见创作者经济的样貌。各种引擎和平台的搭建，使得不会代码的创作者也可以在数字世界中进行创作。例如，用户可以在 Wix（维克斯）网络开发平台上创建自己的个人网站，而不需要掌握 HTML（超文本标记语言）及 Java Script（脚本编程语言）的语法，或者无须掌握任何代码就可以在数据可视化分析平台 Tableau（塔布洛）上实现高级可视化图形。市场上为工程师设计的各种平台和软件，可以帮助工程师更高效地完成工作。平台提供整套集成工具，使元宇宙的参与者都有机会创作出自己的内容并且分享出去。加密货币的发展又保证了创作者可以将内容变现，以激励更多的人参与。

（四）空间计算层

空间计算是实现元宇宙世界与现实世界无缝切换的关键技术。空间计算让人类创造并进入虚拟的 3D 空间成为可能。其中主要包含 3D 引擎技术、生物识别技术、地理空间映射技术、用户交互技术、人工智能和大数据技术。这些技术共同作用，使得人们可以随时随地进入元宇宙世界。空间计算技术也是实现元宇宙世界的技术难点。

（五）去中心化层

去中心化是元宇宙生态的核心，这样才能使真正的创作者经济发展壮大，不属于某一组织或平台，而属于每一个参与者，从而实现元宇宙的共创、共享及共治。目前，区块链及边缘计算是实现去中心化的关键技术。边缘计算是提高算力的关键,可以高效处理元宇宙世界所产生的庞大的数据量。

(六)人机界面层

微机设备与人类的躯体结合得更加紧密,可以提升人机交互的体验感。增强现实、虚拟现实等扩展现实设备的发展提高了人在元宇宙世界中的体验感。用户不仅能通过增强现实、虚拟现实设备沉浸在虚拟世界中,未来还有可能利用脑机接口在虚拟世界实现永生。

(七)基础设施层

基础设施层包括实现元宇宙的基础设施及硬件设备。5G 网络已经显著提高了带宽速度,同时降低了网络延迟。6G 将进一步把带宽速度提高到另一个数量级。人工智能芯片可以大幅提高算力,提升机器学习算法的训练速度,处理更加庞大的数据。

三、元宇宙价值链关键节点及代表企业

(一)基础设施节点

基础设施节点包括构建产业元宇宙所需要的通信、联网、存储、物联网、算法、区块链等底层技术堆栈及系统,是构建元宇宙生态系统的物理基础。该节点的代表企业及相关具体设施有:高通、华为、美国电话电报公司等 5G、6G、Wi-Fi6 等通信网络技术研发服务企业;亚马逊、微软云、阿里云、腾讯云等云计算服务厂商;谷歌、特斯拉、商汤等人工智能底层算法研发企业;英特尔、超威、英伟达等芯片研发企业;以太币(ethereum,ETH)、波卡币(polkadot,DOT)、艾达币(cardano,ADA)等区块链公链基础设施(吴亚光 等,2022)。

(二)基础开发平台与工具节点

该节点定义为元宇宙创建、运营及改进所需的基础开发环境和必要开发运维工具集,包括空间计算、人机交互、硬件交互、人工智能、区块链、大数据开发平台及开发工具等。该节点核心企业及相关的空间计算开发

平台服务有英伟达的元宇宙开发平台 Omniverse(全景宇宙)、Unreal(图形计算引擎虚幻)、Unity(优尼提)、微软的 Mesh(混合现实开发平台)、Meta(元)的虚拟现实开发平台 Oculus(奥克卢斯)以及区块链开发平台 DApp(去中心化应用)与 DAO 等。这些企业和平台为元宇宙建设开发、内容创造、运营维护、资产货币化提供了基础开发环境和必备工具。

(三)场景及功能应用节点

该节点定义为基于元宇宙的基础开发平台和工具,针对设计研发、生产制造、生产协作、生产分配、营销推广等特定业务场景进行二次开发形成的技术堆栈及解决方案,如数字孪生、工业仿真、人工智能无人制造、数字人、去中心化金融、非同质化通证等。该节点代表企业包括三维虚拟动画开发服务平台 Nexus Studios(尼克索斯工作室)、数字孪生技术服务平台 51World(51 世界)以及设计可视化、数字营销、展览展示服务平台丝路视觉等服务机构。

(四)行业解决方案节点

该节点基于基础开发平台和场景功能开发,将部分功能或应用进行开发整合或系统集成,针对智慧城市、交通出行、旅游、教育、医疗、能源管理等行业提供特定的行业元宇宙方案。代表企业包括教育服务平台 Minecraft Education(我的世界教育),医疗服务平台 Stryker(史赛克)、DeHealth(德健康)、XRHealth(XR 健康)以及智慧城市平台腾讯 CityBase(城市基地)等,这些企业提供的服务为教育、医疗、智慧城市等特定行业的元宇宙化运营作业提供了系统的解决方案,可以为相应行业的企业客户提供产业元宇宙服务。

第三节　元宇宙产业链

一、元宇宙产业链结构

元宇宙生态系统涉及的技术和领域较多,其产业链行为主体和参与者也较为广泛、复杂;目前,元宇宙产业链大致可划分为硬件、软件、服务、应用4大板块,如图4-3所示(刘权 等,2022)。

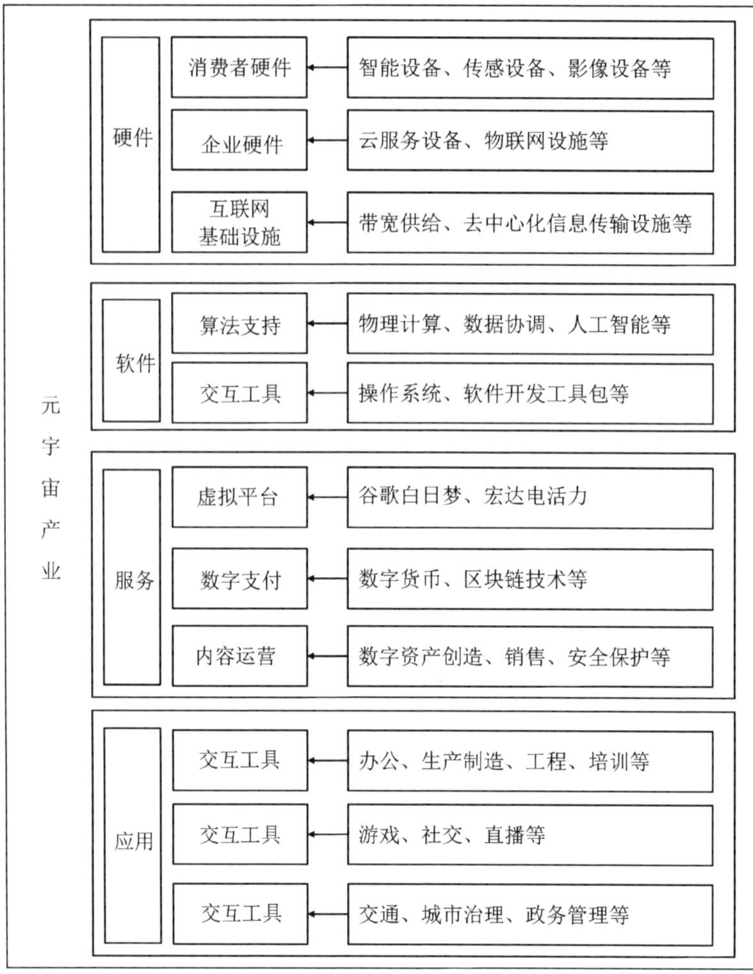

图4-3　元宇宙产业链全景图

(一)产业链上游

元宇宙产业链上游涵盖硬件板块与软件板块。硬件板块主要包括上游核心器件、网络基础设施、终端设备等。上游核心器件包括光学镜头、显示面板(液晶显示器、有机电激光显示、微显示器)、主控芯片(CPU和GPU)、传感器(图像和声音)等,终端设备主要包括各类VR/AR/MR

前端设备(个人电脑端设备、移动端设备和一体机)。硬件元器件作为元宇宙产业的底层支撑,其产业水平将直接影响终端产业的发展质量与水平。从现阶段发展来看,元宇宙入口终端设备基本采用让用户沉浸虚拟现实的 VR/AR/MR 眼镜,或直接用手机/电脑的键盘、Sony Play Station 5(索尼游戏机 PS5)/微软家用游戏机 Xbox(爱克斯博克斯)的遥控器来操控 Avatar(虚拟化身)行动。高速图像 3D 显示技术可以让元宇宙的世界更真实,当然还需要各种感测器,如手势感测、皮肤感测、感测手套、感测脚套、体感设备、脑机接口设备、味觉感测器芯片等。除了感测器之外,每个器材都大体需要电源管理芯片、GPU、CPU/MCU(微控制单元)、高容量动态随机存储器/高带宽存储器、高容量与非/是非闪存芯片等。以 VR 终端为例,其硬件部分主要由处理器、存储、屏幕、光学器件、声学器件、壳料、辅料构成,其中处理器、存储、光学显示器件合计占比超 80%。在计算芯片方面,高通为 VR/AR 开发了独立专用芯片,骁龙 XR2 成为市场主流,国产 VR 芯片起步较晚,部分芯片厂商提供了虚拟现实解决方案,但性能与主流芯片尚有差距。

软件板块为硬件提供支持与赋能,实现物理计算、渲染、数据协调、人工智能等功能。从整个软件生态技术演进方向来看,通过技术智能化的手段(如数字虚拟人、传感器升级、软件驱动与硬件传感技术结合等)使软件更加轻量化,同时又能够承载更复杂的效果,逐步软件即服务化是软件发展的主流趋势。软件通过提供服务、租用、订阅的方式为客户提供服务,而非售卖软件产品本身。软件平台方拥有软件的知识产权,负责软件的运营和维护、在线升级和安全保障,客户则通过软件授权使用,不需要购买,也不需要雇佣技术人员进行安装部署。软件即服务的使用角色主要有平台方和软件使用方,有些情况下还会增加终端客户的参与,其共可以衍生出两种商业模式:平台对客户(software-to-customer,S2C)和平台对企业对客户(software-to-business-to-customer,S2B2C)。

当前各大厂商积极投身于适用于元宇宙的软件开发,英伟达在 2021 年 8 月宣布成立 Nvidia Omniverse 数字孪生平台,而开源 3D 动画工具 Blender（布伦达）将支持通用场景描述，与 Adobe（奥多比）合作开发三维创作工具和资源平台 Substance 3D（物质 3D），设计者可以打造一个共通的虚拟环境。

（二）产业链中游

中游主要是要素和服务集成，主要用于提供承载用户线上身份存在的平台。服务包括内容与基础设施搭建、内容分发、权益认证等，核心要素包括虚拟货币、数字资产及一些独立身份等。从当前发展阶段来看，以我国为例，涉及元宇宙中游的服务厂商包括但不限于华为、紫光股份、中兴通讯、浪潮信息等信息通信技术设备厂商，中国移动、中国联通、中国电信、中国广电等通信运营服务商，阿里云、腾讯云、华为云、天翼云等云服务提供商，万国数据、宝信软件、奥飞数据等互联网数据中心服务商，奇安信、深信服、启明星辰、天融信等网络安全服务商。除此之外，腾讯、字节跳动等内容厂商也依托其业务基础逐步拓展元宇宙要素服务集成业务。未来元宇宙数字资产、数字法币、虚拟货币的大量出现与全新经济系统运转还将催生一批全新的服务厂商，其范围可能拓展延伸至金融、数据服务、网络安全等更多领域。

（三）产业链下游

元宇宙产业链下游集中了其在消费端、行业端和政府端的各种应用场景。消费端应用广泛，在教育培训、旅游、游戏娱乐、社交、购物等日常场景均有涉及，相关平台及企业有教育服务平台 Minecraft Education，游戏公司任天堂、Roblox 等，社交媒体公司 Meta 等。例如，Meta 推出的主打“行为社交网络”的远程办公应用程序，利用 VR 设备可以实现在虚拟现实中进行会议。行业端和政府端场景集中于制造业、医疗、城市治理等场景，代表企业包括医疗服务平台 Stryker、DeHealth、XRHealth 以及智慧城市平台腾讯 CityBase 等，这些企业提供的服务为教育、医疗、智慧城市等特定行业的元宇宙化运营作业提供了系统的解决方案，可以为相应行业的企业客户提供产业元宇宙服务。

二、元宇宙产业链的发展趋势

元宇宙的构建涉及硬件、软件、服务、应用等多个领域，随着元宇宙市场空间的不断增长，元宇宙产业将在上、中游基础产业环节和技术研发环节及下游市场拓展环节不断延伸，必将与更多产业交叉融合，产业链持续延长，产业图谱更加完善。

（一）从外部环境支持角度来看

自 2021 年元宇宙概念在资本市场的全线爆发至今，资本的投资需求和虚拟社交需求、创造需求同步高涨，越来越多的企业和地方政府都在关注这一全新赛道（成生辉，2022）。美国科技巨头在元宇宙的投入上最为激进，得益于其多年在元宇宙的积累与布局，它们的基础设施和功能性平台建设完善，在全球元宇宙产业中扮演着领导者的角色，代表企业有 Roblox、Meta 和微软等。在中国，中国电子信息研究院和虚拟现实产业联盟等单位联合发布的《虚拟现实产业发展白皮书（2021 年）》显示，2021 年 1—9 月，虚拟现实产业累计投资资金已达到 207.09 亿元，国内大厂在商业嗅觉上也非常灵敏，代表企业如字节跳动、腾讯等都在元宇宙基础硬件、平台和内容等方面有所布局。在日本，日本资本市场在元宇宙的投资方面不同于中美大厂，中美资本市场注重大而全的布局，日本则更具本地个性化特色，依靠发达的游戏产业和二次元市场，保持了强大的用户黏性，为国际元宇宙市场注入了新力量，代表企业有日本社交网站巨头 Gree（格林）、专注游戏元宇宙构建的索尼等。在韩国，韩国政府希望在国内的元宇宙产业中发挥主导作用，根据韩国政府公布的 2022 年财政预算，在总共 604.4 万亿韩元的预算中，政府计划拨出 9.3 万亿韩元用于加速数字化转型和培育元宇宙等新产业。随着元宇宙概念与技术的成熟，市场需求会进一步扩大，吸引更多的创新公司投资开发，涌入元宇宙生态市场，参与产业链布局。

(二)从技术与产业融合角度看

元宇宙的技术创新将推进新的应用场景升级与落实,带动一批行业的发展;行业对元宇宙的需求与各行为主体的参与将进一步推进元宇宙基础层、平台层与应用层的创新、升级与融合。一方面,元宇宙技术系统的发展与完善将带动一批新兴行业的发展。例如,在底层架构上,元宇宙经济系统的构建将继续带动区块链、数字货币与非同质化通证等新兴行业的发展;在后端基建上,支撑底层技术的框架与协议、通信基础设施、图形处理器、云计算、人工智能、算力与网络等涵盖软硬件的基础设施相关行业也会继续扩展;从前端设备来看,提供虚实入口的硬件核心包括芯片、传感器、显示屏、光学设备等,随着 AR/VR/MR 交互技术的不断演进,新的接口技术与交互产品会不断涌现,相关产业链也将持续延长。另一方面,随着现有产品与技术的研发创新、核心技术的突破与应用落地,元宇宙产业布局将继续延伸、深入与完善。当前,我国元宇宙产业链在上游硬件制造与开发、后端基建,中游软件集成及技术服务,下游产品与应用领域均有涉及。在上游硬件研发与中游技术服务领域,围绕 XR 核心器件及其他硬件,舜宇光学、韦尔股份、歌尔股份、长盈精密、利亚德、惠牛科技等一批技术企业将持续发力;在算力芯片领域,全志科技、上海贝岭、瑞芯微等企业不断推出创新产品;在人工智能领域,技术研发持续发展,并不断与各种创新科技实现深度融合,越来越多的人工智能公司业务范围也随之扩大,实现了各类创新人工智能产品和应用案例落地;在云计算与边缘计算领域,我国三大运营商已经展开广泛探索。在下游内容及应用领域,我国虽有涉及但相较于其他国家落地项目较少,然而,我国现已具备领先的 5G 基建、数字化建设水平,且在创意红利背景下,我国面向消费者端内容消费优势明显,产业延伸潜力巨大。

(三)从应用场景角度看

元宇宙的本质就是数字化的现实世界,只要有场景需求就会有布局。如今元宇宙产业发展尚处于萌芽期,但随着其概念与技术的完善,会有越来越多的应用场景落地。迄今为止，元宇宙的概念已经不再局限于游戏娱乐，逐渐向社群交流、内容创作、虚拟经济、教育、医疗等多领域拓展，未来全景社交将成为虚拟现实终极应用形态之一，相应的产业链布局也会呈现全景化的终极状态。

本章小结

元宇宙生态系统是一个由核心企业、支撑机构和政府构成的数字化商业生态系统。从核心技术和应用场景的角度分析整个系统，可发现它建立在感知交互、网络传输、芯片算力的硬件基础上，基于人工智能、区块链、云服务等核心技术，搭建了全面涵盖面向消费者端、面向企业端和面向政府端的应用场景。本章介绍了元宇宙生态系统的定义和结构，将其分为技术系统和应用系统，分析了元宇宙生态系统中的价值链和产业链，帮助读者更全面地认识和理解元宇宙生态系统的价值和构成。

第五章　元宇宙基础技术及设施

基础设施是封装元宇宙基础技术的物理设施，是元宇宙产业技术迭代、升级和进化的载体，是元宇宙核心技术算法实现的物理载体。支撑元宇宙生态系统运行所需的基础设施主要包括三类：感知交互、网络传输和芯片算力。感知交互设施以感知交互技术为驱动技术，负责从现实物理世界中采集信息，并通过感知交互终端将数据传输到计算终端进行分析与渲染，是实现元宇宙生态系统虚拟与现实交互的核心设施，常被称作“虚实入口”。网络传输设施承载着各终端间数据与信号的传输任务，主要包括 5G/6G 通信网络、Wi-Fi6、低轨卫星＋6G 融合网络等，其运作以网络通信技术为核心，在保障元宇宙生态系统中数据的高速、稳定传输方面发挥作用。芯片设施是数字电路技术的封装，主要部署于计算终端，负责执行计算机指令，进行数据处理和控制计算机的各种操作，是支撑元宇宙生态系统进行大规模数据计算的核心设施。

第一节　感知交互技术及设施

一、概述

感知交互设施是采集现实世界中的物理信息并将其传输到计算终端，在计算终端进行数据分析与渲染的设施。目前，常见的感知交互设施有语音识别设施、生物识别设施、运动跟踪器、各类基于 XR 技术的可穿戴机器设备，如 VR 眼镜、头盔、手套、AR 头戴式显示器等。

在元宇宙生态系统中，感知交互设施是实现现实世界与数字世界连接的重要基础硬件，提供“虚实入口”。目前，元宇宙生态系统对感知交互设施的实现有两种主流思路：首先，通过可穿戴设施（如 XR 头盔、智能手环、电子皮肤等设施）采集人体活动信号，同时通过头显设施做输出显示，完成交互；其次，脑机接口（brain-computer interface，BCI）思路，通过体内植入或头部外接的形式，直接采集脑电波或电信号，再经计算、编译等步骤，完成人机交互。后者的研发还处于不成熟阶段。

二、工作原理与技术架构

（一）XR 技术

扩展现实（extended reality，XR）技术是现阶段元宇宙生态系统中感知交互设施运作所依赖的核心技术。XR 是一个概括性术语，包括虚拟现实（virtual reality，VR）、增强现实（augmented reality，AR）、混合现实（mixed reality，MR）以及介于它们之间的所有内容。

1. VR 技术

VR 技术是利用计算机设备模拟产生一个三维的虚拟世界，通过使用硬件设备在世界中产生听觉、视觉甚至触觉等感受，“沉浸感”和“临场感”是其主要特点。VR 技术产生的世界都是假的，都是完全虚拟出来的画面。

2. AR 技术

AR 技术是一种运用多媒体、三维建模、智能交互等技术，将计算机生成的虚拟信息模拟仿真后再应用到真实世界中的技术，即通过电脑技术将虚拟的物品显示在现实空间中后和它进行交互。在技术方面，由于虚拟的物品叠加到现实上需要定位，所以 AR 设备需要一个摄像头进行实景拍摄，之后在该实景上叠加虚拟的物品进行互动。除此之外，AR 要实现相应的效果需要眼镜，目前裸眼是做不到的，比较有名的设备是谷歌眼镜。

3. MR 技术

MR 技术是 VR 和 AR 的混合，它将虚拟的世界与现实的世界整合，产生一个新的可视化、沉浸式的交互环境。MR 所产生的世界是可以和现实世界实时交互的，也就是现实世界的反馈都会对虚拟世界造成实时影响。也有人将 MR 技术看作 AR 技术的升级，MR 和 AR 最大的区别在于：AR 的世界中可以知道哪里是虚拟的，而 MR 的世界中分不清虚拟的部分和现实的部分。

三种 XR 技术的区别如表 5－1 所示（武娟 等，2020）。目前，XR 技术在元宇宙的各个垂直应用领域具有非常广阔的产业应用场景与增长空间。例如，在虚拟世界中，用户可以利用 XR 设备生成虚拟形象，模拟实际场景中的互动，不受限于时间和地点，实现远程协作、工作会议及社交活动等；在传统文化娱乐产业中，展览策划、艺术演出等诸多场景也能够通过 XR 技术实现，为参与者提供场景导航等功能以及几近真实的环境、大规模的多人互动与沉浸式的观赏体验。

表 5－1　虚拟现实、增强现实、混合现实技术对比表

虚拟现实技术	增强现实技术	混合现实技术
纯虚拟数据画面	虚拟数字画面＋裸眼现实	数字化现实＋虚拟数字画面
完全人工的环境	虚拟对象覆盖在现实环境中	虚拟环境与现实世界融合
在数字氛围中提供自由移动的声音效果	数字对象增强了真实世界	虚拟内容与现实世界互动
完全沉浸与独立平行的数字化时空	沉浸度取决于增强现实叠加至现实中的数据密度	虚实融合空间中的感官沉浸取代了现实世界的原初体验

（二）XR 设备技术架构

目前，基于 XR 技术设计的感知交互设施称为 XR 设备，其原理为：综合运用语音、手势、体感、嗅觉等人机交互方式，指导 AR/VR 可穿戴设备、脑机接口、传感器等计算机设备的图像采集系统完成在真实世界内的图像采集工作，之后再综合利用 3D 交互（计算机视觉）、渲染引擎

(计算机图形学)等技术完成对所采集到图像的识别，最后再通过全息显示、光学显示设备等完成各类虚拟形象的输出。

XR 设备运作的技术架构如图 5－1 所示(刘权 等，2022)。运行时，由感知层设备如激光雷达、传感器、GPS(全球定位系统)等从物理现实世界采集信息，再将信息传入 XR 单片机主控设备，主控设备基于 3D 交互、渲染等技术完成信息处理后，通过各类光学显示设备如头戴式显示器等输出虚拟形象。

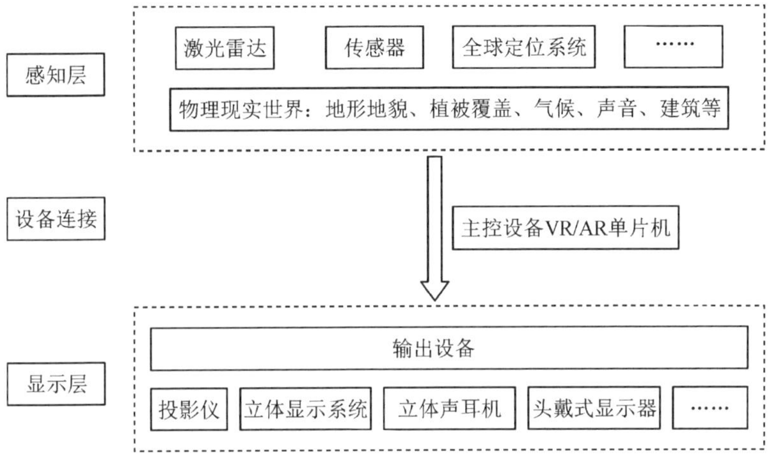

图 5－1　虚拟现实技术架构

1. 底层技术层

感知交互设备运作的底层技术层涵盖扩展现实技术、全息影像技术、传感技术等多个技术领域，多种技术交叉融合。全息影像技术以光的干涉和衍射为原理，更加直观地感受和实现真实物体的三维立体图。传感技术是连接物理现实世界与虚拟世界的重要通路，通过传感技术可以获取物理世界中的各项信息，它是构造虚拟世界的重要依据。

2. 器件设备层

感知交互设备的器件设备层主要包括与用户体验虚实交互技术相关的可穿戴 XR 设备、获取现实世界中图像和声音等信号的传感器、作用于机器与人脑之间实现人机通畅信息交换的脑机接口等。可穿戴 XR

设备(如 VR 眼镜、头盔等)是让人进入虚拟世界的直接设备;传感器作为一种检测装置,能够将感受到的被测量信息按一定规律转换为电信号或其他所需形式的信息输出,以满足信息的传输、处理、存储、显示、记录和控制等要求;脑机接口则是在人/动物脑与外部设备间建立的直接交流和控制通道,通过设备连接向机器设备传输大脑中的意识信号。

3. 工具平台层

感知交互设备运作的工具平台层主要是指与虚实交互技术体验相关的应用内容工具平台,是为用户提供各种类型交互体验的端口。不断丰富的交互内容体验是虚实交互技术的重要发展方向。当前虚实交互设备制造成本高、底层技术不一致、内容不兼容等诸多问题的存在都制约了虚实交互技术内容的丰富和深化。工具平台层作为给用户提供各类交互体验的中间端口,可以实现对现有技术、产品、内容的整合,通过对底层技术的兼容来推动虚实交互内容的丰富。

(三)BCI 简介

1. 概念与系统架构

脑机接口(brain computer interface,BCI)的概念最早在 1973 年被提出(孙从众,2022)。根据 BCI 第一次国际会议的定义,BCI 是一种不依赖于外周神经和肌肉组成的输出通路的通信系统。近年来,BCI 技术发展迅猛,应用领域不断拓宽,取得了很多突破性进展。图 5-2(孙从众,2022)是一个 BCI 系统架构简图。

目前,BCI 的交互过程有三类:一是单向获取大脑信息,二是单向给大脑输入信息,三是脑机双向交流信息。这些交互过程的实现综合应用了电、光、磁、声等多种物理原理与技术。其中,采集脑内信息的物理技术主要有脑电图、功能性近红外光成像、皮层脑电图以及获取高分辨率脑神经信号的侵入式微型电极采集。目前,这些采集脑内信息的技术都取得了一定的发展,但向脑内写入信号、实现脑机双向交流的技术还处于研发阶段。

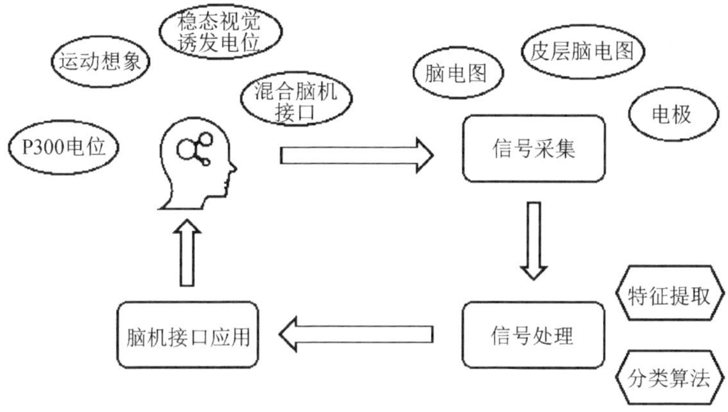

图 5-2　BCI 系统架构图

2. BCI 技术面临的问题

BCI 目前在元宇宙中更多地作为生理信号采集工具，还不是元宇宙交互技术的研究主流，并且在安全性和伦理道德上存在很多问题需要解决。在研究领域，已产生了一系列与 BCI 安全相关联的术语，如神经安全、神经隐私、神经保密、脑黑客、神经伦理学等(王雪 等，2023)。

类似于网络安全的定义，神经安全的定义是为保护神经设备机密性、完整性与可用性，使其免受恶意方攻击，保护人的神经机制、神经计算与自由意志的安全。机密性是指攻击者不能利用设备属性来获取私人信息，完整性是指攻击者不能更改设备设置或启动未经授权的操作，可用性是指攻击者不能完全禁用设备并使其无效。网络安全问题由于在最初设计互联网时没有得到足够重视，已经无法圆满解决，因此神经安全问题在现在这个时期就显得至关重要。

解决神经安全问题需要先理清脑机接口功能周期，因为在不同功能周期，发生各种攻击的可能性和影响都不同。Bernal 等(2021)将双向脑机接口的功能周期细分为 5 个环节、2 个方向的循环。正方向循环是神经数据采集过程，5 个环节分别为产生神经活动、获取大脑信号、大脑信号转数字信号、数字信号解码为意图活动、运行应用，第五个环节会对神经活动的产生有反馈作用,形成闭环;反方向循环是神经刺激过程,5 个环节分别为运行应用、将外部活动依据大脑神经细胞放电模式编码成数字信号、数字信号转模拟信号、对相应神经元进行电刺激、产生神经活动。

在数据采集和刺激的 2 个循环中,犯罪者可能在每一个环节发起破坏神经设备机密性、完整性、可用性、安全性的攻击。几个常见攻击类型有:①误导性刺激攻击。它以产生特定神经反应为目的,向使用者提供恶意感觉或运动刺激,攻击主体是使用者的大脑。②恶意软件攻击。它是通过硬件、软件、固件获取计算设备访问权限来执行恶意攻击的行为。在正循环中,恶意软件可能在产生神经活动之外的 4 个环节中通过掌握 BCI 系统控制权、恶意篡改前期数据或者数据与意图行为的映射方式、窃取使用者隐私数据等方式破坏神经设备完整性、机密性、可用性、安全性。在逆循环的产生神经活动和运行应用 2 个环节中,恶意软件可能会窃取隐私数据。③注入式攻击。它是利用系统输入验证漏洞,向解释器提供包含可以修改其解析方式特定元素输入的攻击。注入式攻击可以发生在正循环除了产生神经活动外的其余 4 个环节,也可能会发生于逆循环中产生神经活动和运行应用 2 个环节中。通过对数据库中数据恶意操作,达到篡改应用功能、破坏数据库数据、窃取用户隐私数据等目标。这些在不同环节攻击神经设备并对使用者造成影响和危害的恶意攻击手段,都是 BCI 系统神经安全建设需要考虑和解决的问题。

三、发展现状

(一)市场规模

目前,元宇宙产业对于感知交互设施的实现思路有两种:一种是基于 XR 技术的可穿戴设备,另一种是脑机接口直接传输信息。

其中,以 XR 设备为交互媒介的研究起步较早,2012 年就有比较成功的商用案例,行业中现已研发出了应用于头部显示装备的 Inside-out(内向外光学跟踪)系统和基于手柄的六自由度(six degree of freedom,6DOF)动作跟踪技术(三维空间中动作包含前、后、左、右、上、下六个维度),形成了目前行业较为成熟的“Inside-out＋6DOF”空间定位加动作捕捉解决方案,在脸书 Oculus Quest2(奥克卢斯探索 2)、字节 Pico Neo3(皮可尼尔 3)和三星 Odessey(奥德赛)等 XR 设备上普遍应用。据统计,2020 年全球虚拟现实终端出货量约为 710 万台,2024 年终端出货量达到 731 万台。

脑机接口目前在元宇宙中更多地被构念为生理信号采集工具,尚不是元宇宙交互技术的研究主流,并且在安全性和伦理道德上并不成熟,尚无成功商业落地的案例。从技术储备角度来看,XR 设备是目前最有希望实现元宇宙现阶段发展需求的交互设备,也成为未来元宇宙基础建设的重点。随着人们对元宇宙沉浸程度和功能需求上的增加,脑机接口技术凭借其独特优势和巨大应用潜力,可能成为打破元宇宙交互瓶颈的有力工具。

(二)发展趋势

1. XR 设备

虽然 XR 设备发展起步较早、商业化程度高,但距离满足元宇宙对交互设备的要求仍有很长的路要走。主要问题集中在 XR 设备的近眼显示技术,尤以“纱窗效应”问题最为消费者所关注。因为 XR 设备为近眼显示设备,对于屏幕和内容的分辨率和刷新率有着极高的要求,当屏幕和内容的分辨率不足时,人眼会直接看到显示屏的像素点,就好像隔着纱窗看东西,其根本原因是低分辨率下实时渲染引发高对比度边缘出现分离式闪烁现象。要解决这个问题,就需要提升 XR 设备的分辨率以达到人类单眼分辨率级别,即 12540×6840 像素,此数值介于 8K(7680×4320)和 16K(15360×8640)分辨率之间,其中 8K 是最低门槛。同时,为了防止近眼显示出现眩晕现象,120Hz 以上的高刷新率也是必要条件。因此,满足 XR 设备高刷新率、高分辨率,同时还兼顾移动性和能耗的显示技术和屏幕是近眼显示领域亟待攻克的难题,它也为业界技术发展提供了方向。

2. 下一代感知交互技术

(1)视网膜投影技术。该技术的理念是跳过在外部空间放置物理显示屏幕或在眼前设置虚拟的近眼显示虚像的步骤,直接通过一定的光路投影技术将影像投射到视网膜上。该技术还处于探索阶段,其技术成熟还需要比较长的时间和一些支撑技术。例如,需要在眼动追踪技术(尚处于开发和产品化阶段)成熟稳定后,才能给视网膜投影设备一个眼球位置输入,以进行准确的视网膜和眼球主光轴定位。该技术的实现可以大幅减少光学设备体积、功耗,并解决"辐"视觉眩问题,进而减轻用户的视觉眩晕(叶毓睿 等,2022;傅云瑾 等,2022)。

(2)光场显示技术。目前 VR、AR 所使用的近眼显示光学所成的虚像是以二维图像的形式进入人眼之中的,其原因在于人的双眼是二维的光学成像系统,视网膜上的视觉感知细胞本身是以一个"面"的方式排列分布并进行感光工作的。然而现实世界是三维的,"光场"技术有望让视觉中的虚拟世界达到现实世界的效果。光场技术在 20 世纪 90 年代被提出以来,曾有一些产品化尝试,如斯坦福大学计算机领域某科学家发起组建的某创业企业所推出的光场相机等产品,受到当时数据处理能力的限制并没有获得很好的销量和市场认可度。随着元宇宙的兴起,光场这种高真实感还原真实世界的显示技术有望得到进一步发展。谷歌在 2021 年推出的用于提供全沉浸感的视频会议系统的 Starline(星线)项目,通过建立一种实时的双向交流系统,让远距离交互对象可以有面对面对话的体验。该项目通过采集参与者评分(如呈现度、注意力、交互性等方面)、会议参与感和观察到的非语言行为表达(如点头、眉毛运动等神态动作)等各种数据优化远程会议呈现系统的立体视觉和沉浸感。目前,Starline 项目还没有连接 VR、AR 头戴显示设备一起使用,但是作为光场技术最新的实现系统,其表情动作采集、多视角光场采样等思路将会被运用到谷歌之后推出的一系列元宇宙产品和硬件中,能够迅速提升未来元宇宙空间体验的真实感和拟真度。

(3)其他感官交互技术。其他感官交互技术包括力觉、触觉、嗅觉、味觉等交互技术。类似于视网膜投射、光场显示技术等,人类在元宇宙时代,不仅从视觉、听觉这两个最主要感官方向提供和接入元宇宙的交互入口,同时也尝试从其他人类感官方向如触觉,甚至是嗅觉和味觉来提供虚拟世界的真实感官体验。例如,近十年来市场上涌现了一批新一代 VR 运动座椅,用于适配头显设备带来的个人元宇宙体验。其本质是通过相对简化的三自由度或四自由度平台,提供接近大型飞行模拟器的空间加速和运动体验效果。相应地,由于针对个人进行优化设计和低成本的产品设计趋向,现在的 VR 运动座椅可以让每一名在元宇宙游戏中进行飞行体验的用户以接近电竞系统的价格实现重力、加速度等虚拟世界的力学感官体验。除了此类运动学感官体验外,在医疗手术模拟、康复训练和高端工业仿真训练中非常普及的触觉力反馈设备等还可以通过给予操作者与真实操作几乎相同的动态反馈力,来模拟在真实的手术操作、精密部件装卸操作中的同等力学效果,再结合高沉浸感的显示系统,实现以假乱真的模拟训练。由于在技术实现上还不能做到实体上真实地模拟被触碰物体的硬度和物理结构,只能通过高频传感器采集(约 1000 赫兹)并高速刷新采集使用者输入的力度,再根据模拟世界中计算出来的反馈力,给操作者一个反方向的力,来模拟触碰、操作等反馈力学特征。一些国外研究机构研究通过电磁方式模拟物体表面的光滑度、温度变化等来提供模拟世界的“肤触觉”,也就是皮肤触感,目前这类研究尚处于初级阶段。

3. 终极目标:BCI 系统

(1)人脑到计算机的单向数据通路。从本质上看,该通路除了采集数据不同,和其他生理信号传感器没有差别,脑电信号特殊性在于包含了使用者的“意图”信息。在未来,利用特定区域和波段脑电信号,通过情感计算可以让使用者与元宇宙之间的交互更加高效,创造出能够理解和适应使用者需求和情绪的虚拟空间,实现更加动态和个性化的元宇宙;通过运动想象和深度神经网络,将脑电图信号分类并映射到元宇宙中的不同行为动作,可以让残疾人士在虚拟空间里操纵虚拟替身,摆脱现有设备需要用现实中的肢体操作的限制;通过将脑机接口技术和人工智能技术结合,人类智能和人工智能结合成独立统一体,元宇宙虚拟空间中的化身能够拥有现实生活中和使用者同步的知觉、认知、想法与思维,进而可以辅助使用者完成工作。

(2)计算机到人脑的单向数据通路。在元宇宙中主要应用场景是对嗅觉、味觉、触觉等一系列感官的模拟,元宇宙和真实世界交互主要依赖于视听媒体,不能够捕获和刺激嗅觉、味觉、触觉感官,沉浸感和真实感较差。基于计算机到人脑的单向数据通路的感官模拟应用实例较少,因为其安全性要差于另一条数据通路。在触觉模拟领域,Ganzer 等(2020)将解复用技术加入闭环 BCI 系统,通过从"脑-机-脑"的闭环信息流中分解出不同特征的神经信号成分,将初级运动皮层亚知觉信号解码为意识知觉,几乎完全恢复了脊髓损伤患者手的触觉,显著改善了患者运动功能;在嗅觉模拟领域,Brooks 等(2021)设计出了一种外形类似于鼻环的新型嗅觉装置,横跨鼻中隔,通过刺激三叉神经来模拟或者增强嗅觉。由此可以窥见,感官模拟技术在元宇宙中未来发展的极限,类似于假想模型缸中之脑,通过对人体进行特定电刺激来产生与真实生活完全相同的感觉,尽可能地营造出身临其境的感受(王雪 等,2023)。

第二节　网络传输技术及设施

一、概述

(一)定义与分类

网络传输设施是连接计算机和其他设备,负责数据传输的硬件设施,包括通过有线或无线介质传送数字信号的光纤传输、无线通信设备、交换机、路由器等。关于网络传输设施的分类主要有以下几种。

1. 按传输介质分类

按传输介质分类，网络传输设施可分为有线网和无线网。有线网是采用同轴电缆、双绞线或光纤等有线方式构成的计算机网络。有线网是最早的计算机网络连接方式，它可以实现不同地域范围的设备互联，比如通过海底线缆方式将不同国家之间的计算机设备连接起来。无线网是采用无线通信技术实现的网络，常见的无线网络分为通过公众移动通信网实现的无线网络（如 4G、5G、6G）和无线局域网（Wi-Fi）两种方式。

2. 按网络节点分布范围分类

按网络节点分布范围分类，网络传输设施可分为局域网和广域网。局域网是一种在小范围内实现的计算机网络，一般在一个建筑物内，如工厂、办公楼等。局域网覆盖范围可在十几公里以内，结构简单，布线容易。广域网则是把分布于局域网络之外的更广的区域（如一个城市、一个省、一个国家或几个国家）的计算机设备连接起来的网络，通常是由邮电事业部门经营和管理、超越部门和区域地向公众提供使用的远程公用信息通信网。

3. 按存储、处理和传输的信息分类

按存储、处理和传输的信息分类，网络传输设施可分为涉密网和非涉密网。涉密网是指传输处理涉密信息的计算机网络，其中涉密信息是指涉及国家秘密的信息。涉密网严格按照相关国家保密标准要求来存储、处理和传输国家秘密。

(二)元宇宙中的网络传输设施

在元宇宙中，海量的数据内容在云端保存和生成。这些数据可能来自对人类行为的动态捕捉，也可能来自对物理环境的实时采集，其极高的仿真程度必然导致海量的数据规模。除此之外，在元宇宙中，沉浸式 VR 世界中的图像元素需要被快速更新，以满足用户顺畅交互、环境及时响应的需求。可以说,元宇宙的内容体验需要网络高带宽(网络的带宽指标体现的是网络传输的速度,其本质是在一个单位时间内能够传输多大的数据量),元宇宙的实时交互需要网络低时延(数据从网络中的源节点到目的节点再返回源节点所需的时间,它决定了用户接收信息的速度及其回复其他用户的速度)。目前,元宇宙生态系统中使用的网络传输设施包括5G/6G移动通信网络、Wi-Fi、低轨卫星+6G融合网络等,其中,5G移动通信网络是目前元宇宙生态系统中的关键网络传输设施,其运作以无线通信技术为核心,在保障元宇宙生态系统数据高速、稳定传输方面发挥作用。

二、工作原理与技术架构

网络架构主要包括两方面内容:①网络基础设施的构建方式,它将构成从用户到云再到用户的“端到端”数据通路;②网络的协议,它是一组数据通信的约定和规则,确保数据传递的准确性。对于元宇宙而言,更重要的是元宇宙中内容的及时、高效传递,因此构架于基础网络之上的内容分发网络(content delivery network,CDN)也需重点关注(叶毓睿 等,2022)。

(一)网络架构

运营商的网络架构伴随着电信业务的不断丰富和发展而不断升级。总体来看,运营商的业务主要包括:①互联网接入类业务,如移动互联网接入、家庭宽带等;②专线和专网类业务,如为企业客户不同办公地点间建立有网络质量和安全保证的物理或虚拟的专线和专网互联等;③语音和多媒体类业务,如语音通话、互联网电视等。随着云计算日益渗透到社会生产生活的方方面面,有关互联网数据中心(internet data center,IDC)的数据中心网络规划和布局也正处于积极发展的状态。

从网络数据的传输角度来看,当前支撑包括元宇宙在内的各互联网业务运行与发展的运营商网络架构包括骨干网、城域网、接入网三个层级。骨干网主要用于城市间的高速网络传输，传输的范围从几十千米到几千米，具有极大的带宽和很高的可靠性。城域网主要用于将一个城市(或一个区域)范围内的网络节点连接起来，使得本地的流量可以在城域网内部传输，跨城的流量再向上传递到骨干网中。根据业务和管理的需求，国内运营商通常会在城域网和骨干网之间设立一个额外的名为省域网的层级。接入网就是支持用户终端如手机、电脑等接入到城域网的网络，当前主要有宽带有线接入和无线接入两大类别。此外，为了满足IDC之间的数据传输需求，运营商还重点建设了数据中心间的数据中心互联网络(data center interconnect，DCI)，DCI可能是依托于骨干网上的虚拟专网，也可能就是物理的光纤网络。不同的运营商会建设各自的网络，在骨网层面会设置互联网骨直联点或者互联网交换中心，支持跨运营商网络的数据传输，具体结构如图5-3所示(叶毓睿 等，2022)。

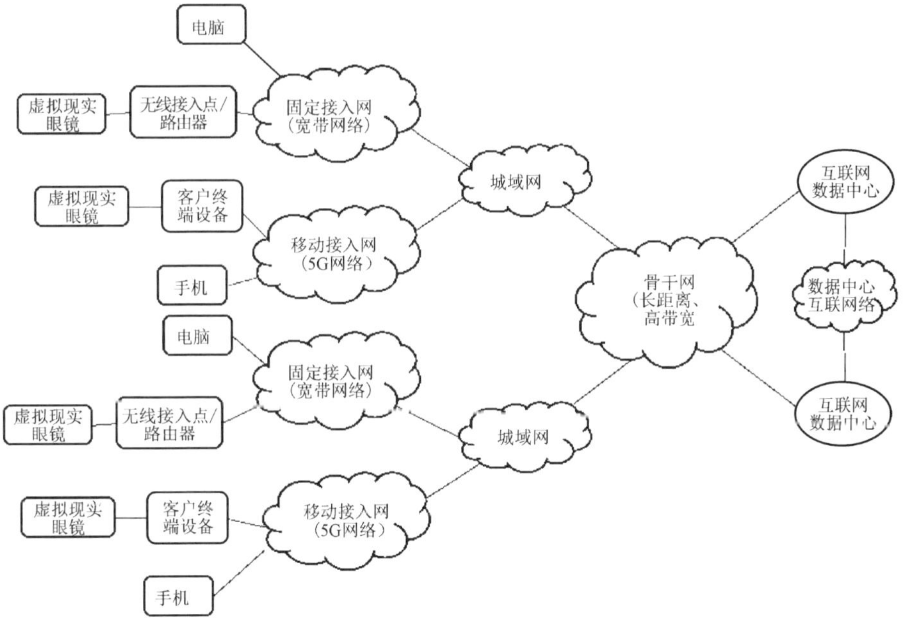

图5-3　承载互联网运行与发展的运营商网络架构

对于元宇宙而言，用户利用终端(手机、电脑乃至脑机接口设备等)通过5G、Wi-Fi或者网线连入运营商网络，将其个人相关的数据通过城域网或者骨干网进行传播。元宇宙的平台通常构架在云平台上,众多用户的信息会在云端汇合并进行实时高效的处理,相关的处理结果会根据用户的交互需求再通过骨干网、城域网、接入网送到用户交互的终端。类似地,在物理世界中种类丰富、数量众多的数据采集装置会配合元宇宙中仿真的虚拟环境的需求,采集用户所处环境的海量数据,同样通过网络传递到云平台上保存和处理,随后通过在线、实时展现等手段将环境信息传递给用户,使得用户产生身临其境的感受。

(二)网络协议

网络基础设施基于图 5-3 展现的网络架构对元宇宙通信提供支持,无论是用户行为数据还是场景环境数据,都通过网络从源端(发起交互的用户或者是环境数据采集装置)传递到云平台做处理后,再发送到目的端,实现了用户间或者用户与环境间的交互。在网络数据传递的过程中,除了必须确保网络的物理基础设施连通外,还必须建立数据传递过程中的标准,也就是网络的传输协议。

之所以无论身处什么地区、使用什么样的软硬件联网设备的用户,都可以访问到互联网上相同的内容并基于互联网进行社交,就是因为互联网采用了传输控制协议/网际协议(transmission control protocol/internet protocol,TCP/IP)作为其通信的统一约定和规则。TCP/IP 作为当前互联网的事实标准,本身是 ISO(国际标准化组织)于 1985 年制定的网络互联参考模型 OSI(开放式系统互联通信)的简化版,它不仅仅是 TCP 和 IP 两个协议,更是一系列协议构成的协议簇,这些协议分布在五层的体系结构中,如图 5-4 所示(叶毓睿 等,2022)。

TCP/IP 将互联网中传输的数据进行层层封装和解封装。在网络通信的过程中,发出数据的计算机被称为源主机,接收数据的计算机被称为目的主机。源主机发出数据后,数据会在源主机中从上层向下层传递,历经应用层、传输层、网络层,最终在数据链路层以比特流的形式传给网卡,进而数据离开源主机并将通过网络物理介质传递到目的主机。在数据被层层封装传递的过程中,图 5-4 中不同层次的协议具有明确的分工。

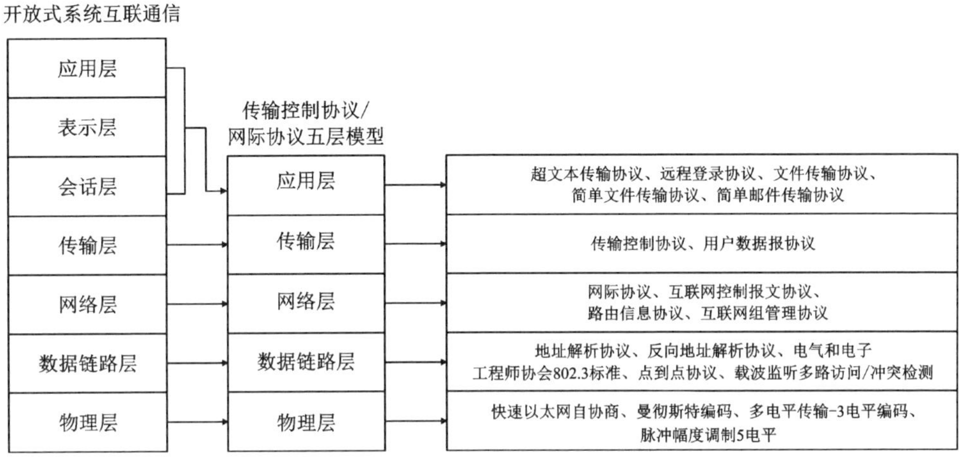

图 5-4 传输控制协议/网际协议协议簇

第一层(最底层)是物理层,它负责最终实现网络数据信号的传输,通过物理介质传输比特流,规定了电平、速度、电缆针脚等规范。

第二层是数据链路层,它为待传送的数据加入一个包括主机网卡物理地址的以太网协议报头,并进行循环冗余校验编码,进而对电信号进行分组并形成具有特定意义的数据帧,然后以广播的形式通过物理介质发送给接收方。

第三层是网络层,它制定了一套 IP 地址用于区分网络上不同主机的身份,并对数据加上 IP 地址等信息以确定传输目标。其中 IP 地址分为两部分:前面部分表示网络地址,后面部分表示该主机在局域网中的地址。为了与之相配套,网络层还包括用于实现 IP 地址和主机网卡物理地址转换的 ARP(地址解析协议)以及一系列用于对发送到不同网络地址的数据包进行路由操作的路由协议。

第四层是传输层,著名的 TCP(传输控制协议)和 UDP(用户数据报协议)属于这个层次,它们的作用是以定义端口的方式为主机上可能同时运行的多个应用程序进行标识,不同应用程序将从对立的端口接收和发送数据。TCP 协议可以保证数据传输的可靠性。

第五层(最上层)是应用层,它包括 HTTP(超文本传输协议)、FTP(文件传输协议)、SSH(安全外壳协议)等支持互联网应用的协议,它们主要是根据协议自身定义的格式,对下面三层传递而来的字节流数据进行解析和识别,并将识别出的结果提供给应用程序进行相应的处理和反馈。

(三)CDN

基于由骨干网、城域网、接入网以及 DCI 网络组成的网络基础设施以及支持网络数据通信的 TCP/IP,各种网络应用层出不穷。在具备基本的网络服务能力后,如何提升用户的网络访问体验成为业界关注的焦点。然而,总还有一些客观存在的物理因素影响着用户对网络服务的顺畅访问,最典型的就是地理距离导致的网络传输时延,无法通过底层物理基础设施的优化和提升得到改善。另外,很多时候跨运营商网络的数据传输也会成为瓶颈,这主要是因为运营商骨干网间的互联网直联点较少且带宽有限。

针对上述问题,内容分发网络(content delivery network,CDN)应运而生。CDN 是构建在物理网络基础设施之上的互联网服务,可视作一张虚拟的网络。它将大量缓存服务器分布到距离用户更近的网络边缘,当用户访问互联网站点时,利用负载均衡技术将用户的访问指向距离其最近的缓存服务器上,由缓存服务器就近直接响应用户请求,避免骨干网络的拥塞,提高用户访问响应速度。

CDN 的技术优势可以概括为:①通过智能化的算法选择贴近用户本地、服务速度最快的缓存节点用于加速用户访问,同时减少骨干网络的流量压力与源站点的访问负载;②应用 DNS(域名系统)作为全局负载均衡器,为用户选定和其属于同一运营商网络的缓存节点提供服务,消除不同运营商网络互联的瓶颈;③节点间的智能冗余机制可有效预防黑客入侵以及降低 DDoS(分布式拒绝服务攻击)对源网站的影响。目前,CDN 已凭借其技术优势被广泛应用在视频网站的内容访问加速上并取得了巨大成功。元宇宙与传统的视频服务相比,更加强调实时性和交互性。因此,CDN 中贴近客户的边缘节点需要发挥新的作用,主要有以下可行的方案。

(1)利用 CDN 缓存服务器提升边缘计算能力。将此前主要缓存网站静态内容的 CDN 缓存服务器作为边缘计算节点,充分利用其存储能力并强化其计算能力,针对那些动态内容多、交互需求高的网络内容进行专项分析和处理,提升实时响应能力。例如:对用户访问内容进行分析,然后在边缘计算节点就近获得静态内容,并通过动态加速技术智能选择最佳路由返回源站点获取动态内容,最终实现网站访问的整体加速与实时优化。

(2)通过 CDN 与 P2P(点对点)网络融合满足大流量、超低时延需求,该方案也被称为 P2PCDN(简称 PCDN)。它在 CDN 的边缘节点引入 P2P 自治域,自治域中的 CDN 边缘节点设备及其覆盖的最终用户可作为对等实体在域内利用 P2P 机制进行资源共享,而自治域间则不发生流量交换。这种融合模式一方面通过 P2P 支持用户利用自身资源的空闲时间分发数据,提升视频直播等流式互联网服务的实时性和容错性,避免拥塞;另一方面利用 CDN 管理下的分布式架构,将 P2P 流量限制在同一 CDN 边缘节点的区域内,增强了网络的可管理性和服务的高可靠性。因此,融合了 P2P 机制的 CDN 是业界关注的重点,阿里云的 PCDN、腾讯云的 X-P2P 就是非常好的案例。

三、发展现状

(一)应用规模与技术现状

元宇宙最大的特点就是完全沉浸感,因此高分辨率、低时延的画面传输对元宇宙体验来讲是必须项,这对网络传输的带宽、时延提出了新的需求,同时元宇宙内数以亿计的交互用户量级将对网络传输的可靠性提出更高要求。

根据中国信通院 2021 年调研数据,5G 移动网络在各重点路段平均下载速率整体稳定在每秒600兆至1000兆,可以满足移动4K分辨率XR设备对网络带宽的要求。而8K的分辨率是7680×4320,是4K分辨率的4倍,经H.265(又称HEVC,高效率视频编码)标准压缩比压缩后,8K内容需要的理论传输速率每秒为288兆至960兆。但是在我国主要铺设的5G sub-6(低于6吉赫频段)网络下,网络下载速率理论峰值可达到2000兆左右,处理8K分辨率的XR设备数据吞吐较为可行。5G网络除了高带宽的特点契合未来XR设备的发展方向外,其低时延、可处理海量连接的特性也为元宇宙虚拟世界与现实之间超大型高质量交互提供了可能性,因此5G网络尤其是5G终端的普及和基站的覆盖率对于满足现阶段XR设备无线化、轻量化起着决定性作用。目前,我国5G终端用户达到4.5亿,5G基站约115万个,地级市和超过97%的县城城区实现5G网络覆盖,为我国发展元宇宙基础网络建设打下了坚实的基础。

除此之外,未来元宇宙强调“随时、随地”的概念,因此对网络接入性将会有更高的要求,但现阶段基站覆盖+终端接收的模式存在信号受地域影响无法触达或信号差等问题,因此世界各国也在积极开展对“低轨卫星+5G/6G”融合网络的探索。

(二)发展趋势

除了提供稳定持久的实时连接以满足具有高带宽、低时延、高稳定性、去中心化等特点的数据传输要求外,网络技术也必须进一步演进以满足元宇宙业务的刚性网络需求。其中终端节点接入、异构网络互联、自治网络组网三个方面是关注重点。

1. 在终端节点接入方面,需关注不同终端类型的接入方式

“通信型”终端如VR眼镜,其端到端带宽需求为每秒几十兆到几百兆,时延要求几十毫秒到几百毫秒,且对网络安全性要求较高。“计算型”终端如部署于数据中心内部的服务器,端到端带宽需求为每秒几千兆到几百千兆,时延要求微秒级别,安全要求相对较低。“功能型”终端如车联网和工控网络终端,端到端带宽要求不高,但要求时延稳定,且需

要信息安全与功能安全融合。因此,设计和实现终端接入网络是元宇宙时代网络面临的首要挑战。

2. 提高网络扩展性是异构网络互联的关键

元宇宙时代个体、组织或国家都可建立独立元宇宙,分布在不同运营商、云服务提供商上,采用不同的协议体系。当元宇宙需要交互或融合时,底层网络的有效联通是实现应用层业务交互的基础。以物联网为例,其通信环境包括以太网、Wi-Fi、射频识别、近距离无线通信、短距离低速无线通信技术、窄带物联网、3G/4G 网络等,这些技术既涉及 HTTP 等可以工作在以太网的协议,也涉及 COAP(受限应用协议)等资源受限设备专用协议,如果能有效解决网络扩展性问题,将助力物联网更高效连接,实现更丰富、更真实的元宇宙场景。

3. 自治网络组网要求提高网络灵活性和可管理性

该网络结构能接收用户以自然语言表达的"业务意图",自动转译为网络可执行的策略与操作,从而降低网络管理的复杂性。SDN(软件定义网络)是实现自治网络的基础,通过分离网络的数据与控制平面实现集中控制,允许控制器修改网络设备的转发策略,并提供 API(应用编程接口)促进应用程序与控制器的交互。在自治网络中,SDN 控制器可实时控制网络,满足元宇宙网络空间的弹性扩展和异构融合需求。自治网络的本质是智能化,如何利用海量场景数据、数字化的专家经验以及人工智能算法模型形成网络的智能化控制策略是其关键。

第三节 芯片算力技术及设施

一、概述

(一)定义与发展历程

芯片是一种封装形式的集成电路,它将电子元器件、电路和系统集成在一个微小的硅片上,用于实现电子设备的特定功能。在信息技术领域,芯片设施主要部署于各类计算终端,负责执行计算机指令,进行数据处理、控制计算机的各种操作。

在以多种智能技术为核心的元宇宙系统中,无论是算法的实现、海量数据的获取和存储还是计算能力的体现都离不开芯片这一物理基础。可以说,开发出具有超高运算能力、符合市场需求的芯片是实现元宇宙生态系统持续发展的重要因素。相较于传统的CPU芯片架构,人工智能芯片(artificial intelligence chip,以下简称AI芯片)能够实现海量数据的并行计算,对深度学习等智能算法也可进行加速处理,故在元宇宙生态系统中,芯片设施主要以AI芯片为主。

目前,AI芯片的定义还未形成统一标准,广义上讲只要能够运行人工智能算法的芯片都叫作AI芯片,而通常意义上的AI芯片指的是针对人工智能算法做了特殊加速设计的芯片。AI芯片的发展历程可划分为四个阶段,如表5-2所示(赛迪顾问,2019)。

表5-2 AI芯片发展历程

阶段	关键事件
2007年之前	以中央处理器为主的传统通用计算芯片支撑人工智能的发展和应用。2007年以前,人工智能技术的研究和应用还处于起步阶段,尚未形成成熟的产业,同时受限于算法、数据等因素,这一阶段人工智能技术对芯片算力没有很高的要求,通用中央处理器芯片足以满足人工智能算法的计算需求
2007—2010年	图形处理器产品取得突破进展:随着高清视频、游戏等高技术行业的快速发展,人工智能算法对芯片处理器的大规模并行计算能力提出了更高的要求,图形处理器凭借其多核优势具备并行计算特性,可实现传统中央处理器9～72倍的深度学习算法运算效率
2011—2015年	云计算平台普及,人工智能技术可通过云计算平台借助大量的中央处理器+图形处理器进行混合运算。人工智能技术对芯片算力的需求还在爆发式扩大
2016年至今	业界开始研发针对人工智能的专用芯片,即人工智能芯片,通过改进芯片架构,实现计算效率、能耗比等性能的全方位提升

(二)分类

AI 芯片一般有按技术架构划分、按功能划分、按应用场景划分三种分类方式,具体分类情况如下。

1. 按技术架构划分

AI 芯片主要分为 GPU、FPGA、ASIC 和类脑芯片四大类。其中,GPU 是较为成熟的通用型人工智能芯片,FPGA 和 ASIC 是针对人工智能需求定制的半定制和全定制芯片,类脑芯片颠覆传统冯·诺依曼架构,是一种模拟人脑神经元结构的芯片,其发展尚处于起步阶段。

2. 按功能划分

根据机器学习算法的实现步骤,AI 芯片可分为训练芯片和推断芯片。训练芯片主要是指通过大量的数据输入,构建复杂的深度神经网络模型的一种 AI 芯片,其运算能力较强。推断芯片主要是指利用训练出来的模型加载数据,计算“推理”出各种结论的一种 AI 芯片,其侧重考虑单位能耗算力、时延、成本等性能。

3. 按应用场景划分

从部署的位置来看,AI 芯片可分为云端(服务器端)芯片、终端(移动端)芯片两大类。云端芯片是指部署在公有云、私有云或混合云上的 AI 芯片,其不仅可用于训练,还可用于推断,算力强劲。终端芯片是指应用于手机等移动终端领域的 AI 芯片,此类芯片一般体积小、耗电低、性能无须特别强大。

(三)元宇宙中的芯片算力

AI 芯片是支撑元宇宙生态系统进行高性能计算的重要硬件。元宇宙系统运行的本质就是处理数据,主要包括用户数据分析和高质量内容创作两部分。元宇宙生态系统每天会接收到海量的用户使用信息,其对这些数据进行分析计算的同时,又通过人工智能生成内容的方式产出大量高质量的、独具特色且能让用户自由探索的内容,以此丰富和填充其数字世界。大规模数据的计算对计算终端的芯片算力提出了更高的要求。作为模仿大脑运作的芯片,AI 芯片使用模拟神经元和突触的模型再现人类智能,提高了计算机总数据吞吐量的同时,降低了计算机运行能耗。

目前,元宇宙中使用的 AI 芯片主要是 GPU、FPGA 和 ASIC 三大类,本节第二部分汇总了三类芯片的工作原理与技术架构,并对传统芯片 CPU 和下一代 AI 芯片(类脑芯片)进行介绍。

二、工作原理与技术架构

图 5－5 为目前市场存在的可用于 AI 计算的主力芯片种类及其计算范式,包括多核 CPU、GPU、FPGA、ASIC 以及它们的各种组合(张臣雄,2021)。一般认为,AI 芯片是针对 AI 算法做了特殊加速设计的芯片,所以传统的 CPU 架构芯片虽然可以用于 AI 计算,但其不属于 AI 芯片范畴(安宝磊,2021)。为完整地体现芯片技术迭代历程,本节对 CPU 也做了简要介绍。

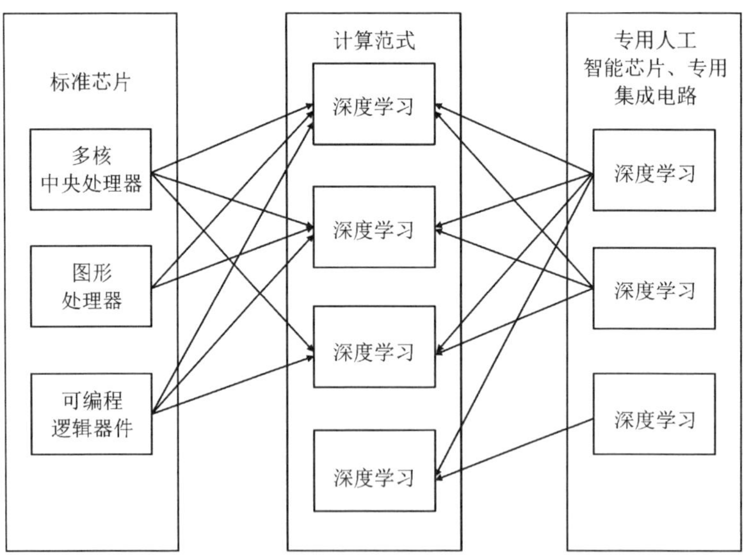

图 5－5　人工智能芯片种类及其计算范式

(一)CPU

中央处理器(central processing unit,CPU)是由算术逻辑单元(arithmetic logic unit,ALU)、控制单元(control unit,CU)和寄存单元(register)三个电路单元和存储单元(memory unit,MU)组成的一种计算机芯片。其中,ALU 是 CPU 中直接负责执行运算任务的单元;CU 负责将 MU 中的数据送到 ALU 中做运算,并将运算后的结果存回到 MU 中;寄存单元可以理解为 CU 和 ALU 之间的联络小组,用于保存输入和输出数据,协调 CU 和 ALU 的工作。

AI 发展初期的一些关键算法也可以在通用 CPU 上实现,但它并不是实现 AI 算法的理想硬件。一方面,传统的 CPU 架构为冯·诺依曼架构,其运行按照"取指—解码—执行"的基本周期进行工作:当程序要执行的部分被装载到内存后,CPU 要从内存中取出指令,然后指令解码(以便知道类型和操作数,简单地理解为 CPU 要知道这是什么指令),然后执行该指令,然后取下一个指令、解码、执行,以此类推直到程序退出。这种复杂的控制流结构使得 CPU 在单线程任务和复杂逻辑计算方面表现出色,但无法满足 AI 算法对大规模数据并行处理的需求。另一方面,随着 AI 算法的大规模应用,算法对芯片的高吞吐量和低时延计算的需求在不断增长,基于冯·诺依曼体系结构架构的通用 CPU 处理器存在不少结构限制,无法满足未来 AI 算法的应用需求。

(二)GPU、FPGA、ASIC

1. GPU

图形处理器(graphics processing unit,GPU)是一种专用于图形渲染和并行计算的图形处理芯片,常用于 3D 游戏、视频编辑、计算机辅助设计、计算科学等领域。

GPU 和 CPU 都是运算处理芯片,在电路单元架构上都包括三个部分:算术逻辑单元、控制单元和寄存单元。其区别在于,两种芯片上三类单元的组成比例不同且差距较大。在 CPU 中缓存单元约占 50%,控制单元占25%,算术逻辑单元占25%;在GPU中缓存单元约占5%,控制单元占5%,算术逻辑单元占90%。

GPU凭借其多处理核心的特点,能够同时处理多个任务,并行地执行大规模浮点运算。这使得GPU在高性能计算、机器学习、深度学习等需要大规模并行计算的任务上表现出色。相较于CPU,GPU在进行视频编解码、图形渲染等方面的计算速度可以达到CPU的数十倍。

GPU架构的发展非常迅速,从一开始的可重构GPU,发展到可编程的大规模并行协处理器,其与AI这样需要高性能并行计算的场景的适配性越来越高。为了满足更快和更高精度AI的需求,各科技企业都在进行并行GPU的开发与使用,如今具有超过1000个处理核和超大容量存储器的GPU功耗极低。然而,这样的效能还无法满足元宇宙终端应用的要求。除此之外,为了帮助软件工程师更方便地开发并行软件,像计算统一设备架构(compute unified device architecture,CUDA)这样可以运行数万个并发线程的GPU专用编程系统也在不断完善。但从本身的架构来说,GPU的设计还存在一些缺陷,例如很难快速地为GPU加载数据以使它们保持忙碌状态等。

2. FPGA

现场可编程门阵列(field programmable gate array,FPGA)是一种"逻辑可重构"芯片,其基本结构采用了逻辑单元阵列的概念,内部包括可配置逻辑模块、输入输出模块和内部连线三个部分。由于FPGA具有布线资源丰富、可重复编程、集成度高、投资较低的特点,在数字电路设计领域得到了广泛的应用。

FPGA中包含数字信号处理模块和嵌入式处理器核,通过使用触发器来实现时序逻辑,通过使用查询表来实现组合逻辑。近年新发布的一些FPGA采用了可实现约10亿个逻辑门复杂度和几兆字节内部静态随机存取的片上系统(system-on-a-chip,SoC)设计。其算力可以在极低功耗下达到每秒10亿次的浮点数运算。因此,FPGA为并行实现AI算法尤其神经网络提供了一个更好的替代方案,具有灵活性高和上市时间短的优势。

开发 FPGA 和设计 ASIC 的时间基本相当,但 FPGA 的一大优势是不需要制造时间,在用有效的 EDA(电子设计自动化)工具电路综合之后,即可直接测试新设计。但与 ASIC 相比,FPGA 速度更慢、面积更大、功耗更高。

3. ASIC

应用特定集成电路(application specific integrated circuit,ASIC)也称专用集成电路,是可以针对特定用户需求、特定计算需求进行定制制造的专用 AI 芯片。

ASIC 采用定制化设计理念,实现了 AI 算法的"硬件化"。ASIC 的制造原理是针对算法的特定计算需求对芯片架构和电路进行优化,以达到算法需要的计算能力和计算效率。定制化设计让 ASIC 与算法的特定需求更加匹配的同时,通过减少冗余逻辑单元缩小了芯片面积。除此之外,ASIC 芯片单位算力能耗相对 CPU、GPU、FPGA 都较低。无论从性能、能效、成本角度还是算法的最佳实现方面,ASIC 都是通用芯片无法比拟的。

目前,ASIC 芯片还未形成市场规模。第一,ASIC 芯片定制化程度较高,设计开发周期长,成品需要做物理设计和可靠性验证,面市时间较长。第二,ASIC 芯片对算法依赖性较高,人工智能算法高速更新迭代,ASIC 芯片若要保持相同的更新频率需要投入巨额成本。第三,ASIC 芯片定制化程度较高,研发周期相对漫长,导致 ASIC 成品被市场淘汰的风险扩大。ASIC 芯片一旦开始批量生产,就无法再改动里面的硬件架构,当市场对 AI 芯片功能的需求出现重大变化或者研发出了新的 AI 算法时,当前这款芯片就只能被淘汰。有的公司为及时使用新算法,甚至需要中途从代工厂召回正在生产的 ASIC 芯片以更新芯片设计。所以,目前市场的主流芯片还是灵活性更高的 FPGA 芯片。

4. 三种 AI 芯片对比

表 5-3 从定制化程度、优缺点、应用场景等多个方面对市场现有的三种主力 AI 芯片进行了对比(嘉世咨询,2023)。

表 5-3 三种技术架构 AI 芯片对比

类别	图形处理器	可编程逻辑器件	专用集成电路
定制化程度	通用性	半定制化	定制化
灵活度	好	好	不好
成本	高	较高	低
编程架构	计算统一设备架构、开放运算语言等	硬件描述语言、开放运算语言等	—
功耗	大	较大	小
主要优点	峰值计算能力强、产品成熟	平均性能较高、功耗较低、灵活性强	平均性能很强、功耗很低、体积小
主要缺点	效率不高、不可编辑、功耗高	量产单价高、峰值计算能力低、编程难度大	研发成本高、不可编辑、技术风险大
主要应用场景	云端训练、云端推断	云端训练、终端推断	云端训练、云端推断、终端推断
代表企业芯片	英伟达特斯拉、高通阿德雷诺等	赛灵思韦萨尔、英特尔阿里亚等	寒武纪 1A 等

(三)类脑芯片

前述各类计算机芯片的架构均采用冯·诺依曼架构标准:处理单元和存储单元分开,通过数据传输总线相连。在这种架构中,一方面,芯片信息处理能力受总线容量的限制,构成所谓"冯·诺依曼瓶颈";另一方面,在这种芯片架构下,计算机处理单元会一直处于工作状态,导致运算能耗巨大。

2010 年,有研究人员提出基于生物神经系统设计类脑芯片的构念:通过一种全新的基于神经系统的智能数据存储和运算方式,以类似于大脑的方式存储多样化的数据,实现处理复杂问题的功能。在类脑计算模式中,神经元(处理单元)和突触(存储单元)位于一体,不需要高能耗的总线连接，作为联系不同神经元的纽带的突触能够随所传递的神经元信号强弱和极性调整传递效率，并在信号消失后保持传递效率。突触的这一性质，使大脑神经网络结构动态可塑，能够随外部数据的变化而自适应调整。除此之外，神经元只在工作时消耗能量，可减少非工作时的能量消耗，且网络结构保证了多个信号的大规模并行处理，在海量数据处理方面具有巨大优势(Gan et al.,2013;唐旖浓,2015)。

根据类脑计算模式设计的类脑芯片通过模拟人类大脑信息处理方式，能以极低的功耗对信息进行异步、并行、低速和分布式处理，并具备自主感知、识别和学习等多种能力。相较于传统计算芯片，类脑芯片突破了传统“执行程序”计算范式的局限，形成“自主认知”的新范式；突破了传统计算机体系结构的局限，实现数据并行传送、分布式处理，以极低功耗实时处理海量数据。

由于类脑芯片尚处于构建阶段，还未形成成熟的理论体系，本节以《科学》杂志在 2014 年 8 月介绍的系统级类脑芯片 TrueNorth(真北)为例，简要介绍类脑芯片的技术架构和工作原理(王雨辰 等,2016)。

2011 年，IBM(国际商业机器)公司以人类大脑的神经突触核结构为基础进行网络拓展，将由大量的神经突触核构建的硬件网络称为 TrueNorth 计算机架构，此架构使用基于“神经突触核”网络的计算机芯片，其关键单元是神经突触核心：行代表轴突，列代表树突，行和列的交叉点代表突触，神经元接收来自树突的输入，使用不同的参数表示不同的状态，网络中神经元和核心传递的脉冲信号即为有效信息。

神经元是“数字整合－泄漏－激发”的线路，带有大量可配置参数以满足不同功能。TrueNorth 中任一核心上的神经元可与任一核心块上的轴突相连，当神经元激发时，它发出一个脉冲信号给轴突，整个过程是同步并行并且由外部时钟控制的。“突触”是神经系统学习和记忆的关键，“轴突”作为数据通路可以进行通信，且通信网络仅由事件驱动。TrueNorth 架构拥有处理器、内存和通信的基本架构，与人脑中的神经元和突触处理问题的方式一致(为分布并行式的)，可基于事件驱动并行完成运算、存储及通信。TrueNorth 计算机架构具有低耗性、并行性、通用性、广泛联系性、时空性和多模式性，可以完成大型复杂任务，比传统计算机要高效得多。

目前，类脑芯片的研发仍处于实验室阶段，IBM 研制的 TrueNorth 芯片采用现代 CMOS(互补金属氧化物半导体)技术，随着存储、逻辑、传感技术的改进，将来类脑计算芯片有望达到更低的能耗、更紧凑的结构和更快的速度。

三、发展现状

(一)应用领域

当前我国 AI 芯片的应用领域主要聚集在云端数据中心、移动终端、安防、自动驾驶和智能家居等领域(安宝磊，2020)。

1. 云端数据中心领域

AI 芯片主要用于云端数据训练和推理。移动互联网的视频内容审核、个性化推荐等是典型的云端推理应用。云端数据中心应用领域的主要代表芯片有 Nvidia-TESLA V100(英伟达特斯拉 V100)、华为昇腾 910、Nvidia-TESLA T4、寒武纪 MLU270 等。英伟达 GPU 在训练方面一家独大，在推理方面也保持领军位置。而 FPGA 和 ASIC 因为低功耗、低成本的优势，在持续抢夺 GPU 的市场份额。

2. 移动终端领域

移动终端主要用于移动端的推理，解决云端推理因网络延迟带来的用户体验差等问题，其典型应用如视频特效、语音助手等。通过在手机系统芯片中增加协处理器或专用加速单元来实现。代表芯片有 Apple A12 Neural Engine(苹果 A12 神经引擎)和华为麒麟 990。

3. 安防领域

安防是目前较成熟的 AI 芯片应用场景，主要任务是视频结构化。

在摄像头终端加入 AI 芯片，在实现信息实时响应的同时能降低带宽压力。也可以将推理功能集成在边缘的服务器产品中，要求 AI 芯片有视频处理和解码能力。代表芯片有华为 Hi3559AV100 和比特大陆 BM1684 等。

4. 自动驾驶领域

AI 芯片作为无人驾驶车的大脑，需要对汽车上大量传感器产生的数据做实时处理，这一场景对芯片的算力、功耗、可靠性都提出了非常高的要求，同时芯片需要满足车规标准，因此设计的难度较大。面向自动驾驶的芯片目前主要有 Nvidia Orin（英伟达奥林）、Xavier（塞维尔）和 Tesla 的 FSD（完全自动驾驶）等。

5. 智能家居领域

在 AI＋物联网时代，智能家居中的每个设备都需要具备一定的感知、推断以及决策功能。为了得到更好的智能语音交互用户体验，语音 AI 芯片进入了市场。语音 AI 芯片相对来说设计难度低，开发周期短，其代表芯片有思必驰 TH1520 和云知声雨燕等。

（二）技术挑战与发展趋势

1. 技术挑战

AI 芯片发展面临的挑战主要来源于应用需求和生产制造两个方面。

（1）在应用需求方面，首先，AI 芯片主要利用乘加计算阵列来加速神经网络运算，阵列运算量越大，芯片的功耗越大。而很多 AI 芯片的应用场景如移动终端，对功耗都有严格的限制，如何达到优异的性能功耗比是 AI 芯片研发的一个重要目标。其次，深度学习算法中参与计算的数据和模型参数很多，数据量庞大，导致内存带宽成为整个系统的瓶颈，内存墙也是 AI 芯片需要优化和突破的问题。内存墙是指内存性能严重限制 CPU 性能发挥的现象，而内存的性能指标主要有带宽和等待时间。

最后，除了芯片本身硬件的设计以外，软件对于AI芯片性能的发挥也有着十分重要的作用，编译器和工具链软件的优化能力、易用性也是业界关注重点。

(2)在生产制造方面，现阶段芯片设计和制造需考虑材质的物理极限，随着芯片制造工艺的改进，传统硅基芯片的制造已逐渐逼近摩尔定律的物理极限，业界亟须另辟蹊径寻找新材质、新科技、新架构以实现新的物理性能突破(清华大学，2018)。

2. 发展趋势

目前的AI算法往往各具优劣，只有给它们设定一个合适的场景才能最好地发挥它们的作用，因此，确定应用领域是发展AI芯片的重要前提。目前尚不存在适用于多种场景的通用算法，哪家芯片公司能够抓住市场痛点，最先实现应用落地，就可以在AI芯片的赛道上取得较大优势(尹首一，2019)。

架构创新是AI芯片发展面临的一个重要课题。目前AI芯片发展还处于初级阶段，从确定算法、应用场景的AI加速芯片向具备更高灵活性、适应性的通用智能芯片发展是技术发展的必然方向。计算架构的高度并行和动态可变性、适应算法演进和应用多样性的可编程性、更高效的大卷积解构与复用能力、更少的神经网络参数计算位宽、更多样的分布式存储器定制设计、更稀疏的大规模向量实现、复杂异构环境下更高的计算效率、更小的体积和更高的能量效率以及计算和存储一体化将成为未来AI芯片的主要特征。

(三)扩展资料

1. 云端数据中心代表芯片

云端数据中心代表芯片有NVIDIA-TESLA系列、华为昇腾910、寒武纪MLU270等。

(1)英伟达(NVIDIA)是一家以设计显示芯片和主板芯片组为主的

人工智能计算公司，创立于 1993 年 1 月，总部位于美国加利福尼亚州圣克拉拉市。英伟达的产品有硬件和软件两方面，其硬件产品包括游戏和娱乐、笔记本电脑和工作站、云和数据中心、网络、GPU 和嵌入式系统五大板块。NVIDIA-TESLA 系列 GPU 是全球先进的数据中心 GPU，面向高性能计算和超大规模数据中心工作负载设计，可以在能源勘探和深度学习等应用场合中解析 PB（十万兆字节）级的数据，速度比使用传统 CPU 快几个数量级。

（2）华为昇腾（HUAWEI Ascend）计算是华为基于昇腾 Atlas（阿特拉斯）系列 AI 处理器和基础软件构建的面向“端、边、云”的全场景 AI 基础设施，提供 Atlas 系列模块、板卡、小站、服务器、集群等丰富的产品形态，覆盖深度学习领域推理和训练全流程。华为昇腾 910 是一款高能效、灵活可编程的 AI 处理器，采用华为自研的达芬奇架构，集成丰富的计算单元。在算力方面，FP16（半精度浮点数）算力可达 320 TFLOPS（1 TFLOPS 代表每秒一万亿次的浮点运算），INT8（整数精度）算力可达 640 TOPS（1 TOPS 代表每秒一万亿次运算），功率消耗 310 瓦特。昇腾 910 主要应用于云端，可以为深度学习的训练算法提供强大算力，同架构的昇腾 310 处理器主要应用于边缘计算产品和移动端设备等低功耗的领域。

（3）寒武纪（CAMBRICON）是全球智能芯片领域的先行者，寒武纪聚焦云边端一体的智能新生态，致力于打造各类智能云服务器、智能边缘设备、智能终端的核心处理器芯片，让机器更好地理解和服务人类。MLU270 是寒武纪的智能加速卡系列产品，其设计面向高能效比云端 AI 推理，集成了寒武纪在处理器架构领域的一系列创新性技术，处理非稀疏人工智能模型的理论峰值性能达到了 128 TOPS（INT8），同时兼容 INT4 和 INT16 运算，理论峰值分别达到 256 TOPS 和 64 TOPS。MLU270 可支持视觉、语音、自然语言处理以及传统机器学习等多样化的人工智能应用，更为视觉应用集成了充裕的视频和图像编解码硬件单元。目前,MLU 系列智能加速卡已经发展到了 MLU370,其算力是 MLU270 的 2 倍。

2. 移动终端代表芯片

移动终端代表芯片是华为麒麟 990。麒麟芯片主要高端旗舰型号包括麒麟 9020、麒麟 9010、麒麟 9000S 等。华为首款手机 SoC 芯片麒麟 910 于 2014 年面市,采用 28nm 四核处理器,Mali 450 MP4 图形处理器,支持三大运营商 4G 及移动联通 3G/2G 网络,开启了智能手机芯时代。2019 年 9 月,华为在德国柏林和北京同时发布最新一代旗舰芯片麒麟 990 系列,包括麒麟 990 和麒麟 990 5G 两款芯片,标志着华为在 5G 和端侧 AI 两大领域同时具有全球领先的技术。2023 年 8 月,搭载麒麟 9000S 的华为 Mate 60 Pro 发售,采用中芯国际 N+2 工艺,CPU 架构换为自研泰山核心,GPU 为马良 910,其发布标志着华为在芯片自主研发方面取得重要突破。目前,比较先进的麒麟芯片是麒麟 9020,华为 Mate 70 和 Pura X 在 2024 年 11 月和 2025 年 3 月相继搭载该芯片亮相,其 CPU 性能已接近高通旗舰芯片,展现了华为在自研芯片上的进步。

3. 智能家居代表芯片

智能家居代表芯片是思必驰 TH1520 和云知声雨燕 UniOne。

(1)思必驰是一家提供“云+芯”一体化智能语音交互技术产品的公司,服务于汽车、家居、电子、金融、政务等多个行业场景,面向智能家居、车载、手机、可穿戴等智能终端设备提供整合型语音芯片解决方案,致力于让所有物联网设备具备 AI 交互能力。2019 年,思必驰携手中芯聚源合资成立深聪智能,通过语音算法与芯片的深度融合推出 TAIHANG(太行)芯片,正式发布的 TH1520 基于双 DSP(数字信号处理)架构设计,内部集成 CODEC(编解码器)以及大容量的内置存储单元,同时采用 AI 指令集扩展和算法硬件加速的方式,使其相较于传统通用芯片具有

10X 以上的效率提升。此外，TH1520 兼具低功耗及实用性，采用多级唤醒模式，内置低功耗电路模块，使其在始终开启监听场景下的功耗低至毫瓦级，典型工作场景功耗仅需几十毫瓦特，极端场景峰值功耗不超过百毫瓦特。2023 年 7 月 12 日，思必驰发布第二代通用对话基础模型(dialogue foundation model－2，DFM－2)，通过提升人机语言交互的核心能力如通用语义理解、面向用户个性化的多人设交互等，升级思必驰全链路对话系统，为用户带来更优质的体验。2024 年 7 月 16 日，思必驰入驻国家超算互联网平台，一方面将推动算力、算法与 DFM－2 大模型等人工智能要素相融合，助力 DFM－2 大模型获得算力底座保障，提高模型训练效率和泛化应用能力，便于大模型在各场景领域的快速广泛应用。另一方面将有助于行业用户快速通过国家超算互联网平台了解、体验到思必驰 DFM－2 大模型，加速产业链上下游互联互通，共同推动人工智能技术的产业化进程。

(2)云知声是一家专注于 AI 技术的公司，提供基于云知大脑技术平台的 AI 产品和解决方案，支持智慧生活、智慧医疗、智慧物联等多个场景的智能化转型。云知声在 2018 年 5 月推出第一代物联网 AI 芯片雨燕，采用 CPU＋uDSP＋DeepNet(深度网络)架构，支持 8/16bit(位)向量、矩阵运算，基于深度学习网络架构，可将面向语音 AI 的并行运算性能发挥到极致，在更低成本和功耗下提供更高的算力。通过云端芯结合，云知声基于雨燕提供的是面向一个个具体场景如智能家居、智能音箱、智能车载等的 Turn-key(交钥匙)解决方案。2020 年 5 月，针对大量纯离线控制场景推出的低成本纯离线语音识别蜂鸟芯片，依托于云知声在语音识别技术上的积累和算法的不断优化和创新，实现了离线识别算法与芯片架构深度融合，为客户提供了超低成本的离线语音识别方案，可广泛且快速应用于智能家居，各类智能小家电、玩具、灯具等需要语音操控的产品。截至 2023 年 6 月，蜂鸟芯片共推出了 M、L、W、B、M－T 等一系列产品并仍在不断改进。

本章小结

感知交互设施、网络传输设施和芯片算力三大基础设施搭建起了元宇宙生态系统的物理基础,它们是整个元宇宙产业技术迭代、升级和进化的载体,是应用技术层算法实现的物理前提。随着元宇宙应用场景的丰富和发展以及核心技术的迭代升级,以三大基础设施为核心的整个基础设施层也将被建设得更加完善。

第六章　元宇宙核心技术

元宇宙产业模式的不断升级与完善离不开算法支持，目前支撑元宇宙应用场景构建和终端平台发展的四大核心技术包括人工智能技术、区块链技术、云计算技术和数字孪生技术。人工智能技术在元宇宙中的应用主要集中在内容生成、自然语言处理、计算机视觉等方面。区块链技术高效、稳定和透明的特点，可以有效地解决元宇宙中价值归属、流通和虚拟身份认证等问题。云计算平台作为架设在分布式机群上的计算平台，在满足元宇宙对于高算力和稳定性要求的基础上，还兼顾了低延迟和不同地区定制化配置的需求。让数据的存储和计算上云是云计算在元宇宙中的主要应用。数字孪生技术通过建立一套完整的包括物理空间、虚拟空间、联结物理空间和虚拟空间的数据流、联结物理空间和虚拟空间的信息流等要素在内的现实世界完全模拟体，为现实世界复杂性系统性问题的解决提供助力，数字孪生技术在很大程度上实现了元宇宙的构建效率与真实体感的提升。

第一节　人工智能

一、概述

（一）定义

人工智能概念最早于 1956 年被提出（柴天佑，2020）。关于人工智能的定义，各行各业不同领域都有其独特的阐述：美国总统行政办公室

《人工智能、自动化及经济报告》指出,人工智能不是单一技术,而是应用于特定任务的技术集合;斯坦福大学人工智能百年研究《人工智能和2030的生活》指出,人工智能在广义上是一种致力于使机器智能化的活动,而智能是指系统在其所处环境中具有预见和合适功能的品质;德国人工智能战略概述指出,作为一门科学学科,人工智能指的是一个研发训练计算机(或机器)来执行以前只有人类才有能力执行的智能行为的方法的研究领域。

人工智能的研究和应用多年来始终秉持一个核心目标:通过探究智慧的实质,扩展人类的智能——促使智能主体会听(语音识别、机器翻译等)、会看(图像识别、文字识别等)、会说(语音合成、人机对话等)、会思考(人机对弈、专家系统等)、会学习(知识表示、机器学习等)、会行动(机器人、自动驾驶汽车等)。一个经典的人工智能定义是:智能主体的理解数据并从中学习到知识以实现特定目标和任务的能力。

(二)发展历程

自1956年来,人工智能经历了60余年的发展历程,可划分为六个阶段。

1. 起步发展阶段

该阶段为1956年至20世纪60年代初。人工智能概念提出后,相继取得了一批令人瞩目的研究成果,如跳棋程序等,掀起人工智能发展的第一个高潮。

2. 反思发展阶段

该阶段为20世纪60年代至70年代初。人们开始尝试更具挑战性的任务,不切实际的研发目标导致的接二连三的失败使人工智能的发展走入低谷。

3. 应用发展阶段

该阶段为20世纪70年代初至80年代中期。20世纪70年代出现的专家系统模拟人类专家的知识和经验解决特定领域的问题，实现了人工智能从理论研究走向实际应用、从一般推理策略探讨转向运用专门知识的重大突破。专家系统在医疗、化学、地质等领域取得成功，推动人工智能走入应用发展的新高潮。

4. 低迷发展阶段

该阶段为 20 世纪 80 年代中至 90 年代中期。随着人工智能的应用规模不断扩大，专家系统存在的应用领域狭窄、缺乏常识性知识、知识获取困难、推理方法单一、缺乏分布式功能、难以与现有数据库兼容等问题逐渐暴露出来。

5. 稳步发展阶段

该阶段为 20 世纪 90 年代中期至 2010 年。网络技术特别是互联网技术的发展，加速了人工智能的创新研究，促使人工智能技术进一步走向实用化。1997 年 IBM 深蓝超级计算机战胜了国际象棋世界冠军，2008 年 IBM 提出“智慧地球”的概念都是这一时期的标志性事件。

6. 蓬勃发展阶段

该阶段为 2011 年至今。随着大数据、云计算、物联网等信息技术的发展，泛在感知数据和图形处理器等计算平台推动以深度神经网络为代表的人工智能技术飞速发展，大幅跨越了科学与应用之间的“技术鸿沟”，诸如图像分类、语音识别、知识问答、人机对弈、无人驾驶等人工智能技术实现了从“不能用、不好用”到“可以用”的技术突破，迎来爆发式增长。

(三)关键技术

从人工智能的定义来看，人工智能技术的核心问题是建构出具有与人类相似的卓越推理、知识、规划、学习、交流、感知、移物、使用工具和操控机械能力的智能主体，这也是构建元宇宙生态系统要实现的重要因素。作为支撑元宇宙生态系统构建与运作的核心技术之一，元宇宙中的人工智能技术主要包括计算机视觉、机器学习、自然语言处理和数据挖掘四种。

1. 计算机视觉

计算机视觉(computer vision,CV)是指计算机从图像中识别出物体、场景和活动的能力。比如，一些技术能够从图像中检测到物体的边缘及纹理，提取出其关键特征与系统已知的各类物体的关键特征进行对比，进而识别出图像中的物体。目前主流的CV算法以深度学习为核心，其工作原理与人类大脑工作的原理比较相似。CV有着广泛的细分应用，包括医疗成像分析、自动驾驶汽车场景识别等。

2. 机器学习

机器学习(machine learning,ML)是实现人工智能的一种重要算法。ML的本质是基于大量的数据和一定的算法规则，使计算机自主模拟人类的学习过程，通过不断的数据“学习”提高性能并做出智能决策。人类的学习过程通常要经历知识积累、总结规律，最终达到灵活运用这几个阶段。类似地，ML也分为输入、学习、输出三个阶段，输入阶段负责数据收集与预处理，训练阶段进行模型训练、评估与优化，输出阶段用最优模型进行预测与分析。

3. 自然语言处理

自然语言处理(natural language processing,NLP)是计算机科学、人工智能和语言学领域的一个交叉学科，主要研究如何让计算机理解、处理、生成和模拟人类语言，从而实现与人类进行自然对话的目标。通过NLP技术，可以实现搜索关键词联想、机器翻译、智能语音助理、电子邮件过滤等多种功能。

4. 数据挖掘

数据挖掘(data mining,DM)是指使用算法从大量的数据中搜索出隐藏于其中的信息的过程。DM通常与计算机科学有关，通过统计、在线分析处理、情报检索、机器学习、专家系统(依靠过去的经验法则)和模式识别等诸多方法来实现信息提取的目标。DM 最主要的是在统计分析上的应用,基于用户的行为、属性(用户浏览网站产生的数据),通过算法分析和处理,主动发现用户当前的或潜在的需求,并主动推送信息给用户的信息网络,例如电商网站的智能推荐。

二、技术架构

人工智能的技术架构一般是:首先,由计算机通过传感器(基础硬件层)在现实世界中收集关于某个情景的事实(或者由人完成信号的输入等方式);其次,计算机设备会在软件层对收集到的信息与已存储的信息进行比较,以准确确定其内涵;再次,由计算机(软件层)根据从现实世界中收集来的信息,完成各种可能动作作用效果的计算;最后,对可选的动作效果进行预测并执行最优的机器行动决策。基础硬件层、深度神经网络模型编译器以及软件框架层是组成人工智能技术的重要架构。

(一)感知环节

人工智能技术的关键是完成对大量数据的分析处理,借助一系列芯片算力设施以及各类移动终端设备、类脑计算机等进行算法实现。感知环节层的关键是通过传感器获得大量的数据素材并进行初步处理。感知环节所涉及的关键技术主要是实现人的感知能力的模拟和拓展,包括对人的听觉、视觉、触觉、嗅觉、味觉等的模拟。

(二)思考环节

思考环节主要是通过语音、图像、自然语言处理等技术完成指令动作信号的采集,再利用算法理论实现人工智能对知识的学习、对问题的思考和对现象的理解等。ML 主要是将所获得的数据信息利用神经网络等高级算法理论进行处理,挖掘出有价值的、规律性的知识,同时利用一些高级算法理解所获得的数据含义,主要包括自然语言理解、图形图像理解、运动影像理解等。

(三)行动环节

行动环节主要是实现思考环节的结果输出、执行与控制,包括决策执行、声音合成(尤其是自然语音合成)、智能控制、情感表达等。现有的智能化机器设备可以为上层应用开发提供算法调用接口,达到提升应用实现效率的目的。如深度神经网络模型编译器是针对人工智能计算芯片定向优化的编译器,它是底层硬件与各种应用软件框架之间的桥梁,主要通过为基础硬件层提供各种应用所需要的调用接口,以解决在不同基础硬件上使用不同应用软件时可能存在的不兼容问题等。

三、元宇宙中的人工智能

(一)应用场景

在元宇宙系统中,人工智能主要用于内容生成和数字人赋智。其中,人工智能辅助的内容生产和完全的人工智能内容生产,弥补了Web1.0和Web2.0时代PGC和UGC内容生成的低效、不够丰富的短板,满足了元宇宙迅猛增长的内容需求;而人工智能对元宇宙内的数字人角色赋智,使得不论是虚拟人还是托管人(物理人的数学化身)的行为控制都不是一段简单的自动化游戏脚本,而是在人工智能的加持下逐步获得接近甚至超出物理人的行为能力。

智能家居、医疗、机器人、智能驾驶、新零售等各类“智能场景”都是内容生成和数字人赋智的体现。通过人工智能技术构建的机器人、虚拟人是实现虚实世界的链接和沟通的重要桥梁,也是推动虚实两个世界智能化、智慧化发展的途径。

元宇宙的构建和发展实质上是虚拟世界和物理世界之间的持续互动过程,这个过程包括三个方面:由实化虚、虚实交融、由虚返实。对于每一个方面,人工智能都是最关键的驱动力量之一。在由实化虚过程中,人工智能助力元宇宙生成更加丰富、更加接近物理世界的内容;在虚实交融过程中,人工智能使得虚拟人、托管人的思想举止更加贴合真实人类；在由虚返实过程中，人工智能把那些在元宇宙中汇总凝练的经验回馈到物理世界，使得物理世界更加美好。而由虚返实也是元宇宙发展的最终目标，通过人工智能与数字孪生技术的结合，让人工智能在元宇宙这个最佳的虚拟测试环境中模拟现实世界设备的智能化控制，并从中学习和提取现实世界相关知识经验，给予现实世界智能反馈。

（二）技术挑战与发展趋势

目前人工智能还停留在弱人工智能阶段，即只能在人为设定条件下进行互动和创作，未达到自主学习和成长的阶段，因此现阶段人工智能在元宇宙场景中的技术发展主要集中在从弱人工智能到强人工智能的转化，通过优化机器学习模型算法，从监督或半监督机器学习模型向无监督机器学习模型发展，加强人工智能自主创作能力，以便为用户提供不重复、定制化、可自由探索的游玩体验。

第二节　区块链

一、概述

（一）定义与分类

区块链是一种去中心化的、基于点对点网络的、分布式账本数据库，具有去中心化、公开透明等特点。它可为元宇宙生态提供一套权益认证机制，一方面解决生产资料和资产所有权的问题，另一方面解决用户虚拟资产流转和交易的问题，以形成庞大的经济体系。

根据不同场景下的信任构建方式，区块链可分为非许可链和许可链；根据部署环境，区块链可分为主链和测试链；根据对接类型，区块链可分为单链、侧链和互联链；根据应用范围，区块链可分为基础链和行业链。超级账本是利用区块链技术建立的共同开发平台，可以满足不同行业领域的不同需求，可以完全公开，可以简化业务流程，为消费者和商家提供便利。

(二)发展历程

1. 区块链1.0阶段

区块链1.0阶段起始于2008年比特币白皮书的发布。区块链技术包括数据库、P2P网络、非对称加密算法等技术,是构建比特币数据结构与交易信息加密传输的基础技术(刘权 等,2022)。其主要应用是以比特币为代表的数字货币及相关基础设施,包括支付清算设施、跨境支付设施等。

2. 区块链2.0阶段

区块链2.0阶段起始于2013年以太坊白皮书的发布,也被称为平台发展阶段,是智能合约与货币相结合的阶段,为金融领域提供了更加广泛的应用场景。智能合约的运用使得区块链从最初的电子现金系统拓展到股权、债权和产权的登记、转让,证券和金融合约的交易、执行,甚至博彩和防伪等金融领域,涌现了一批以区块链技术为基础的金融平台。

3. 区块链3.0阶段

随着区块链技术的进一步发展,其去中心化功能及数据防伪功能在其他领域逐步受到重视,世界各国政府开始广泛地正视区块链的应用价值,区块链的产业逐步进入应用阶段,一般被称为区块链3.0阶段。目前,区块链在全球范围内的应用场景从金融(票据、证券、保险等)、政务民生、产品溯源、电子存证到数字身份与供应链协同都有了成功的案例。未来其应用场景还将继续深入化和多元化发展,例如拓展至医疗、能源等更多领域。

(三)关键技术

区块链的本质是一个分布式账本,是一个具备多种可交流分享信息的资产数据库。区块链中各种信息的流通传递都被称为交易,而不仅仅是金融范畴的货币交易。例如，一个人的出生分别与医院、政府、家长建立了三条交易。每次交易都会被存储到一个块上，有相应的时间戳记录，每个块连接成链，形成一个不断扩大的账本。区块链提供了一种融合多种现有技术的新型分布式计算和存储范式。它利用密码学原理和时间戳等技术存储数据且保障数据的不可篡改性，利用对等网络进行节点间的数据传输，设计了一套共识机制以完成网络上各节点的数据更新，利用自动化脚本代码或智能合约实现上层应用场景的行为逻辑。区块链通过多方维护相同数据，在保证数据安全性的基础上实现了业务的公平性。

区块链的工作流程主要包含生成区块、共识验证、账本维护三个步骤，如表 6－1 所示。

表 6－1 区块链工作流程

工作流程	内容
生成区块	区块链节点收集散布在网络中的交易——需要记录的数据条目，然后将这些交易打包成区块——具有特定结构的数据集
共识验证	节点将区块传播至网络中，全网节点接收大量区块后进行顺序的共识和内容的验证，形成账本——具有特定结构的区块集
账本维护	节点长期存储验证通过的账本数据并提供回溯检验等功能，为上层应用提供账本访问接口

工作流程中使用的关键算法包括 P2P 组网、加密算法、智能合约和共识机制四项。

(1) P2P 组网。区别于传统的客户端/服务器网络模式(client/servers network model，C/S)，P2P 网络中的每个结点的地位对等。每个结点既充当服务器，为其他结点提供服务，也享用其他结点提供的服务。P2P 网络最大的特点是不需要中央服务器的调度，自我组织协调，各个节点之间可以直接通信，是区块链实现分布式存储的核心技术。

(2)加密算法。区块链使用的加密算法主要是哈希算法(又称散列算法)。哈希算法通过哈希函数将任意长度的消息压缩(映射)为某一个固定长度的消息摘要(表现为一个二进制值)。区块链中哈希值能唯一标识区块,每个块内存储的所有数据都会被打包并经过哈希算法加密生成一个哈希值传递到下游块中,下游块可以通过该哈希值追溯上游块。目前,哈希算法作为单向密码机制能保证交易信息不被篡改,是区块链应用的基础原理。

(3)智能合约。智能合约是一位密码研究员于1994年首次引入的术语,是指由开发人员编写并部署到区块链上的脚本或软件代码,它通常被编写为由事件触发的事务指令。例如,如果货物在某个日期之前到达客户的仓库,则向供应商付款。这样,企业可以自动更新发货记录和收据,减少了管理耗时且成本高昂的手动业务流程。可以把智能合约理解为一种计算机协议,它由事件驱动,具有不同的状态,是保管账本上资产的程序。在合约内容定好时,当现实情况满足合约中的某个条件时,合约将在没有第三方的情况下自动启动,执行可追溯的交易。

(4)共识机制。在区块链的分布式网络中,没有中央权威,对于节点数据的更新和需要建立新块的交易信息,可能会出现不同参与者(矿工:通过挖矿在链上创建新块的参与者。挖矿:生成可接受哈希值的独特随机数的过程)记录信息不同的问题,此时,网络就需要一个决策机制来促使参与者达成一致,即对某笔交易信息的唯一性、正确性的确认。共识机制是一种协调处理数据的机制,是决定数据权威性确认和数据记账权归属的机制,便于应用过程中整个网络数据的维护与追溯等。目前,比较常见的共识机制有工作量证明、权益证明以及委托权益证明(孙雪冬等,2022)。

二、技术架构

区块链可以理解为一种互联网协议,其来源可归纳为拜占庭将军问题,在缺少可信任中央节点和可信任通道的互联网技术的大背景下,需要一种技术以确保分布在网络中的各个节点信息的可信性,由此区块链技术应运而生(曾诗钦 等,2020)。区块链的具体作用机理可以概括为当事务初始化时，通过区块的形式实现一组数据的随机散列，将区块链服务器放置在一个链中，并宣布随机散列，随后的每个时间戳都由前一个时间戳增强。加密技术使得区块链上发布的数据不可修改和删除，进而保证数据痕迹的准确性和真实性。在被承认为合法的区块加入链上之前，网络节点首先会将发布到网络中的交易记录打包成候选区块，当这个区块被验证格式合法，就会被公开宣布，所有人都可以拿到该区块进行验证，当符合共识机制时就被确认为新区块添加到区块链上。区块链技术架构包括数据层、网络层、共识层、激励层、合约层、应用层。

(一)数据层和网络层

数据层主要通过哈希算法和时间戳技术，保障数据的可靠性和不可篡改性。数据层具有交易信息全备份、数据信息不可篡改、备份积累完全平等特点。在数据结构的设计上，现有区块链平台主要借鉴了基于文档时间戳的数字公证服务(刘权 等，2022)，以证明各类电子文档的创建时间。时间戳服务器对新建文档、当前时间及指向之前文档签名的哈希指针进行签名，后续文档又对当前文档签名进行签名，如此形成了一个基于时间戳的证书链，该链反映了文件创建的先后顺序。网络层主要借助P2P组网技术完成交易信息在全链上的传播与验证。交易信息在经过网络层后，通过检验的信息被记录在下一个区块节点的同时向所有用户广而告之。

(二)共识层和激励层

共识层需要完成对工作量的证明，常用的共识机制是工作量证明。一般基于区块链上用户事先达成的共识验证，继而完成对信息的存储。工作量证明是一种基于哈希函数的工作量证明算法，在区块链中要求只有完成一定计算工作量并提供证明的节点才可生成区块，每个网络节点利用自身计算资源进行哈希运算以竞争区块记账权，只要全网可信节点所控制的计算资源高于51%，即可证明整个网络是安全的。激励层则主要包括经济激励的发行制度和分配制度，其功能是提供一定的激励措施,鼓励节点参与区块链中的安全验证工作,并将经济因素纳入区块链技术体系中,激励遵守规则参与记账的节点,并惩罚不遵守规则的节点。

(三)合约层和应用层

合约层主要包括脚本代码、算法机制及智能合约等,是区块链可编程的基础。智能合约是一种用算法和程序来编制合同条款,部署在区块链上且可按照规则自动执行的数字化协议。该概念早在1994年被提出时就被定义为一套以数字形式定义的承诺,包括合约参与方执行这些承诺所需的协议,其初衷是将智能合约内置到物理实体中,创造一种灵活可控的智能资产。智能合约是上层场景行为逻辑的代码表达,遵循自动触发IFTTT(如果-那么)的逻辑格式,能够在场景要素达到某个确定条件时,无须第三方参与自动执行某一行为,是区块链去信任化的基础。区块链的应用层封装了各种应用场景和案例。

三、元宇宙中的区块链

(一)应用场景

区块链是元宇宙生态中创建身份系统和经济系统的核心技术(邢杰等,2021;叶毓睿 等,2022)。作为一个数字化现实世界,元宇宙中需有与现实世界相对应的人物身份标识和数字资产管理(包括人、工业、政务等一切主体的数字资产确权、流通等)系统。区块链实现系统构建的同时,又凭借其不可篡改、透明性和可追溯性保证了数据安全。

1. 数字身份标识

数字人的狭义定义就是在区块链上的一个地址。从这个地址引申出的资产、行为、交易就是对数字人最基本的描述。而从广义的角度来说,数字人是按照元宇宙规则,对其资产进行解析的元宇宙公民。数字人重要的特征包括数字身份和形象。数字人的"经历"就是元宇宙中相关的、按照元宇宙规则发生的行为,包括"交易""投票""成长"等。

2. 数字资产管理

数字资产需要具备数字化、权利归属和可交易性三个属性。现实世界的物品通过拍照可以存为数字化版本，专业软件也直接创造数字化作品，这些作品都是数字化资产。现实世界的作品可以通过扫描、拍摄、复印等方式传播，数字化资产也有这些属性，但是资产的版权、著作权、所有权需要受到保护，即附属在数字化资产上的权利也需要进行数字化管理。除此之外，数字资产也像是现实世界中的资产，必须是可交易的，但交易方式不同于现在的任何交易模式。区块链赋予了数字资产的无限交易属性，其所有权可以安全、迅速、不受任何阻碍地转移。

区块链上的数字资产可以概括为两种：同质化通证（fungible token，FT）和非同质化通证（non-fungible token，NFT）。FT 的通俗理解为：虽然钞票的编号不同，但是一张 100 元的钞票和另一张 100 元的钞票是同质化的，可以交换；类似地，不记名债券、股票、黄金、通常意义上的数字货币等都是 FT。NFT 即非同质化的，互相之间无法简单互换，保险单据、记名债券、数字藏品等就是非同质化的。FT 与 NFT 的区别如表 6－2 所示。

表 6－2　FT 与 NFT 的区别

FT	NFT
每个通证都是同质化的	每个通证都是唯一的
通证可以分割和组合	每个通证都是不可分割的，也无法用数量简单表达
无属性，无法区分	有相同的属性结构，但属性不同

NFT 的使用场景非常广泛，一切有价值和可以交易的东西，都可以用 NFT 来解决。例如：知识产权 NFT，交易 NFT 意味着交易知识产权，改变知识产权的所有权仅仅需要一条区块链上的交易即可实现，并且知识产权的归属时间线清晰；电子票据 NFT，无论是发票、门票、电影票，均可使用 NFT 作为载体，NFT 甚至赋予了“票根”的概念，能够将使用的记录保存，比如可以证明一个人确实看了某场演唱会；商品 NFT，

针对每一件商品发行一个 NFT,可以作为商品的身份证对商品进行溯源、防伪、售后等辅助应用。此外,还有数字藏品、游戏资产等场景。

(二)技术挑战与发展趋势

目前,元宇宙中区块链领域的建设存在如下痛点:一方面,计算冗余和通信冗余问题。随着区块链的发展,链上交易数量呈几何级增长,对基于分布式账本和全局共识机制的区块链来讲,节点存储的区块链数据体积会越来越大,数据储存成为潜在问题,并随着区块以及节点的体积不断增长,其数据确认时间越来越长,严重影响交易效率。另一方面,跨链数据交互问题。随着区块链概念的爆火,各种公链、私链如雨后春笋般出现,而目前并没有公认的跨链技术标准,各种技术方案层出不穷,导致跨链交易难、效率低、费用高。这两方面原因都将严重影响其在元宇宙体系建设中的应用,是未来区块链领域亟待解决的难题,但也为未来技术迭代、发展指明了方向。

第三节　云服务

一、概述

(一)定义与分类

大数据时代,数据处理需求爆炸式增长,海量数据的存储与运算工作对企业终端计算资源的性能(如存储、大规模数据并行计算效率等)提出了更高的要求。云服务模式将硬件、软件、架构都集中在一个池中,让专注于应用开发、数据分析等业务的企业不必在硬件购买和维护上投入大量成本,而基础设施提供商想要使用一些应用技术开拓业务板块,也不需要投入更多研发成本。在这种模式下,云算力池中的 IT 资源被当作一种服务提供,每种 IT 资源都可能有一个或多个资源提供商和一个或多个服务需求方。资源共享和大规模并行处理是云服务的核心理念。

目前,关于“云计算”和“云服务”这两个概念还没有明确的界定。美国国家标准与技术研究院对其的定义为:云计算是一种按使用量付费的模式,这种模式提供可用的、便捷的、按需的网络访问,在可配置的计算资源(资源包括网络、服务器、存储、应用软件、服务)共享池中,这些资源能够被快速提供,只需投入很少的管理工作,或与服务供应商进行很少的交互。在该定义中,“云计算”就是“云服务”,或称“云计算服务”。可将云服务看作一种技术理念,该理念下诞生了以云计算技术为核心的一系列资源共享模式下的计算技术,比如边缘计算技术等。

从部署形式上分类,云服务可以分为公有云、私有云、混合云等。公有云是由第三方提供商提供的云服务,用户无须自己采购 IT 资源,只需为其使用的资源付费即可,其特征为弹性、按需付费。私有云是为一个企业单独使用而构建的云服务,由单个公司拥有和运营,或托管在第三方服务商,其特征为专属、私有。混合云是公有云和私有云的混合。从应用行业上分类,云服务可以分为政务云、金融云、医疗云、教育云等。

(二)发展历程

云服务理念起源于互联网公司的成本控制活动(王伟 等,2018)。早期的互联网公司的服务器硬件都是根据特定的计算需求购买专用的部件自己搭建的。随着互联网的发展和用户规模的增加,各互联网公司需要的服务器数量也在不断增加,导致系统维护成本大规模增加。此外,海量数据的存储问题也需要解决。在流量和服务器数量都高速增长的情况下,按使用量付费,从计算资源共享池租用计算资源的云服务模式诞生了。在这种模式下,软硬件产品不再需要部署在用户身边,这些产品不再是专属于用户自己的产品,而是变成了一种可租用的、虚拟的资源。

云计算技术是云服务理念的最早体现。早在 20 世纪 50 年代,计算机科学家们就开始探索利用网络共享计算资源的可能性。随着互联网技术的不断发展,云计算的概念逐渐形成。最早的云计算服务商可以追溯到20世纪90年代中期,这些服务商提供的服务包括云存储和云计算等。然而,在那个时期,云计算还处于发展初期,技术和安全性还存在许多问题。随着技术的不断成熟和应用场景的不断扩展,云计算开始进入商业化阶段。2006年,亚马逊推出了亚马逊云服务(Amazon web services,AWS)平台,随后谷歌、微软、IBM等大型科技公司纷纷加入云计算领域。这些公司提供的云计算服务包括计算、存储、数据库、人工智能等,为企业和个人提供高效、安全的计算资源和服务。

(三)关键技术

1. 云计算

云服务的核心技术是云计算技术,其技术原理为:通过网络"云"将巨大的数据计算处理程序分解成无数个小程序,然后通过多部服务器组成的系统处理和分析这些小程序,最后将小程序处理得到的结果合并返回给用户。在云计算模式下,动态可扩展且通常是虚拟化的资源通过互联网以服务的形式提供出来。终端用户不需要了解"云"中基础设施的细节,不必具有相应的专业知识,也无须直接进行控制,而只需关注自己需要什么样的资源,以及如何通过网络来得到相应的服务。云计算提供了强大的数据中心和网络基础设施,使得用户可以享受高效的计算服务和资源的共享。

云计算的技术架构可从计算发生的地方和资源供应的形式两个角度来看。第一,从计算发生的地方来看。云计算将软件的运行从一般情况下的个人计算机(或桌面计算机)搬到了云端(服务器或服务器集群),通过动态分布算力释放终端压力。第二,从资源供应的形式来看。云计算是一种服务计算,即所有的IT资源,包括硬件、软件、架构都被当作一种服务来销售并收取费用。云计算提供的主要服务有三种:基础设施即服务(infrastructure as a service,IaaS),提供硬件资源,类似于传统模式下的CPU、存储器和输入输出设备;平台即服务(platform as a service,PaaS),提供软件运行的环境,类似于传统编程模式下的操作系统和编程框架;软件即服务(software as a service,SaaS),提供应用软件功能,类似于传统模式下的应用软件。云计算三种服务的供应结构模型如图 6-1 所示。

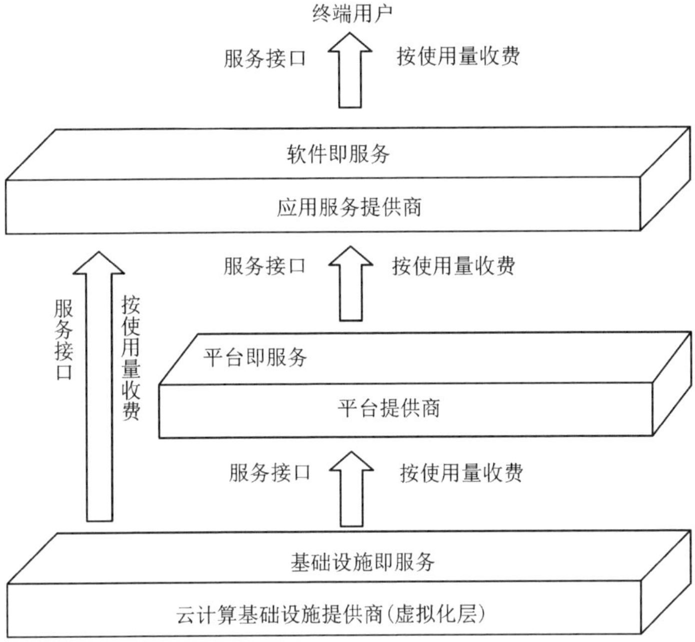

图 6-1 云计算三种服务结构模型

2. 边缘计算

随着云计算的广泛应用,以及互联网数据及其处理需求的急剧增长,云计算这种集中计算技术存在的弊端也逐渐暴露,诸如计算能力无法匹配海量增长的数据、网络的巨大延迟和个人数据隐私安全等都大大影响了用户的使用体验。为此,边缘计算技术应运而生。

边缘计算是在云计算的基础上实现的。即将数据产生设备从原有的仅仅作为数据产生者转变为数据产生者和数据处理者,这样可以更进一步利用边缘一侧设备(如智能手机等移动设备、边缘服务器、智能家居、摄像头等靠近数据源的终端)的存储能力和计算能力,从而降低云端设备的传输、存储、计算压力。边缘计算不是替代云计算,而是云计算的一种辅助方式,将大量本由云端处理的业务转由边缘一侧的算力处理,降低云端处理业务压力的同时，减少了大量数据的传输造成的网络延迟，且使得大量闲置的边缘算力得到应用，并确保了个人隐私能够在不上传到云端的边缘得以保存、处理，实现了隐私安全保护（崔佳，2020）。

作为云计算的延伸和拓展，边缘计算的技术结构会由于使用的场景不同而有所不同，但都可以归结为以“终端设备—边缘设备—云”为核心的体系架构。终端设备种类繁多，诸如各类传感器等会被部署在所有计算体系的前端，用于采集数据，本身不具有或者具有较弱的存储、计算能力，在边缘计算中可以进一步挖掘其能力。边缘设备可以理解为在原有云计算架构中提供数据的各种个人电脑、手机、平板以及类似的各种设备。在传统云计算中，它们的角色是数据的生产者，而在边缘计算中，它们除了提供数据之外，还兼有数据处理、存储、保护隐私等功能。云端（云计算中心）负责实现包括 SPI 服务在内的大数据处理工作。相较于云计算，边缘计算的工作分工不变，仅是将各类处于边缘的终端的计算能力予以释放，从而降低了数据传输和云端设备的计算压力。

二、技术架构

由于云端和边缘端的资源异构性、地理分布的广泛性以及网络环境复杂性等，在云计算或边缘计算网络中，有效地管理和调度各个节点的计算资源，以提供高效、稳定的服务是一大挑战。

云边端融合架构综合了云计算中心的大规模数据存储和处理能力，以及边缘计算对接近数据源的处理能力（周旭 等，2023）。在该架构中，云端负责处理大规模、复杂的计算任务，而边缘端则负责处理那些需要低延迟、快速响应的任务。通过这种方式，云边端算力能够在满足不同任务需求的同时，提高整体的计算效率。

云边端融合的技术架构如图 6 - 2 所示（周旭 等，2023）。在该网络结构中，数据首先在传感器、移动设备等地方产生，再被边缘设备接收并进行初步处理。这些处理通常包括数据清洗、预处理等。随后，根据任务性质和需求，将数据分配给云端或边端进行进一步处理。具体来讲，需要快速反馈的任务通常会被留在边缘端,需要大规模数据分析和深度处理的任务会被发送至云端。

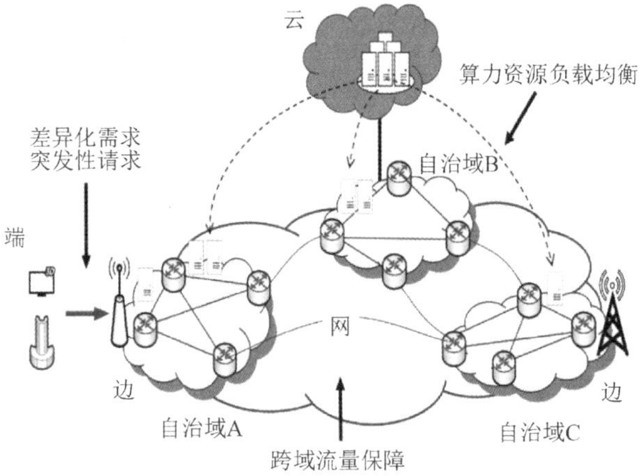

图 6－2　云边端融合的云服务技术架构

在该网络中,云计算作为物联网的中枢,通过将大量终端或边缘无法处理的数据进行存储、整理和分析,为云边端协同网络提供强大的计算能力支持。同时,部分任务可直接在终端设备或边缘服务器中进行处理,在减少数据传输延时的同时也缓解了云数据中心的压力。

融合云边端的网络架构将云端的大规模数据处理能力与边缘端的实时处理能力相结合,发挥了云计算强大的计算能力和边缘计算的低延迟优势,在优化网络资源利用模式的同时,提供了更高效、灵活的网络计算服务,能够满足不断增长的计算需求和多样化的业务需求。在这种融合云边端的网络结构下,资源可以被更加高效地利用,网络的可靠性和安全性也得到了提高。

分布式的云边端算力提供了广阔的计算平台。融合云边端的协同网络构建了高效、灵活的计算资源调度模型。为了挖掘这一模型的最大潜力,还需要更多的支撑技术,如跨云边端协同计算方法、端到端跨域保障机制、资源管理和任务调度策略等,如图 6－3 所示(周旭 等,2023)。

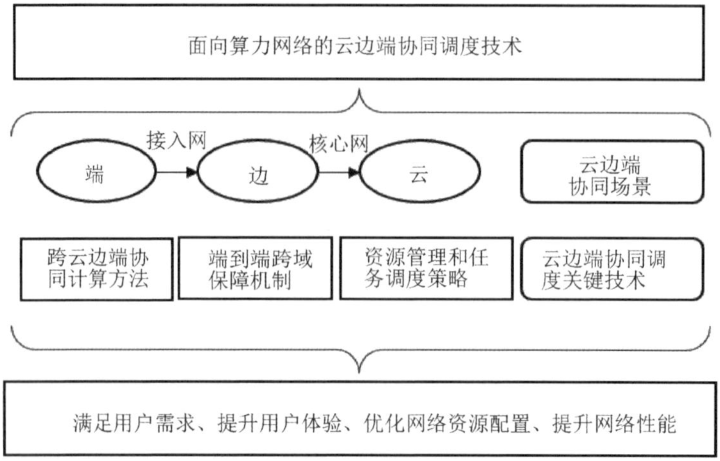

图 6-3　云边端协同调度关键技术

三、元宇宙中的云服务

(一)应用场景

元宇宙生态系统每天都要进行大量数据的存储和运算工作,且随着其应用场景的完善和发展,企业对高性能计算资源的需求激增。云服务技术的分布式特性,使其能够为元宇宙提供海量的低成本基础资源,它对数据的高速吞吐量,让元宇宙中来自世界各地的用户能够流畅地进行交互。目前,云技术在元宇宙中的应用主要集中在算力、储存和渲染三方面。

在算力方面,作为完全数字化虚拟时空,元宇宙中人、机、物及其之间的交互都需要依赖相当高的算力。作为完全拟真世界,全时域实时稳定运行对服务器的可靠性也提出了相当高的要求,普通本地互联网数据中心无法满足要求,而云计算作为架设在分布式机群上的计算平台,在满足元宇宙对于高算力和稳定性要求的基础上,还兼顾低延迟和不同地区定制化配置的需求。

在存储方面，元宇宙是基于区块链技术来搭建价值和交易体系的，而区块链的本质是通过分布式账本达到去中心化交易。因此，基于云端的分布式计算集群更契合区块链的去中心化交易思维，也避免了单个区块链节点数据过量储存的问题，分布式的数据储存可以通过相互备份形成类似“RAID阵列”(独立磁盘冗余阵列)效果保护数据整体一致性，提高数据丢失容错率和数据恢复操作空间。

在渲染方面，元宇宙作为主打“随时、随地”轻量化概念的世界级应用，需要大量的算力进行图片渲染和物理碰撞模拟，对终端的性能和承载能力有着极高的要求。考虑到这一设计初衷及其市场推广需求，利用云渲染技术动态分配算力，分离运算端和显示端，在云端完成画面渲染然后利用最近CDN(内容分发网络)以低延迟推送画面到终端是未来云计算在元宇宙中的主要技术发展方向。

(二)技术挑战与发展趋势

在分布式云边端算力架构中，全网范围内的计算资源配置使得各种类型的计算任务处理更加灵活和高效。设备的资源可以根据任务需求进行动态调整，从而在维持高效运算的同时，提供稳定且高质量的服务。此外，这种配置方式能快速进行资源调配以应对各种突发的计算需求。

分布式的云边端算力也面临着诸多挑战。在全网范围内进行高效的资源调度，需要考虑设备状态、任务需求、网络状况等多个因素，这使得调度过程变得复杂。一方面，计算需求和设备状态可能会快速变化，因此如何在短时间内做出决策、保证服务的质量和效率，是一大挑战；另一方面，由于设备是分布式的，那么如何进行有效的分布式协调、收集设备状态信息、在设备间同步任务状态等问题也需要被解决。除此之外，在云边端分布式计算的模式下，共享权限导致数据安全问题更加突出，云存储的隐私安全问题也需要持续关注。

第四节 数字孪生

一、概述

(一)定义与价值

数字孪生也称为数字映射、数字镜像,其定义为:针对物理世界中的实体,通过采集其实时数据并综合其历史数据,利用数字化的方法抽象出一套能够对该实体进行全生命周期映射、模拟和仿真的虚拟世界中的数字模型。其目的在于借此孪生体对其所映射的实体装备的全生命周期过程进行记录、分析和预测,从而更完整地溯源该物体生产、演化的流程,合理规划该物体的生产或运行过程。

(二)发展历程

数字孪生的概念最早被美国航空航天局应用于阿波罗项目中,制造两个完全一样的空间飞行器,利用留在地球的飞行器对在外太空执行任务的飞行器进行仿真试验和模拟,留在地球的飞行器也被称为"模拟器"或"孪生体",由此引出了数字孪生的概念雏形。2014 年,数字孪生的概念首次被提出,一套完整的数字孪生体系应包括物理空间、虚拟空间、联结物理空间和虚拟空间的数据流、联结物理空间和虚拟空间的信息流等要素(陈根,2020)。其定义也被各界广泛接受,并广泛应用于产品设计、产品制造、医学分析、工程建设等领域。

(三)关键技术

数字孪生技术的实现依赖于诸多先进技术的发展和应用,要建立一个数字孪生体,从数据到应用的顺序可以分为数据层、建模计算层、功能层和体验层。从建模计算层开始,每一层的实现都是在前面各层的基础支撑之上,是对前面各层功能的进一步丰富和扩展。

数据层需要有先进的传感器技术保证能够获取充分、准确、全面的实体状态数据；建模计算层是创建数字孪生体的核心技术，需要使用数字建模技术完成模型构建；功能层面向实际的系统设计、生产、使用和维护需求，通过数字仿真与模拟技术提供包含但不限于数字辅助设计、数字仿真模拟等相应的功能；体验层则需与感知交互设备结合，通过身临其境的技术体验迅速了解和掌握复杂系统的特性和功能。云计算与边缘计算技术通过云边端协同的形式为数字孪生提供了分布式计算的基础，是全生命周期数据的存储与检索、数字建模、数字仿真模拟等相关功能实现的技术保障。总之，数字孪生技术的实现以数字建模、数字仿真与模拟技术为核心，辅以扩展现实技术、人工智能技术、云服务技术。

1. 数字建模技术

数字建模是创建数字孪生体的核心技术。建模不仅包括利用激光雷达、倾斜摄影等技术对物理实体的几何结构和外形进行三维重建，还包括对物理实体本身的运行机理、内外部接口、软件与控制算法等信息进行全数字化建模。数字孪生建模具有较强的专用特性，即不同物理实体的数字孪生模型千差万别。目前，不同领域的数字孪生建模主要借助Unity、Unreal、CAD(计算机辅助设计)、Matlab(矩阵实验室)、Revit(瑞维持)、CATIA(卡提亚)等软件实现，Unity 和 Unreal 主要面向体验层建模，CAD 和 Matlab 主要面向数字孪生基础模块和数学建模，Revit 主要面向建筑信息模型建模，CATIA 则是面向更高层次的产品生命周期管理建模。

2. 数字仿真与模拟技术

数字仿真与模拟是数字孪生模型验证的关键方法。仿真模拟和建模是一对伴生体，如果说建模是对物理实体理解的模型化，那仿真模拟就是验证和确认这种理解的正确性和有效性的工具。仿真模拟是一种技术手段，它借助具备确定性规律以及完整机理的模型，以软件的形式去模拟、预测物理实体在不同输入条件下的状态变化情况。在建模正确且感知数据完整的前提下，仿真可以准确地反映物理实体过去、现在以及将来一定时段内的状态。

二、技术架构

关于数字孪生在落地应用时的技术架构,北航数字孪生技术研究团队陶飞等(2019)提出了数字孪生五维模型概念。该模型指出,数字孪生在应用时的技术架构包括五个维度,如式(6-1)所示。

$$M_{DT} = (PE, VE, Ss, DD, CN) \quad (6-1)$$

式中:PE 表示物理实体;VE 表示虚拟实体;Ss 表示服务;DD 表示孪生数据;CN 表示各组成部分间的连接。根据式(6-1)得出数字孪生五维模型结构如图 6-4 所示(陶飞 等,2019)。

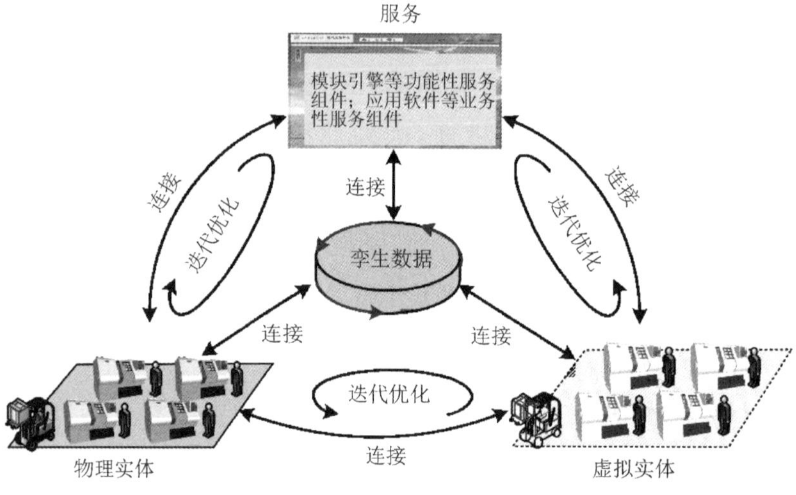

图 6-4　数字孪生五维技术架构

首先,M_{DT}是一个通用的技术架构,能适用不同领域的不同应用对象。其次,它的五维结构能与物联网、大数据、人工智能等技术集成与融合,满足信息物理系统集成、信息物理数据融合、虚实双向连接与交互等需求。再次,DD(孪生数据)集成融合了信息数据与物理数据,满足信息空间与物理空间的一致性与同步性需求,能提供更加准确的全要素、全流程、全业务数据支持。Ss(服务)对数字孪生应用过程中面向不同领域、不同层次用户、不同业务所需的各类数据、模型、算法、仿真、结果等进行服务化封装，并以应用软件或移动端 App 的形式提供给用户，实现对服务的便捷与按需使用。CN(连接)实现物理实体、虚拟实体、服务及数据之间的普适工业互联，从而支持虚实实时互联与融合。VE(虚拟实体)从多维度(多空间、时间尺度)对物理实体进行刻画和描述。

(一)物理实体

物理实体(PE)是数字孪生五维模型的构成基础，对 PE 的准确分析与有效维护是建立 M_{DT}的前提。

(二)虚拟实体

虚拟实体(VE)包括几何模型(Gv)、物理模型(Pv)、行为模型(Bv)和规则模型(Rv)，这些模型能从多时间尺度、多空间尺度对 PE 进行描述与刻画。

Gv 是描述 PE 几何参数(如尺寸)与关系(如装配关系)的三维模型，与 PE 具备良好的时空一致性。Pv 在 Gv 的基础上增加了 PE 的物理属性、约束及特征等信息。Bv 描述了不同粒度、不同空间尺度下的 PE 在不同时间尺度下的外部环境与干扰，以及内部运行机制共同作用下产生的实时响应及行为。Rv 包括基于历史关联数据的规律规则，基于隐性知识总结的经验以及相关领域标准与准则等。这些规则使 VE 具备实时的判断、评估、优化及预测的能力，从而不仅能对 PE 进行控制与运行指导，还能对 VE 进行校正与一致性分析。

(三)服务

服务(Ss)是指对数字孪生应用过程中所需各类数据、模型、算法、仿真、结果进行服务化封装，包括以工具组件、中间件、模块引擎等形式支撑数字孪生内部功能运行与实现的“功能性服务”，以及以应用软件、移动端 App 等形式满足不同领域、不同用户不同业务需求的“业务性服务”。其中，功能性服务为业务性服务的实现和运行提供支撑。

(四)孪生数据

孪生数据(DD)是数字孪生的驱动,主要包括 Dp(PE 数据)、Dv(VE 数据)、Ds(Ss 数据)、Dk(知识数据)及 Df(融合衍生数据)。Dp 主要包括体现 PE 规格、性能等的物理要素属性数据与反映 PE 运行状况、突发扰动等的动态过程数据;Dv 主要包括 VE 相关数据,如几何模型、物理模型、行为模型、规则模型相关数据,以及基于上述模型开展的仿真的相关数据;Ds 主要包括功能性服务相关数据(如算法、模型、数据处理方法等)与业务性服务相关数据(如企业管理数据、生产管理数据、产品管理数据、市场分析数据等);Dk 包括专家知识、行业标准、规则约束、推理推论、常用算法库与模型库等;Df 是对 Dp、Dv、Ds、Dk 进行相关处理后得到的衍生数据,通过融合物理与信息数据,反映更加全面与准确的信息,并实现信息的共享与增值。

(五)连接

连接(CN)实现 M_{DT}各组成部分的联通交互。例如,CN-PD 代表 PE 与 DD 的交互,通过各类传感器和嵌入式系统实时采集 PE 数据后传输至 DD,之后将 DD 中经处理的数据传输回 PE,实现 PE 的运行优化。CN-PV 代表 PE 和 PV 的交互,实时采集 PE 数据传输至 VE 以更新校正各类数字模型,其后采集 VE 仿真数据转化为控制指令下达 PE 执行器,实现对 PE 实时控制。CN-PS 代表 PE 和 Ss 交互,采集的 PE 实时数据传输至 Ss 以实现对 Ss 的更新与优化,而 Ss 产生的专业分析与决策优化结果以应用软件形式提供给用户,通过人工操作实现对 PE 的控制。

三、元宇宙中的数字孪生

(一)应用场景

数字孪生作为仿真和模拟领域的前沿技术,与元宇宙构造现实社会的拓展和延伸的概念高度相符，是元宇宙在虚拟世界中构建现实世界数字孪生体的基础应用，极大地提升了元宇宙的构建效率与真实体感。

微软公司曾在其模拟游戏《微软模拟飞行 2020》中通过与奥地利初创公司 Blackshark. ai（黑鲨 AI）合作，基于卫星数据和数字孪生技术生成地球 3D 数字孪生体，为玩家提供结合地理空间数据和三维模拟环境的飞行体验。而美国的英伟达公司基于现实世界物理定律和逻辑，构建并发布 Omniverse 开放式创作平台，利用其强大的 PhysX（物理模拟引擎）和 RTX（光线追踪技术）为创作者提供了构建数字化现实世界的技术平台，降低了数字孪生的创作门槛。不仅如此，英伟达还开发了 Omniverse Avatar 工具平台，集成了基于 NLP 算法的语音识别与交互、视频渲染等前沿技术，为基于现实人物造型构建虚拟数字人这一工作提供了工作平台。

（二）技术现状与发展趋势

随着物联网技术和 5G 移动网络传输技术的发展，且通过充分利用物理模型、传感器更新、运行历史数据等，数字孪生的仿真过程越来越实时和精确，在其技术发展过程中，孪生体的形态也逐步发生改变：从概念初期在现实世界制造 1∶1 完全模拟体，到应用阶段利用现实世界中的小比例物理模型进行模拟，再到现阶段利用动补和 3D 建模技术在数字或虚拟空间中进行全态、全时段模拟。其模拟对象的范围也伴随其模拟能力的增强而不断扩大，从对现实中单一物体如汽车、飞机的运动轨迹及状态进行模拟，到对现实中复杂系统工程如数字工厂、区域天气系统的运行状态进行模拟，并且随着人工智能和感知交互技术的发展，其模拟目标呈现出从物体到有机生命体的演变趋势。同样，作为系统性、多学科交叉领域，数字孪生领域也有木桶效应，需传感器、芯片算力、3D 视频渲染、全息显示、空间算法等多方面技术协同发展，方能共建元宇宙美好未来。

本章小结

人工智能、区块链、云服务和数字孪生四项核心技术支撑着元宇宙生态系统的运转,是整个元宇宙产业技术迭代、升级和进化的关键驱动力。随着这些核心技术的迭代升级和算法的优化,元宇宙的应用场景也将不断完善。现阶段元宇宙已初步具备游戏、娱乐、教育、生产、社交、创作和交易等现实功能,也已具备身份、朋友等社会属性,同时由于引入了区块链的概念和技术,使得元宇宙具备构建去中心化经济体系的能力。每一次技术的升级,都将距离构建平行于现实的虚拟数字世界更近一步。

第七章　元宇宙经济

第一节　元宇宙经济概述

一、商品价值

(一)边际效用价值论

边际效用价值论以效用解释价值形成过程，指出商品的价值是人对物品效用的感觉和评价；效用随着人们对某种商品消费的不断增加而递减；边际效用就是某物品一系列递减的效用中最后一个单位所具有的效用，即最小效用，它是衡量商品价值量的尺度。

边际效用论者认为商品的价值并非实体，也不是商品的内在客观属性。价值是指人类欲望与物品满足这种欲望的能力之间的关系，即人对物品效用的“感觉与评价”。他们指出，效用是价值的源泉，是形成价值的一个必要而非充分条件，价值的形成还要以物品的稀缺性为前提。稀缺性与效用相结合才是价值形成的充分必要条件。这里稀缺性是指物品供给的有限性。物品只有在对满足人的欲望来说是稀少的时候，才可能成为人们福利所不可缺少的条件，从而引起人的评价，表现为价值，而衡量价值量的尺度就是“边际效用”。人对物品的欲望会随其不断被满足而递减。如果供给无限则欲望可能减至零甚至产生负效用，即达到饱和甚至厌恶的状态。于是，物品的边际效用递减，即它的价值会随着供给的增加而逐渐减少，甚至可能完全消失。边际效用论者还提出了以主观价值论为基础的市场价格论,称之为“客观价值论”,并将主观价值论与供求均衡论结合起来,认为市场价格是在竞争条件下买卖双方对物品的评价彼此均衡的结果。

(二)均衡价值论

均衡价值论亦称“均衡价格论”,是西方经济学价值理论之一。马歇尔以英国古典经济学中生产费用论为基础,吸收边际分析和心理概念,论述价格的供给一方;又以边际效用学派中的边际效用递减规律为基础,对其进行修改,论述价格的需求一方,认为商品的市场价格决定于供需双方的力量均衡,从而建立起均衡价值论。

均衡价值论认为,在其他条件不变的情况下,商品的价值由其供求状况决定,并通过均衡价格来衡量。这一观点构成了马歇尔庸俗经济学理论的核心与基础。均衡价格是指一种商品的需求价格和供给价格相一致时的价格,也就是这种商品的市场需求曲线与市场供给曲线相交时的价格。均衡价格被认为是经过市场供求的自发调节而形成的。需求价格是买方对一定数量的商品所愿支付的价格,是由该商品的边际效用决定的;供给价格是卖方为提供一定数量的商品所愿接受的价格,是由生产商品的边际成本决定的。庸俗经济学用商品的均衡价格来代替商品的价格,均衡价值论就是价值论。因此,均衡价值论是庸俗经济学中的边际效用价值论、生产费用论和供求论的整合。

(三)劳动价值论

在马克思劳动价值论中,商品具有二重性,即价值和使用价值。价值是一般人类劳动的凝结,是商品的社会属性,它构成商品交换的基础。使用价值是商品的自然属性,具有不可比较性。商品的使用价值和价值等范畴,是马克思用来说明商品的自然属性和社会属性的概念,深刻地揭示了商品的本质。价值是凝结在商品中的无差别的人类劳动,即由抽象性的劳动所凝结。劳动价值论把价值定义为一种人类劳动。商品的价值量是由生产该商品的社会必要劳动时间决定的。社会必要劳动时间是指在现有的社会正常的生产条件下，在社会平均的劳动熟练程度和劳动强度下制造某种使用价值所需要的劳动时间。生产商品的社会必要劳动时间是随着劳动生产率的变化而变化的。因此，劳动生产率越高，生产单位商品所耗费的社会必要劳动时间就越少，单位商品的价值量就越小，反之亦然。所以，商品的价值量与体现在商品中的劳动量成正比，与生产这一商品的劳动生产率成反比。

(四)三种价值理论间联系

(1)劳动价值论与均衡价值论在供求作用与价格的关系上有共同的观点。劳动价值论认为决定价值的社会必要劳动时间有两种含义：一种含义是指在现有的正常生产条件下，在社会平均劳动熟练程度和劳动强度下生产某种商品使用价值所需要的劳动时间。这一种含义是从商品单个量的角度来分析的。另一种含义是指为满足社会对该商品总量的需求而在该行业中投入的必要劳动时间。这一种含义的劳动时间是总量的分析，它对价值的实现起决定作用。第二种含义中的社会必要劳动时间分析本质上是在探讨社会总供给与总需求的平衡关系。只有当总供给与总需求相一致时，商品的价值才能真正得以实现。这一点与均衡价值论者的观点并不矛盾。

(2)马克思的劳动价值论和边际效用价值论在商品使用价值(效用)的问题上有一定的共同之处。二者都承认使用价值是商品存在的基础，只有具备使用价值的物品才能成为商品并进入交换过程。马克思认为，使用价值是价值的载体，劳动只有在创造出具有使用价值的商品时才有意义；而边际效用价值论则认为，商品的价值源于其边际效用，即满足消费者需求的能力。尽管劳动价值论更侧重客观的劳动投入，边际效用价值论更强调效用的主观性，但两者都认可使用价值是价值形成的重要前提。

(3)均衡价值论与边际效用价值论之间也有着许多共同之处，主要表现在分析方法上的互相引入。均衡价值论引入了“边际增量”和“效用分析”,认为考察经济现象时边际增量比总量更重要。因此,这一理论运用边际增量分析来说明需求和供给。同样,边际效用论者也将均衡分析法引入了经济学,并以此作为其理论的一个重要基石,提出市场价格是在竞争条件下买卖双方对商品的主观评价彼此均衡的结果。

(五)元宇宙经济中的价值概述

边际效用价值论认为资源的稀缺性决定了其价值。虚拟商品和服务的生产和交易需要消耗各种虚拟资源,如虚拟货币、计算资源和人力资源等。因此在元宇宙经济中,资源的稀缺性将直接影响虚拟商品和服务的价值。而均衡价值论也指出,由于资源的稀缺性,市场价格将受到影响,供求关系将决定虚拟商品和服务的价格,市场价格将反映消费者对虚拟商品和服务的需求程度,需求越大,价格越高。我们以数字货币比特币为例,比特币的总量是有限的,其价值受稀缺性的影响,这体现了边际效用价值论的稀缺性观点;比特币的价格受到市场供求关系的影响,这反映了均衡价值论的供求观点;比特币采矿需要消耗大量的计算资源和电力,这体现了劳动价值论中劳动对价值的贡献。

在元宇宙经济中,通过有效利用虚拟资源和技术手段,企业可以实现对资源的节约利用,从而提高虚拟商品和服务的价值。尤其是在工业领域,虚拟化和数字化技术可以实现生产过程的优化和资源利用的最大化。通过虚拟现实和增强现实技术,企业可以进行虚拟的产品设计和工艺流程优化,从而减少传统实体制造中所需的原材料和能源消耗。例如,波音公司在飞机设计和制造过程中使用虚拟现实技术:利用虚拟现实技术来模拟飞机的设计和装配过程,工程师和技术人员可以在虚拟环境中进行设计和测试,避免了传统的试错和重复制造过程,从而节约了大量的原材料和人力资源。这种虚拟化的生产方式不仅可以节约资源,还可以加快产品研发周期,降低成本,提高生产效率。另外,工业元宇宙还可以通过数字化技术实现智能化管理和优化资源配置。例如,利用大数据分析和人工智能技术,企业可以对生产过程中的能源消耗、物流运输等进行精细化管理，从而实现资源的最大化利用和节约。

二、元宇宙的经济循环

（一）现实世界的经济循环

循环流向图是一个说明货币如何通过市场在家庭与企业之间流动的直观经济模型。在该模型中，经济系统的参与者的相互交易行为如图7-1所示（曼昆，2015）。模型中的决策者有两类：企业和家庭。企业用劳动、土地和资本（建筑物和机器）这些投入来生产产品和提供劳务，这些投入被称为生产要素。家庭拥有生产要素并消费企业生产的所有产品和提供的劳务。企业与家庭在两种市场上相互交易。在产品与服务市场上，家庭去购买企业生产的产品和提供的劳务。而在生产要素市场上，家庭向企业提供用于生产产品和提供的劳务的投入。

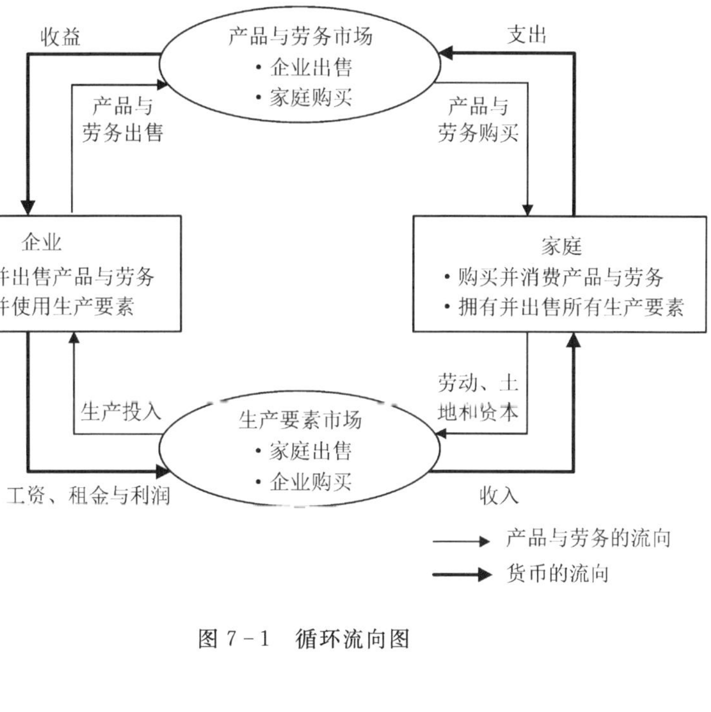

图7-1　循环流向图

图7-1将经济系统简单化为企业和家庭两类决策者及其相互作用，而一个更为复杂、更为现实的循环流向模型应该包括政府和国际贸

易的作用。作为调控者,政府通过税收和转移支付在家庭与企业间实现资源再分配,同时提供公共服务来调控经济,以保障经济的平稳运行。在国际贸易的作用下,国内外的物品与劳务市场和生产要素市场会被联通,物品、劳务、生产要素会在国内外之间流动。此时,它们的价格将不再仅取决于国内的供求状况,还会受到整个国际市场供求状况的影响。

(二)元宇宙的经济循环

在元宇宙中,经济的运作和现实世界存在着一些不同。从宏观上看,经济的循环将是三重循环,如图 7-2 所示(陈永伟 等,2022)。第一重是内循环:元宇宙内部的经济循环。一个可以内部自洽的经济循环是一个元宇宙存在的必要基础。在极端条件下,即使没有与外界的沟通,它们的经济循环仍然可以持续运转。第二重是元宇宙之间的循环:不同

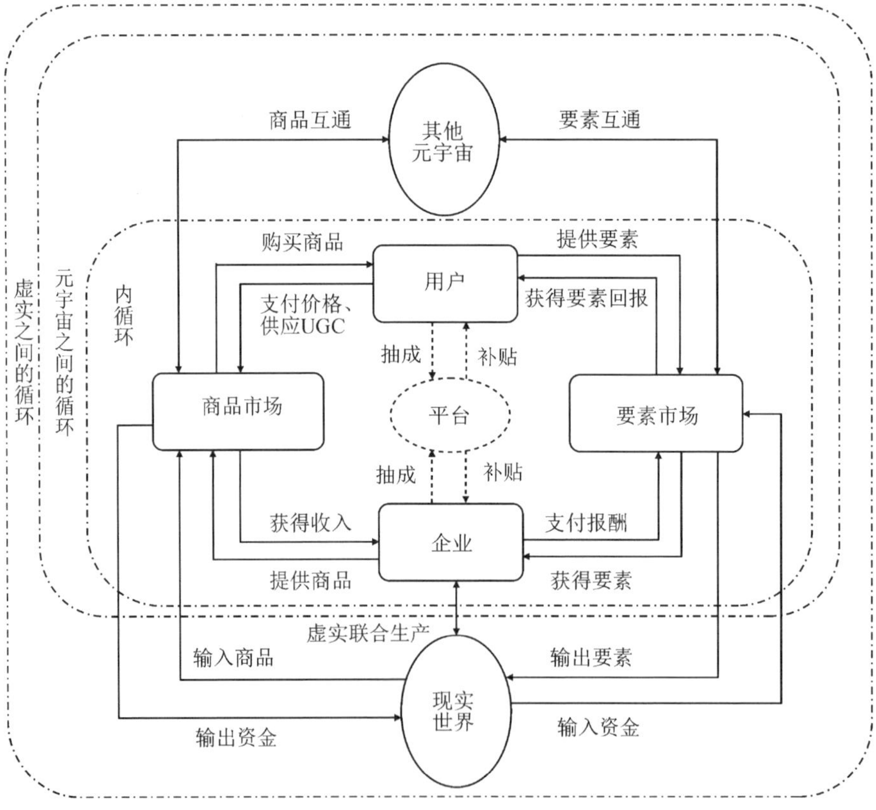

图 7-2　元宇宙的经济循环图

元宇宙之间的经济系统的互通。随着区块链和加密货币的普及,跨元宇宙的经济互通则变得越来越容易。不仅越来越多交易所都支持不同元宇宙之间代币的交易,一些去中心化金融应用甚至可以自动完成代币的兑换。底层技术的支持使元宇宙经济成为彼此连接的开放经济。第三重是虚实之间的循环:元宇宙作为虚拟世界,并不是完全和现实世界隔离、对立的。区块链及其通证技术的发展使虚实世界之间的商品和资金流动变得容易,增强现实、人工智能、数字孪生、物联网等技术的发展使虚实之间的互动变得容易。一件商品的不同生产阶段可能会在虚实世界中分别完成。例如,一些商品的设计可能在元宇宙中完成,而生产则在现实世界进行。在生产过程中,工人可以借助增强现实和数字孪生技术在元宇宙中实时调控生产。从这个意义上说,未来虚拟与现实之间的经济界限可能会变得越来越模糊,直至逐渐融为一体。

在微观层面,元宇宙的经济体系由用户、企业和平台三部分构成,其组织方式和行为模式与现实世界存在显著差异。

(1)用户的角色转变。在元宇宙中,用户取代了现实经济中的家庭户角色。这些用户相较于家庭户更具独立性,不需考虑家庭集体决策。在元宇宙中,用户不仅是内容消费者,而且逐渐转变为内容生产者,他们创造的原创内容成为重要商品,使得用户在某种程度上成为重要的生产单元。

(2)企业的新形态。元宇宙也存在企业形式的生产组织。例如,在元宇宙游戏 Axie Infinity(阿蟹无限)的“资助金模式”中,专业投资者通过与玩家合作,支持他们参与游戏并分享奖励。此外,DAO(去中心化自治组织)在元宇宙中日益流行。借助区块链技术,DAO 能在分布式环境下组织生产活动,可能成为未来组织大规模生产和协作的主要方式。

(3)平台的准政府角色。在元宇宙中,没有真正的政府存在。早期元宇宙平台(如 Second Life 中的林登实验室)扮演了类似政府的角色,负责基础设施提供、政策制定等。然而,目前元宇宙项目倾向于利用基于区块链的 DAO 来协调经济政策,通过技术支持实现经济方案的民主投票,从而减少中心化控制。

总体来看,元宇宙的经济循环在宏观上增加了虚实世界间的交互循环,显现出其与现实世界并行存在和互动的特点。在微观视角下,元宇宙的用户既是商品的需求者,也兼具生产者角色,创造UGC商品。平台作为元宇宙的缔造者,在经济调控上既可以采取类似计划经济的行政介入模式,也可以选择基于区块链的DAO的自由市场模式。这些特点表明元宇宙经济体系在组织结构和运作机制上与现实世界存在本质的区别。

三、元宇宙经济的核心要素

传统经济学以实物商品为核心,元宇宙经济学以虚拟商品为核心,数字经济则包含实物商品的数字化过程。从这个意义上讲,元宇宙经济学是数字经济的有机组成部分,是最活跃、最具代表性的部分。将数字产品的创造、交换、消费等所有在数字世界中进行的经济活动称为元宇宙经济。元宇宙经济有四个最大、最基本的要素:其一,数字创造,它是元宇宙经济的开端,没有创造就没有可供交易的商品;其二,数字资产,资产隐含产权属性,并且它是交易的前提;其三,数字市场,它代表着数字世界交易的场所和大家必须遵循的规则,是整个数字经济的核心,也是元宇宙得以繁荣发展的基础设施;其四,数字货币,元宇宙经济的核心问题就是数字货币的应用问题。数字创造、数字资产、数字市场、数字货币支撑了整个元宇宙的经济体系(邢杰 等,2021)。

(一)数字创造

元宇宙世界同样存在供给和需求两端,而为了满足消费者体验和精神层面的需求,供给端必须源源不断地提供各类数字产品。数字创造是元宇宙经济的开端,没有创造,就没有可供交易的商品。在元宇宙中,数字创造是指用户通过各种工具和平台进行创作、设计、编程或生成虚拟内容的过程。这些内容可以包括虚拟环境、3D模型、虚拟艺术品、虚拟角色等。数字创造的范围非常广泛,用户可以根据自己的兴趣和技能来进行创作,并将其展示、分享或销售给其他用户。例如,设计师可以使用工具如 Unreal Engine(虚幻引擎)等创建虚拟现实场景,包括虚拟游乐园、虚拟展览馆、虚拟培训场景等。

(二)数字资产

通过数字创造所产生的数字化内容可以作为数字资产,而数字资产的产权属性可以为未来的数字交易提供基础支撑。元宇宙中的数字资产是指在虚拟环境中具有独特价值和属性的数字化物品。这些数字资产包括虚拟土地、虚拟房屋、数字艺术品、虚拟货币、非同质化通证等。数字资产在元宇宙中具有真实世界中物品的属性,用户可以拥有、交易、出售、租赁或展示这些数字资产。例如,在基于区块链的虚拟世界 Decentraland,用户可以购买、拥有和开发虚拟土地,构建各种虚拟场景和体验。

(三)数字市场

数字市场是整个数字经济的核心,也是元宇宙得以繁荣的基础。建立数字市场的最终目的是繁荣整个元宇宙。在元宇宙中,数字市场是数字交易的重要场所。元宇宙的数字交易是在满足用户需求和创作者供给的基础上进行的。供给方面,元宇宙的数字市场提供了一个创作者可以发布、销售和推广其数字产品的平台。这些数字产品包括虚拟艺术品、虚拟房地产、虚拟游戏道具、数字货币等。创作者可以通过数字市场将自己的创作作品推向市场,满足用户的需求,并从中获得收益。需求方面,用户可以在元宇宙的数字市场上寻找并购买符合自己兴趣和需求的数字产品,这些产品旨在满足虚拟体验、社交互动和个性化娱乐等需求。用户需求推动了数字产品的市场增长,从而促进了数字交易的发展。

通过数字交易,供给方和需求方可以在数字市场中进行交易,满足彼此的利益和需求。供给方可以通过数字市场将自己的创作作品推向市场,并获取收益;需求方可以在数字市场找到符合自己需求的数字产品,满足个性化需求。这种供给和需求的平衡促进了数字市场的繁荣发展,推动了元宇宙数字经济的发展(王能民 等,2023)。目前,交换纯粹数字产品的数字市场雏形已经形成。例如,玩家可以在一些网站上售卖自己购买的皮肤、自己“养”的游戏账号等。但是这种市场不完全是真正意义的数字市场,因为这样的交易并不是在元宇宙内部完成的。它依赖外部市场,这与在游戏内部直接建立市场进行交易存在一定区别。成熟的元宇宙数字市场中交易的产品,其创造过程和实际交易都应该是在元宇宙中完成的。

(四)数字货币

元宇宙中的数字货币主要包括三种:首先是由平台发行的中心化货币,如早期元宇宙中,提供服务的平台扮演类似政府的角色,掌控货币政策;其次是去中心化的加密货币,如比特币和以太坊,这类货币因其匿名性和去中心化交易环境而受到部分用户的青睐;最后是平台发行的稳定币,这类货币锚定某些稳定资产,旨在提高交易效率并保持币值稳定。这三种货币形式在元宇宙中各有其优缺点。例如,中心化货币交易效率高,但可能面临通胀贬值风险;加密货币虽然去中心化且提供匿名性,但币值波动大且交易效率低;稳定币则在保证交易的安全性和去中心性的同时,寻求提高交易效率。稳定币可以使用区块链技术来保证交易的安全性和去中心性,也可以不使用区块链,着重于提高交易的效率。在未使用区块链的情况下,此类交易可能需要采用其他机制来保障安全性,例如通过抽检制度防范欺诈行为。

第二节　从需求角度看元宇宙经济

在现实世界中,商品的价值由两方面因素共同决定。首先,商品必须具备使用价值。如果某商品无法满足人们的某些需求,则无法体现其价值。例如，在石油被发现可用作燃料之前，它仅仅是一种无价值的黑色液体，只有当其燃料功能被开发并满足了人们的需求后，其价值才得以显现。其次，从供给角度看，商品的价值还取决于其稀缺性。如果某种物品不具有稀缺性，即使它非常有用，也难以形成市场价值。例如，尽管阳光对人类不可或缺，但由于其无限供应，人们不会为此付费。

一、虚拟商品的使用价值

使用价值是商品的重要属性，是商品能够满足人们需求的能力。虚拟商品的使用价值包括三个方面：功能性价值、享乐性价值、社会性价值。除此以外，元宇宙中的虚拟商品还具有可编程价值。

（一）功能性价值

用户可以通过购买虚拟商品获取信息、展示自我或完成虚拟世界中的特定活动，这些使用价值通常具有功能性。在所有功能性用途中，帮助用户吸引他人注意力是最为关键的一项。各大数字巨头通过争夺用户注意力来延长其使用时间，并通过广告和定向推荐等方式实现商业变现。例如，一些企业，如谷歌，正是基于这一逻辑，在注意力市场上获得了巨额收入。

元宇宙虽然是虚拟空间，但由于人们的观察模式与现实世界相似，现实中有效的注意力吸引方式在元宇宙中依然适用。例如，现实中的地理位置对获取用户注意力的影响在元宇宙中也很显著。在元宇宙项目（如 Second Life 和 Decentraland）中，用户首先进入的集结地点类似现实的市中心，这些区域的土地和广告位具有最高价值。除了集结地点，元宇宙中的分区中转站也拥有较高的土地价值。此外，特定主题的热门区域也能吸引人们的注意力。因此，在元宇宙中，中心位置和热门区域的土地交易尤为活跃。

（二）享乐性价值

享乐性价值强调虚拟商品提供的娱乐性和愉悦感。这种价值通常与商品的视觉吸引力、互动性和创造性体验紧密相关。在虚拟世界中,用户可以通过独特的虚拟商品来表达自己的风格和品位,这些商品可能是服装、家具甚至是完整的虚拟环境。享乐性价值强调个人表达和创造性自由,使用户能够在虚拟空间中创造一个完全根据自身想象的世界。这种价值还体现在用户通过虚拟商品所体验到的情感连接和故事叙述上。例如,一个与用户的虚拟角色或游戏剧情紧密相关的物品可能会带来深刻的情感体验。此外,享乐性价值还可以来自探索和发现的乐趣。在元宇宙不断扩展的环境中,新奇和独特的体验成为吸引用户的主要因素。为了增强享乐性价值,设计师和开发者通常会在虚拟商品中融入丰富的视觉和声音效果以及互动和动态元素。例如,一件虚拟服装不仅可能具有独特的外观,还可能包含特殊的动画或声音效果,进一步增强了用户体验。在享乐性价值的推动下,虚拟商品不仅仅是功能性的工具,而是提供沉浸式、感官丰富的体验的手段。

(三)社会性价值

社会性价值涉及虚拟商品在社交互动和个人身份表达中的作用。在虚拟世界中,商品可以作为身份、地位或归属的象征。例如,稀有或昂贵的虚拟商品可能被视为用户地位的象征,而特定的商品则可能代表用户对某个虚拟社群的归属。虚拟商品可以建立和维护社交网络来帮助用户获得社会性价值。用户可能会通过赠送、交换或展示虚拟商品来建立新的社交联系或强化现有关系。在某些情况下,虚拟商品甚至可以成为社交活动的中心,例如在虚拟聚会中用户可以展示或使用特定的商品。此外,社会性价值还体现在用户通过虚拟商品表达自己的个性和价值观。在元宇宙中,用户可以通过选择、定制和使用虚拟商品来展示自己的独特性和个人品位。这种个性化的表达不仅增强了用户的社交体验,还有助于在虚拟社区中形成多元化和包容性的文化。社会性价值也与社会地位和竞争有关。在一些游戏和虚拟世界中,拥有某些商品可能被视为技能或成就的指标。例如,完成特定挑战或任务才能获得的物品可能被视为玩家技能和承诺的证明。因此,社会性价值不仅关乎社交互动,还与个人在虚拟社区中的地位有关。

(四)可编程价值

可编程价值指的是可编程性所带来的价值。在现实世界中,资产的可编程性较差。例如,在贷款过程中,借款人需要提供抵押物,但信息不对称会导致抵押过程复杂,资产用途难以灵活转变。相比之下,虚拟资产依托区块链底层架构,具备更高的可编程性,能轻松实现用途转换。以虚拟房产为例,若其存在于元宇宙中,其状态在购买时便已写入不可更改的区块链,无须复杂的价值评估。智能合约预设了交易触发条件,一旦违约,房产所有权会自动转移。可编程性显著提升了虚拟资产的使用和配置便利性,凸显了基于区块链技术的虚拟资产所特有的使用价值。

二、虚拟商品的稀缺性

与现实世界相似,一件物品即使具有多种用途,若缺乏稀缺性,就难以拥有价值,更无法成为真正意义上的商品。根据马克思的劳动价值理论,商品的价值来源于劳动,劳动者是价值的创造者。通过劳动,劳动者将自然资源转化为有用的产品或服务,从而赋予商品价值。在虚拟世界中,尽管物品不具有物质形态,但其价值依然是通过人类劳动创造出来的。虚拟商品的稀缺性源于以下两个方面(陈永伟 等,2022)。

(一)制作和开发成本

尽管虚拟世界由比特而非原子构成,其运作仍然离不开物质投入。虚拟商品的制作和开发需要人类劳动的参与,例如程序员的编码、设计师的构思以及艺术家的创作。这些人员需要投入大量时间和精力来设计、开发和完善虚拟商品。因此,虚拟商品的稀缺性可以追溯到人类劳动的投入。这些劳动者的工作成本和技术投入不仅构成了虚拟商品价值的一部分,其不可逆性也使虚拟商品在一定程度上具备了稀缺性。在许多元宇宙项目中,用户经常反映画质不佳,只有通过购买特定素材和效果才能改善这种状况。这些项目方之所以不全面提升画质,除了运营商盈利的考虑外,更重要的原因在于现有服务器资源难以支持全面画质提升。因此,画质这一看似无限供应的虚拟商品因稀缺性而成为需要按需购买的资源。

(二)稀缺性的人为构建

虚拟商品的稀缺性不仅来源于技术开发成本,还可以通过人为构建来实现。元宇宙中的商品由代码组成,理论上可无限复制,因此不具备物理稀缺性。为了锚定其价值,人们通常借助 NFT 技术人为设定稀缺性。价值锚定主要依靠通证、区块链市场的自发调节以及现实世界对链上虚拟资产的价值换算。这一过程实际上是在虚拟世界中重新塑造劳动创造价值的逻辑,尽管这种劳动以数字代码的形式存在。

人为制造稀缺性不仅与用户体验和个性化表达相关,同时也关联到整个元宇宙生态系统的经济可持续性。稀缺性的创造在一定程度上体现了项目方对个体差异性和个性化需求的深刻认知。它不仅增强了用户体验,也成为元宇宙经济模型中的关键支点。从用户体验的角度看,稀缺性的存在可以显著提升用户的互动质量。在心理层面,每个人都渴望展现自己的独特性,而通过拥有独一无二的虚拟品或体验,个体得以实现这种个性的外在表达。这种差异化的追求,不仅是个人化的自我实现,也是在虚拟世界中构建身份和社会地位的一种手段。想象一个极端的情形:如果所有用户在虚拟世界中拥有完全相同的资源和体验,那么这个世界将变得极其单调乏味。因此,人为创造的稀缺性是保持元宇宙多样性和吸引力的关键。

从经济可持续性的角度考虑,人为制造稀缺性在元宇宙项目的资金筹集和持续运营中起着至关重要的作用。华纳音乐集团前主席指出,无限的可获取性可能会对内容创造和行业发展产生负面影响。在元宇宙的背景下,如果所有虚拟商品和资源都是免费和无限制可得的,那么创造和维护这些资源的动力将大大减弱。因此,元宇宙项目方通过设定一些资源和商品的稀缺性,可以确保商品价值得以维持,从而激励创作者和开发者持续投入劳动和创新。这种策略不仅能够为资源提供者带来经济回报,也为运营平台或组织提供了资金来源,以支持元宇宙项目的长期发展和繁荣。

虚拟商品因同时具备使用价值和稀缺性而具有价值基础,现实世界中的经济规律(如需求定律)同样适用于元宇宙经济。

三、元宇宙商品的需求匹配

(一)马斯洛需求层次理论

马斯洛需求层次理论属于心理学中的激励理论,是一个包括人类五级需求的金字塔模型。从层次结构的底部向上,需求依次为生理需求、安全需求、归属需求、尊重需求和自我实现需求。其中,前两项属于缺失性需求,后三项属于成长性需求。元宇宙完整生态会带给用户极强的沉浸感,以更好地满足消费者需求。在元宇宙中,每个人都拥有一个数字身份,并在虚拟空间中探索和交流。这个身份不只是一个头像,它和用户是对应的,代表着用户的个人形象。在社交活动中,社交场所和场景的搭建也是不可或缺的。元宇宙中以二进制的方式重新演绎物理世界的社交活动场景,带给用户全新的空间感与沉浸感。比如,在虚拟现实平台 Horizon Worlds(地平线世界)中,虚拟现实头戴设备用户需要先创建没有双腿的化身,可自定义身体、面部、头发和服装,或随机生成形象。添加其他用户为好友后,用户即可向他们发送消息并发出聚会请求。关于归属需求,目前平台支持拍摄和分享照片、与朋友前往各个空间旅行、举行派对、游玩各种沉浸式游戏。关于安全需求,为了保护虚拟化身免受骚扰,以及给用户创造更多个人空间,Horizon Worlds 推出个人结界功能,支持元宇宙的虚拟化身们彼此保持一定距离。以下以影视元宇宙产品为例,从马斯洛需求层次理论的视角分析元宇宙中的产品规划(王

庆丰 等,2023)。

1. 生理需求

生理需求是指人类在生存和维持生命方面最基本的需求,在生理需求得到满足之后,人们才会进一步追求更高层次的需求。影视元宇宙作为虚拟世界,通过观觉和听觉等感官来提供沉浸式的娱乐体验,虽然不能直接满足人类的生理需求,但是作为虚实融合的线上工具,却可以为用户获取生活必需品提供便利,可以与广告商一起推动媒体广告向元宇宙营销升级。比如:①通过提供内容生产工具和规则,让用户参与广告的设计、传播并获得回报,以强化用户与品牌的信息链接;②让用户在虚拟环境中参与商品设计,设计完成后不仅可以得到一个虚拟商品,还可以在现实物理世界中拿到实体商品。

2. 安全需求

安全需求是指人们对生存、安全和稳定的需求,在满足生理需求之后,人们需要寻求一定的安全和稳定来保障自己的生存发展。安全需求既包括数据安全,也包括在虚拟和现实环境中的人身安全,通常需要规划以下安全措施:①建立社区规则,包括禁止言语侮辱、人身攻击、骚扰等不良行为,并对违规者进行制裁,以便维护虚拟社区的安全和秩序;②建立举报机制,让用户能够报告任何违反社区规则的行为,同时建立专门的管理团队来处理举报事件,并及时采取必要的行动;③采取有效的身份认证机制,包括电子邮件认证、手机验证等方式,确保用户身份的真实性;④建立有效的防骚扰机制,包括过滤非法言论、加强防火墙、开发反病毒软件等措施,防止骚扰和攻击事件的发生。

3. 归属需求

归属需求是指人们在满足了生理和安全需求之后,追求与他人建立联系的需求,包括亲密关系、友谊、团体归属感和基本认同。了解和满足用户的归属需求可以提高用户的忠诚度和参与度,增强产品的用户体验和竞争力。比如:①创建以影视内容为特色的虚拟社区,让用户在其中可以互相交流、分享、互动并建立联系；②提供多人互动体验，让用户与其他用户互动与合作，在影视环境中完成任务、探索新的地点或进行游戏，支持用户建立更紧密的关系，并让用户切实融入群体生活场景；③定制具有专属标识特色的虚拟形象和环境来表达自己的个性，设计者提供工具，让用户在元宇宙中自由地定制自己的角色、服装、住所等，让用户表达对某种文化的认同。

4. 尊重需求

尊重需求是指个体渴望获得他人的尊重、认可、赞扬和信任，同时追求成就感的需求。这不仅包括对自身价值的评估和自我肯定，还涉及对社会角色与身份的认同和期望。同时，它还体现为对地位、名誉、声望及成就的追求。满足用户在影视元宇宙中的尊重需求，可以从以下方面入手：①确保公正和平等的机会，制定明确的规则和标准，避免任何形式的歧视和偏见，让用户在公平的环境中展示自己的能力；②尊重用户的意见，并采取相应的行动来满足用户需求，比如可以通过各种方式收集用户反馈，包括投票、调查、用户论坛等，以便了解用户的需求和意见；③建立健康积极的社区文化，尊重彼此的差异，鼓励用户参与互动合作，建立友好互助的社区氛围。

5. 自我实现需求

自我实现需求是马斯洛需求层次理论中的最高层次，是指个体通过发挥自己的潜能和创造力来追求自我价值和意义的需求。满足用户在影视元宇宙中的自我实现需求，可以从以下方面入手：①创建自由开放的创作环境，让用户在其中创造、分享自己的创意，包括虚拟世界的设计、应用开发、音乐创作、虚拟艺术等，并获得相应激励来实现自我认同和满足；②提供各种学习和教育资源，包括语言学习、技能培训、文化体验等，用户可以在其中自由探索和学习，实现自我成长；③鼓励用户参与社交和群体活动，通过社交和群体活动建立新的社交网络和认同群体，实现自我认同和社会认同。

(二)个性化需求——长尾效应

传统市场遵循“二八法则”,即少数热销商品占据了绝大部分市场份额。然而,在信息文明时代,由于存储和分销成本的极大降低,非热销商品(冷门商品)也能够找到自己的受众,并逐渐形成累积效应,这就是长尾效应,如图 7 - 3 所示。长尾效应强调“个性化”“客户力量”“小利润大市场”。作为基于“去中心化”理念开发的数字生态,元宇宙关注用户的个性化需求。区块链等“去中心化”架构是元宇宙的技术基础,进一步提升用户的所有权和选择权,减弱少数科技巨头对于接入、信息、个人数据和应用的限制。元宇宙突破了时间和物理空间的限制,能够在更广泛的范围内聚合个性化需求。这种汇集效应将零散的小众需求转化为规模化的需求和生产,从而形成与头部市场相抗衡的供需体系。

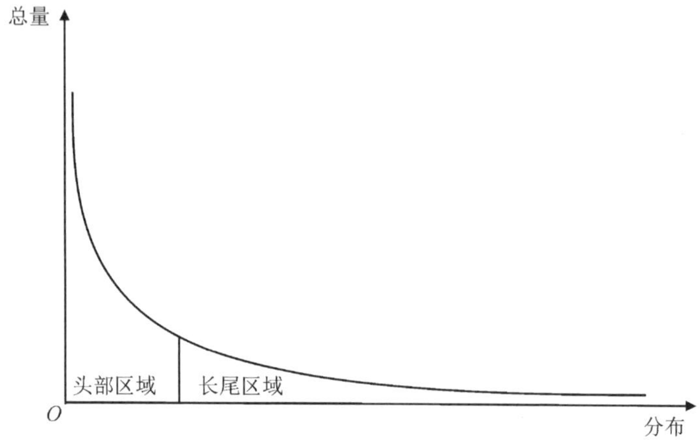

图 7 - 3　长尾效应

在元宇宙中,消费者可以根据自己的兴趣和需求选择不同的商品和品牌,因此元宇宙营销者需要根据用户的个性化需求来开发和推广商品。例如,MetaFont(元字库)于 2023 年发布全球首套彩色中文个性化字库,将中文文字的形态表现升级为 3D 视觉呈现,同时参与到场景里,允许互动。MetaFont 为实现个性化自我表达奠定了基础,开创了多层次视觉表达的可能性,满足用户对个性化表达的需求。全球用户可以通过 URL(统一资源定位符)字体图像网址或 API(应用程序编程接口)直接调用,无须安装中文系统或庞大的中文字库,海外用户和各类物联网终端设备也能直接显示中文信息。此外,普通用户无须专业设计技能,即可在产品海报或文档中轻松使用 MetaFont 中文字体。

元宇宙通过数据分析等技术手段深入了解用户的喜好和需求,为用户提供更加个性化的推荐和服务。在教育领域,数据整合能够为学生量身定制个性化的思政学习体验。基于区块链和大数据技术,元宇宙具备去中心化、分布式和高可追溯性等技术优势,可支持课程思政内容的创造、编辑与反馈,进而实现学生个性化思政内容的开发,提升学习效果与参与感。元宇宙作为一种整合性技术应用形态,超越了数字孪生与虚拟原生的阶段,为知识数字资源的跨时空、学科的虚实融合重组提供支持。元宇宙中的课程教育可以深度挖掘和提炼专业知识体系中蕴含的思想价值与精神内涵,并科学、合理地拓展专业课程的广度、深度。借助元宇宙数据网络实现的高效教学资源共享,能够促进教学内容的个性化生产与需求精准匹配。结合大数据与个性化"小数据",元宇宙为课堂提供了更为有效的支持与帮助。

第三节　从供给角度看元宇宙经济

一、元宇宙的生产内容

如第四章所述,创作者生态的发展可以分成以下阶段:专家生成内容(PGC)、用户生成内容(UGC)以及人工智能生成内容(AIGC)。PGC 模式下的元宇宙世界拟真度更高、沉浸感更强。目前,大多数流行的影视、音乐、游戏和娱乐作品由专业团队创作。然而,PGC 模式因其高成本和有限的产能,使内容创作和变现权力集中在少数人手中,呈现出中心化趋势,这与元宇宙的去中心化特征不符。相比之下,UGC 模式通过降低生产成本,不仅能够满足用户个性化需求,还在一定程度上缓解了

PGC的产能瓶颈。随着数据、算法和算力的持续迭代,AIGC展现出更大的生产潜力,为内容生产模式带来了新的可能性。

(一)用户生成内容

1983年,《第三次浪潮》中提出了“产消合一者”的概念,指出人们对产品个性化的需求越来越高。UGC将消费者转化为创作者,在一定程度上解决产能瓶颈,满足了用户多样化、个性化的需求。在PGC模式下,生产者和消费者是独立的双方,但UGC模式下两者之间的界限逐渐模糊,庞大的内容消费群体在一定程度上能够解决元宇宙内容的产能瓶颈。例如,元宇宙游戏Roblox打造了一个包含经济系统在内的UGC平台,为用户提供了一个创作、分享和消费内容的生态环境。用户可以通过创作自己的游戏、虚拟场景等内容,与其他用户交流互动,分享创意和经验。同时,其他用户可以在平台上体验这些内容,并根据个人喜好进行消费和评价。用户的参与和创作活动不仅为平台带来了更多的内容,也为创作者赋予了收入来源和创作动力。创作者可以通过发布优质内容获得收入,并将这部分收入再投入到创作中,从而进一步提升内容质量。在Roblox中,用户和创作者的身份可以同时存在、随时切换。这意味着用户可以根据自己的兴趣和能力,灵活地选择是作为消费者还是生产者参与到平台的活动中。这种灵活性和自由度促进了用户之间的互动和合作,也为平台的持续发展提供了更多的可能性。

UGC模式虽然具有诸多优势,但也面临一些问题。首先,内容质量参差不齐导致用户搜寻优质内容的成本显著增加。UGC创作自由度高,对创作者、创作工具和内容主题几乎没有限制,尽管丰富了内容生态,但整体质量难以保证,随着内容数量的增长,质量相比PGC呈下降趋势。例如,短视频领域因UGC内容的流动性和隐蔽性,主流平台上仍存在一些低俗内容。2022年,某短视频平台因违规内容问题被国家监管机构处罚,而海量UGC内容也进一步提高了用户的搜寻成本,如何精准匹配优质内容与兴趣相符的用户已成为重要挑战。其次,UGC创作门槛不低，创作者占比有限且难以满足元宇宙的内容需求。UGC 创作仍需一定的学习和时间成本，难以做到完全零门槛。某平台 2022 年内容创作者占平均月活跃用户数的比例仅为 26%，其他平台的比例更低，满足用户需求的优质创作者比例则更少。尽管 UGC 在一定程度上缓解了 PGC 的产能瓶颈，但实际有效创作的占比仍然有限，无法完全满足元宇宙对内容的需求。此外，UGC 的版权保护难度较大，侵权问题频发。2023 年，某短视频平台因盗版问题导致多个热门视频被下架，引发大量用户投诉。NFT 技术或许可以成为解决方案，其唯一性、不可分割性、不可复制性和可交易性特点，使其能够有效解决数字资产的防伪、确权和溯源问题。这不仅为 UGC 内容的版权保护提供了新的可能性，也为未来相关领域的合作开辟了重要路径。

(二)人工智能生成内容

元宇宙的内容空间具有无限性，因此 AI 技术的引入是必然的。内容创作的本质是创作者对信息的处理、加工、结构化以及内容载体的选择与使用，这一过程依赖于后天的学习，并需要大量的时间与精力。然而，由于人脑处理信息的能力有限，当 PGC 和 UGC 的生产潜力逐渐趋于饱和时，AIGC 将成为填补数字内容供需缺口的重要手段，从而显著提升创作效率，推动元宇宙内容生态的可持续发展。

目前，AI 技术在内容创作方面已取得突破性进展。ChatGPT（聊天生成预训练变换模型）是由 OpenAI（开放人工智能）研究院开发的人工智能聊天机器人程序，于 2022 年 11 月推出。该程序使用基于生成式预训练变换模型 3.5（generative pre-trained transformer 3.5，GPT－3.5）和生成式预训练变换模型 4（generative pre-trained transformer 4，GPT－4）架构的大型语言模型，并通过强化学习进行训练。ChatGPT 目前仍以文字方式进行交互，除了可用于人类自然对话方式进行交流外，还可以用于更为复杂的语言工作，包括自动生成文本、自动问答、自动摘要等。以 ChatGPT 为代表的人工智能生成内容在全球范围内呈现出蓬勃发展的态势。截至 2024 年 1 月,全球涌现出超过 2700 个 AIGC 工具,包括百度的类 ChatGPT 聊天机器人“文心一言”、阿里云研发的语言模型“通义千问”、科大讯飞的认知大模型“星火”等。此外,OpenAI 还推出了能够通过文本指令创建视频的生成式人工智能模型 Sora(天空),发布了由该模型生成的多个高清视频。Sora 可根据文本指令创建近似现实且富有想象力的场景,生成多种风格、不同画幅、最长为一分钟的高清视频。该模型还能够根据静态图像生成视频,或对现有视频进行扩展或填充缺失帧。这些工具推动着 AIGC 的商业化进程。AIGC 的产品涵盖了音频、视频、文本、图像生成以及跨模态生成等多个领域,为用户提供了丰富多彩的创作和消费体验。

二、用户生成内容的供给动机

在目前的元宇宙中,用户是最主要的生产单元,UGC 产品是最重要的产出,其提供的产品内容、形式以及劳动的时间都是其自行掌握的。元宇宙中 UGC 产品的供应数量和质量主要取决于用户的供给意愿。用户提供 UGC 产品的动机可能是经济性的,也可能是非经济性的。经济性动机旨在通过提供 UGC 产品获取利润。在这种动机驱使下,用户会仔细权衡生产成本与可能收益,其行为类似于追求利润最大化的企业。然而,精益求精未必会成为这类用户的最优选择,因为从成本与收益的角度来看,过于精细的生产流程可能是不经济的。非经济动机是指用户创作 UGC 产品的目的并非为了营利,而是为了满足其他需求。非经济动机可以进一步分类。例如,一些 UGC 产品旨在获取他人的关注和赞美,以满足自尊需求。与以营利为目标的用户相比,这类用户通常会在产品上投入更多心思,并更加注重观众的偏好和评价。另一些 UGC 产品则是为了表达个人情感或满足创作热情,这部分用户对创作是否能带来经济收益不太在意,其生产活动更多可以视为对闲暇的消费。

不同动机驱动下的 UGC 产品对社会福利的影响各不相同。一般来说,为获取他人关注而生产的 UGC 产品往往能带来较大的正外部性,因此对提升社会总福利的贡献最大。以经济动机为驱动的 UGC 产品虽然能够满足部分用户的需求，但也可能产生一定的外部性，其总体福利效果取决于外部性的方向及其管控水平。至于纯粹基于个人喜好创作的 UGC 产品，其社会影响则较难明确评估。

三、用户生成内容的供给激励

用户提供 UGC 产品的动机差异使得经济体系的设计对元宇宙中 UGC 产品的供应数量和质量产生重要影响。如果元宇宙整体经济体系较为发达，支持 UGC 产品的变现，追求经济利益的用户数量将增加，而出于非经济动机的用户可能逐渐减少。相反，如果 UGC 产品难以变现，但能够为创作者提供精神激励，元宇宙可能吸引更多基于社会性动机的创作者，这些用户虽然数量较少，但其作品质量可能更高。因此，在设计经济体系时，需要综合考虑 UGC 产品的数量与质量平衡。不同元宇宙项目因自身特质差异，对 UGC 产品的经济激励方案也各不相同。

(一)允许 UGC 产品的直接交易

某早期元宇宙项目采用了允许 UGC 产品直接交易的模式。随着 UGC 产品交易的允许，UGC 创作者数量迎来爆发性增长，然而这一增长后来迅速停滞。该项目创始人在反思其成功与失败时提出了一个有待商榷的观点，认为经济激励的不足是其发展停滞的重要原因。尽管允许 UGC 产品直接交易确实激发了出于经济动机的创作热情，促使这些创作者产出更多作品，但客观上也带来了排斥效应。这使得一些主要出于非经济动机进行创作的用户对该平台失去了兴趣，影响了他们的创作积极性。更为严重的问题是，该项目的虚拟货币可以与美元自由兑换，这吸引了大量“氪金”用户。这些用户通过用美元兑换的虚拟货币直接购买 UGC 产品，而不通过自己创造的产品来获取虚拟货币，从而打破了原有的生态平衡。在这些“氪金”用户的冲击下，只有那些专注盈利的用户才能在竞争中生存，导致整个生态系统中 UGC 产品的质量难以维持。

（二）提供 UGC 的展示

某元宇宙项目对 UGC 产品的变现设置了相对高的门槛，交易种类主要限于自制的游戏模组、地图等。这种设计在 UGC 产品变现方面引发了一些批评，一些人认为高门槛会抑制用户创作的积极性。然而，实际情况却截然相反。该项目的 UGC 产品不但数量众多，而且质量极高。其成功的关键在于有意为元宇宙内外的经济循环设置了阻隔机制。在游戏中，由于虚拟商品难以通过真实货币交易，内部循环得以保持平衡。玩家必须亲自采集资源以获取所需的虚拟商品，从而避免了“氪金”用户对平衡的破坏。在这种环境下，那些出于非经济目的进行创作的用户的积极性被有效激发，促成了大量高质量 UGC 产品的产出。尽管该项目的主服务器无法直接满足追求经济利益的创作者的需求，但在主服务器之外，存在许多商业服务器，这些服务器雇佣创作者进行创作，而他们的雇佣对象通常是在主服务器上表现出色的创作者。因此，一旦创作者在主服务器上的作品获得认可，后续的商业机会便会随之而来。通过这种巧妙的设计，该元宇宙项目成功地平衡了不同创作动机的用户，更有效地激发了他们的创作热情。

（三）平台模式

在平台模式中，Roblox 等项目运营者仅提供底层的创作平台，所有的内容均由用户自行创作，形成 UGC 产品。在决定盈利模式等方面，用户具有极高的话语权。在 Roblox 中，每个 UGC 产品被看作一个独立的游戏，而 Roblox 则扮演着展示这些产品的角色。至于哪个游戏会受到玩家的关注，完全由用户自主决定。这种架构下，无论创作者是出于经济利益还是非经济利益进行创作，都有极大的动力提升产品质量、争取更多的用户流量。

（四）NFT 变现模式

在以区块链为基础的元宇宙中，UGC 产品的变现主要采用 NFT 模式。用户创作完成后，可以将其作品制作成 NFT 产品进行交易。这种交易甚至支持跨平台进行，使得用户能够轻松通过创作实现变现。从某种意义上说，这种 NFT 变现模式与某早期元宇宙项目的模式相似，不同之处在于，该早期元宇宙项目采用中心化的结算方式，而基于 NFT 变现模式元宇宙项目则实现了点对点交易，提高了效率。目前来看，NFT 变现模式备受欢迎，许多项目中 UGC 内容的交易量远超过早期元宇宙项目。

第四节　元宇宙经济的去中心化变革与发展模式

一、元宇宙经济的去中心化变革

早期元宇宙项目方掌握虚拟世界中货币的发行权，并对各种交易规则、用户激励方案等拥有最终的解释权。Web2.0 风格的中心化架构难以满足当代用户的需求。元宇宙项目如 Decentraland（去中心化乐园）和 The Sandbox（沙盒）等，已转向采用区块链及相关技术，构建其经济与治理系统，展现出明显的 Web3.0 时代去中心化特征。在 Web3.0 时代去中心化思维的驱动下，组织与治理模式、金融模式以及商业模式均发生了深刻的去中心化变革，为元宇宙的发展注入了全新的活力、指明了方向（姚前 等，2022）。

（一）去中心化的组织和治理模式的变革

Web3.0 的兴起可能引发组织和治理模式的重大变革，去中心化自治组织（DAO）将成为一种重要的组织形式在社会和经济治理中发挥更为重要的作用。DAO 是一种将组织的管理和运营规则以智能合约的形式编码在区块链上，从而在没有集中控制或第三方干预的情况下自主运行的组织形式。DAO 有望成为应对不确定、多样、复杂环境的一种新型有效组织。DAO 具有充分开放、自主交互、去中心化控制、复杂多样以及涌现等特点。与传统的组织现象不同，DAO 不受现实物理世界的空间限制,其演化过程由事件或目标驱动,快速形成、传播且高度互动,并伴随着目标的消失而自动解散。DAO 具备如下特征。

1. 分布式与去中心化

DAO 中不存在中心节点以及层级化的管理架构,它通过自下而上的网络节点之间的交互、竞争与协作来实现组织目标。因此,DAO 中节点与节点之间、节点与组织之间的业务往来不再由行政隶属关系所决定,而是遵循平等、自愿、互惠、互利的原则,由彼此的资源禀赋、互补优势和利益共赢所驱动。每个组织节点都将根据自己的资源优势和才能资质,在通证的激励机制的作用下有效协作,从而产生强大的协同效应。

2. 自主性与自动化

在理想状态下,DAO 以"代码即法律"为核心,管理实现了代码化、程序化和自动化。组织结构从传统的金字塔式转变为分布式,权力从中心化转向去中心化,管理模式从科层制演变为社区自治,组织运行则由高度自治的社区取代传统公司。与此同时,由于 DAO 基于利益相关者共同确定的运行标准和协作模式,组织内部更易达成共识与信任,从而最大限度地降低信任成本、沟通成本和交易成本。

3. 组织化与有序性

依托智能合约,DAO 的运转规则、参与者的职责权利以及奖惩机制均公开透明。同时,通过一系列高效的自治原则,相关参与者的权益得以精准分化与简化,即给那些付出劳动、做出贡献、承担责任的个体匹配相应的权利和收益。这种机制有效地促进了产业分工,并实现了权利、责任与利益的均衡分配,从而使组织运转更加协调有序。

4. 智能化与通证化

DAO 底层以封装了支持 DAO 及其衍生应用的所有基础设施(如互联网基础协议、区块链技术、人工智能、大数据、物联网等)为技术支撑,以数字化、智能化、链上链下协同治理为治理手段,改变了传统的科层制以及人工管理方式，实现了组织的智能化管理。通证作为 DAO 治理过程中的重要激励手段，将组织中的各个元素（如人、组织、知识、事件、产品等）数字化、通证化，从而使得货币资本、人力资本以及其他要素资本充分融合，更有效地激发组织效能并促进价值流转。

（二）去中心化的金融变革

随着 Web3.0 基础架构的搭建和完善，去中心化金融（decentralized finance，DeFi）将成为数字金融中异军突起的领域。DeFi 通常指基于智能合约平台构建的加密数字资产和金融类智能合约（协议），旨在提升金融服务的范围、质量与效率，降低成本，从而更好地服务社会。DeFi 服务通过运行在区块链上的智能合约自动执行，其代码和交易数据可供调阅与审查，在一定程度上避免了传统金融服务中因人为失误导致的低效或风险。DeFi 应用由一个开放且可组合的五层架构构成，每个人都可以基于该架构进行搭建、修改，或与其他部分组合，进而形成复杂的金融产品或服务。目前，DeFi 实现的主要金融应用包括开放借贷、去中心化交易所、去中心化自治组织、聚合收益理财、稳定币、NFT 等。一些 DeFi 项目作为首次代币发行（initial coin offering，ICO）项目在 2017 年出现，如 Aave（阿维）、Bancor（班科）等。2019 年，DeFi 的总锁定资产突破 1.5 亿美元。目前运行的 DeFi 项目有近百个，锁定资产较大的项目（100 万美元以上）包括 MakerDAO（造币者去中心化自治组织）、Synthetix（合成）、Compound（复合）、Uniswap（优品汇）、Bancor（班科）、WBTC（包裹比特币）、Kyber（凯伯）、bZx（比兹）等。Uniswap 每天的交易额超过 10 亿美元，Aave、Compound 等去中心化借贷服务的市场规模高达数百亿美元。

在一些欧美国家，DeFi 正逐渐成为与传统金融并存的平行体系，其应用场景不断扩大。在专注于 DeFi 项目追踪与分析的网站 DeFi Pulse（DeFi 脉搏）上，由项目方自愿上传的项目类别已达 18 类，这些项目类似于传统银行和证券交易所的功能。同时，DeFi 还利用新技术提供传统金融无法实现的功能，例如通过资金池实现快速交易、即时调整借贷利率、无固定借贷期限以及借贷者可随时进出市场等。此外，DeFi 具备传统金融所不具备的诸多特点，如无中间环节、协议自动执行，从而提升了借贷双方的收益并降低了成本。DeFi 的最大优势在于金融服务的全覆盖性，用户只需具备上网条件并使用去中心化钱包程序，即可获得相关服务。这种模式有效消除了传统金融机构因成本收益难以平衡而导致的服务地域和客群盲区。

然而，DeFi 并非一个能够完全脱离传统金融体系独立运行的系统，也无法完全规避传统金融所采用的一些信用风险控制方法。例如，DeFi 借贷仍需要超额抵押才能进行。此外，智能合约在许多基本金融场景中仍然存在局限性，如债务偿付或处理不完全契约的问题，这些都需要通过额外的风险监控加以解决。一些传统金融可以实现的业务，如无抵押贷款和按揭贷款，DeFi 目前尚无法实施。总体来看，DeFi 仍处于初级发展阶段，其规模与传统金融相比微不足道。一方面，DeFi 面临参与者数量不足或活跃度不高的挑战；另一方面，DeFi 还需要在系统扩容方面取得突破。目前，DeFi 增加了对区块链空间的需求，推高了用户需支付的手续费，大幅削弱了其低交易成本的优势，这可能限制其发展潜力。

（三）去中心化的商业模式变革

在 Web3.0 时代，人们可以将智能合约、NFT、DAO、DeFi 等工具进行组合，从而创造出全新的商业模式。“X 到赚”（x to earn，X2E）的概念最早由 Rabbit Hole（兔子洞）的首席执行官提出，其核心在于经济效益并非凭空产生，而是通过去中心化自治组织的协调运作，实现成员的积极参与，推动去中心化组织的发展，从而创造价值并反馈给用户。X2E 指的是所有能够在 Web3.0 中获得收益的行为，其本质是一种利益分配方式的革新。其核心是让作为贡献者的参与者获得与其贡献相匹配的报酬，而这一过程通过去中心化手段实现，直接体现了利益分配的去中心化特性。通过利益的再分配，X2E 实现了更公平的利益分配目标，推动了资源分配的透明化与合理化。

“边玩边赚”(play to earn,P2E)模式源于在线游戏。在传统游戏的商业模式中,运营方负责运营游戏,通过出售游戏点卡、游戏道具等获得相应的收入,而用户扮演的角色是完全被动的,用户对自己在游戏中的角色和道具并没有所有权。相比之下,P2E 模式通过将游戏角色和道具制成 NFT,让用户通过培养角色实现 NFT 增值。同时,游戏运营商还可以将游戏与 DeFi 结合,利用金融手段激励用户,并引入 DAO 对游戏进行规范管理。通过这些技术工具的改造,传统游戏可以转型为互动性更强的生态系统,实现运营商与玩家之间更深入的互动。以元宇宙游戏 Axie Infinity 为例,玩家通过参与战斗和锦标赛获得代币奖励。在某视频平台的微纪录片中,玩家表示,他们通过 Axie Infinity 每月平均收入超过 300 美元,这一水平已高于当地平均收入。

此外,“边学边赚”(learn to earn,L2E)模式通过奖励机制激励学习者主动参与教育活动,将学习过程从单纯的知识获取转变为有实际收益的行为。这种模式不仅提升了学习的趣味性,还为教育提供了一种可持续的激励机制。例如,结合学习英语与赚钱的链游“Let Me Speak”(让我说)就是典型的 L2E 应用。与此同时,一些知名交易所如 Binance(币安)、Coinbase(币库)也设置了 L2E 板块,利用奖励机制吸引参与者,让他们接触更多专业知识。这种方式不仅帮助平台提升了知名度,还推动了项目的发展和普及。

二、元宇宙经济的发展模式

(一)生产要素与生产关系的去中心化

元宇宙基于区块链技术构建,以数据为生产要素,以算法和算力为生产力,代表了一种全新的生产关系。区块链技术通过连接数据、算法和算力,将复杂的规模化任务去中心化地分散在每个链上用户的节点上。这种方式使得元宇宙中的每个用户都能够根据自身实际需求对数据进行算法处理,从而实现数据与算法的去中心化。例如,Roblox 作为一个集游戏和社交功能于一体的平台,本身并不直接创造游戏内容,也不干预平台专属货币 Robux(罗布)的交易,而是通过“放权”方式,为玩家提供工具和平台,鼓励他们制作自己的作品。在以 P2E 模式运行的 The Sandbox 中,用户可以通过完成任务或出租、出售手中土地来赚钱。这些案例表明,元宇宙经济正建立在不同于现实物理世界的去中心化区块链技术之上。与此同时,DAO 作为区别于传统中心化公司的新型组织形式,有望成为元宇宙经济的主要主体,引领未来的经济结构变革。

(二)生产协作方式的去中心化

生产协作方式表现为一定社会经济模式下的经济组织形式。当前的经济组织形式主要是公司。在元宇宙中,生产、消费和经济运作都与传统生产协作方式存在差别。在元宇宙经济模式下,DAO 极有可能取代传统的公司,成为元宇宙世界经济活动的主体。在元宇宙经济模式下,组织形式正从传统的公司化结构向社区化组织转变。这种模式摒弃了股东和中心化公司架构,取而代之的是以社区为核心的去中心化点对点模式。在这一模式中,每个社区参与者和价值创造者都可以获得共票,直接参与流通并获得相应回报,从而突破传统资本主义金融体系的限制。例如,BanklessDAO(无银行去中心化自治组织)采用以 DAO 为核心治理模式的新型工作方式,通过构建由多个核心单元组成的复杂架构,每个单元独立承担任务和预算,通常由一名或多名协调人管理,以协同实现长期目标。同时,这些组织通过发放项目通证,将权力从核心团队转移到社区成员手中。这些通证不仅代表治理权,还赋予持有者分红权益,从而激励参与者为项目提供流动性、算力或其他形式的劳动支持。这种 DAO 模式突破了传统公司对权力和资源的集中化管理,实现了更公平、更透明的治理与收益分配,为元宇宙经济构建了更具开放性和协作性的生态体系(杨东 等,2023)。

(三)低资源消耗、低环境污染的可持续发展模式

工业经济时代社会生产大多是以化石能源的消耗为代价的。随着科学技术和社会经济的发展,工业经济时代企业大批量制造和刚性生产模式的缺陷日益暴露。在这些问题中,人类不断反思,经济增长不应长期以资源消耗为代价,世界经济需要一种新的经济形态来取代以有形资源消耗为代价的工业经济模式。当前,新一轮科技革命正推动数字技术、物理技术与生物技术的有机融合,深刻影响经济社会的方方面面。可植入技术、数字化身份、物联网、3D 打印、无人驾驶、人工智能、机器人、大数据以及智慧城市等前沿技术正在重塑全球生产、消费、运输与交付体系,催生新产业、新业态和新经济。更加契合消费的生产成为可能。以制造业为例,在“工业 4.0”突破传统制造模式实现智能化柔性生产的基础上,多批次、小产量生产成为可能,消费者个性化需求得以满足。信息文明时代的企业经营具有更大的虚拟性和灵活性,企业不断通过新的创意来实现市场扩张,并利用先进的高科技手段在全球范围内通过软件操作系统整合优势资源,以提高企业运行的效率。同时,信息文明时代的企业经营还可避免工业经济时代常规运行中的大量硬件设施投入与能源消耗,从而大幅度降低经营成本。其中的智能工厂不仅能根据消费者需要生产出个性化产品,还能让消费者参与到产品的再设计中,使生产进一步与消费契合。这个由生产决定消费到消费决定生产的转变过程,极大地降低了对资源的消耗,同时减少了对环境的污染。

元宇宙经济这种低资源消耗、低环境污染的发展模式还体现在要素资源的集结和资本的流通上。元宇宙中的生产协作方式和发展模式是众筹理论的生动写照。众筹金融原指通过互联网方式发布筹款项目并募集资金。在区块链经济理论中,众筹金融是指基于前沿信息技术,实现支付清算、资金融通等协同管理功能,具有快速便捷、高效、低成本优势,能够打破资本垄断,实现消费者福利的创新型经济模式。众筹作为一种新金融模式,有着改变传统金融模式的内核技术和权益表征,与区块链技术有着非常高的融合度。众筹理念下的共享权益不同于资本主义话语体系中的“股份”,它通过点对点、去中介的方式实现资金和资源的共享,克服传统金融领域中间环节过多、信息不对称和定价难等弊端,从而降低融资成本并提升效率。

元宇宙中沉浸式虚拟现实的创造性和交互性为实现企业社会责任目标提供了创新解决方案。沉浸式虚拟现实支持开发创新且逼真的产品和服务,这些产品和服务可以取代相对不环保的传统模式,同时允许培训、协作和商务会议等任务突破地理限制。这些通常对环境产生负面影响的活动可以通过虚拟现实技术等替代方式得以优化。此外,沉浸式虚拟现实还可以作为与利益相关者沟通的有效工具,用于展示组织的生产活动,阐释其如何通过绿色流程和信息技术实现环境的可持续性。同时,这种技术还能够促进企业社会责任目标的实现,例如提高企业对气候变化的关注和认知,从而助力企业构建可持续发展的品牌形象。

本章小结

首先,本章基于价值的定义和循环流向图,引出元宇宙的经济循环系统,介绍了元宇宙经济的核心要素:数字创造、数字资产、数字市场、数字货币;其次,分析了虚拟产品的使用价值(功能性价值、享乐性价值、社会性价值、可编程价值)和稀缺性,基于需求理论探究虚拟产品匹配了怎样的需求;再次,介绍了元宇宙的生产内容从 PGC、UGC 到 AIGC 的发展,重点讨论了 UGC 的供给动机和对其的供给激励;最后,基于 Web3.0 的去中心化思维(组织和治理模式变革、金融变革、商业模式变革),介绍了生产要素与生产关系的去中心化、生产协作方式的去中心化以及低资源消耗、低环境污染的元宇宙经济发展模式。

第八章　元宇宙商业模式

第一节　商业模式概述

一、商业模式的概念

1995年后，随着互联网在全球范围内的普及，业界对商业模式的关注逐渐增强。企业开始利用互联网技术赋能企业运营，为客户创造价值，从而明确自身的盈利能力。Amit等（2001）将商业模式定义为交易内容、结构和治理的设计，其核心目的是开发商业机会以创造价值。他们认为，电子商务这一虚拟市场的兴起为产品和服务的交易提供了全新的方式，并通过商业模式的概念解释了电子商务企业在交易过程中实现价值创造的逻辑。李振勇（2008）认为商业模式是为了实现客户价值最大化，将推动企业运转的内外各要素有效整合，形成一个完整的、高效率的、具有独特核心竞争力的运行系统，并通过提供产品和服务使系统持续达成盈利目标的整体解决方案。Zott等（2011）进一步对商业模式进行界定，他们认为：商业模式描述了以焦点企业为中心的相互依赖、彼此协调的活动系统，这一系统扩展了企业边界，描述了企业及其利益相关者实现价值主张的价值创造过程。该观点既回答了企业要提供什么价值，也描述了企业如何创造价值，并将要素和产品市场联系起来，是比较全面系统的观点。

从供给与需求的角度来看，商业模式的核心包括三个关键环节：发现顾客、满足顾客和锁定顾客，其构建主要涉及企业的价值主张、价值创造和价值捕获的基本原理与活动过程。首先，发现顾客本质上是了解特定顾客群体在消费决策时的关注点和偏好，即所谓的“消费者痛点与痒点”。商业模式通过价值主张回答了“满足客户何种需求”的问题，重点描述企业要为哪些客户提供何种产品或服务，从而明确市场定位以获取竞争优势。其次，满足顾客和锁定顾客则聚焦于供给侧，通过整合知识、资源和能力来满足顾客偏好，同时通过客户价值增值等方式提升顾客忠诚度。供给侧的价值创造环节回答了“如何满足客户需求”的问题，强调企业通过开展一系列活动来实现价值主张。最后，价值捕获关注企业如何设计盈利模式，以在创造的价值中获得应得的回报，回答了“如何获取回报”的问题。这一环节是商业模式实现长期可持续发展的关键。

国际咨询公司埃森哲指出，成功的商业模式需具备三个关键条件。首先，成功的商业模式要能提供独特价值。有时候这个独特的价值可能是新的思想，而更多的时候，它往往是产品和服务独特性的组合，这种组合要么可以向客户提供额外的价值，要么使得客户能用更低的价格获得同样的利益，或者用同样的价格获得更多的利益。例如，美国大型家居连锁店家得宝通过将低价格、齐全的品种以及通常仅在高价专业商店才能提供的专业咨询服务相结合，构建其商业模式。其次，成功的商业模式应难以模仿。企业通过建立自己与众不同的优势，如对客户的悉心照顾、无与伦比的实施能力等，来提高行业的进入门槛，从而确保其利润来源不受威胁。戴尔以直销模式为核心，通过其卓越的执行能力在行业中脱颖而出，而许多尝试模仿的企业却难以取得同等成就。最后，成功的商业模式必须脚踏实地，即基于对客户需求的准确理解和把握。企业需要做到量入为出、收支平衡。这看似简单的原则，企业却难以长久坚持。现实中，许多企业，尤其是新兴企业，对自身利润来源、客户选择产品的原因以及哪些客户可能侵蚀企业收入等问题缺乏深入理解，从而影响了企业商业模式的长远发展。

二、商业模式的原则

商业模式的原则是对其内涵与特性的具体体现，是对商业模式定义的延伸与丰富,也是成功商业模式所必须具备的基本属性。这些原则具体包括以下方面。

(一)客户价值最大化原则

一个商业模式能否持续赢利与其是否能够最大化客户价值有着必然的关系。换言之,商业模式是否能够满足客户的特定偏好是决定其持续盈利能力的关键因素。一个无法满足客户价值的商业模式,即使暂时盈利,也难以具有持续性和稳定性。相反,一个能够最大化客户价值的商业模式,即使暂时不盈利,最终也会实现盈利。因此,企业将实现客户价值和满足顾客需求视为始终追求的主要目标。此外,商业模式创新应以顾客价值和需求分析为源头,采取需求驱动的主动型市场导向,面向双边市场,在价值模式、运营模式、营销模式和盈利模式等关键环节进行系统性创新。其目标是实现客户价值的跨越式增长,创造新市场或重构现有产业结构,改变竞争规则与性质,并促进企业获得超额利润和快速成长。商业模式创新正日益成为现代服务业竞争的核心驱动力。例如,现代服务产业与传统产业的融合愈发紧密,不仅改造和提升了传统产业,还推动了其价值链的延伸与优化,为传统行业注入了新的活力和竞争力(王能民 等,2023)。

(二)持续盈利原则

企业能否持续盈利是衡量其商业模式成功与否的关键外在标准。因此,在设计商业模式时,“能盈利”和“如何盈利”成为核心原则。此处的盈利指企业在合法合规的前提下的持续盈利。这一原则不仅要求企业能够实现当前的收益,还需具备长期发展的后劲,确保商业模式的可持续性。这意味着盈利不应仅依赖偶然性机会,而应通过系统性、结构化的方式实现稳定增长。只有这样,企业才能在激烈的市场竞争中保持竞争优势,实现长远发展。

(三)资源整合原则

整合是指优化资源配置,在权衡取舍中获得全局最优。从供应链管理来看,资源整合是通过协调管理组织内部和组织之间的业务流程,实现高效率的物流、信息流、资金流、价值流和业务流管理。其目标是精准匹配供需,以低成本、高速度为客户提供最大价值,从而实现社会、经济与环境的平衡。供应链管理目标实现过程如图 8－1 所示。

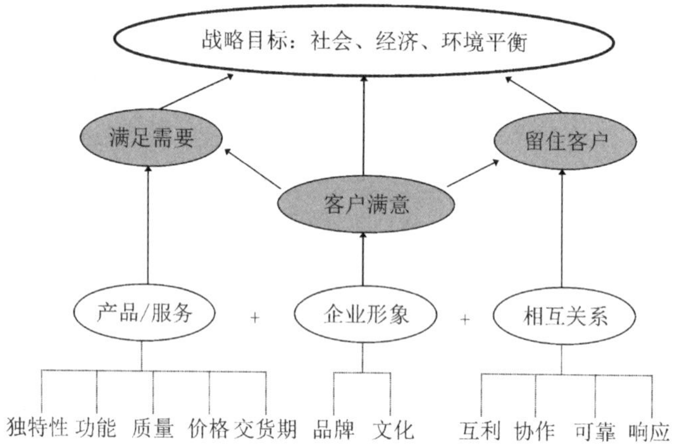

图 8－1　供应链管理目标实现过程

一方面,供应链因涉及多个行为主体,个体的理性决策往往会导致局部最优而非全局最优,即存在奥尔森困境,其决策需要从序贯决策向全局决策转变,即实现全局优化。在新一代信息技术的应用与支持下,业界涌现了支持实现全局优化的方法与路径,如供应链网络的设计与优化、开发链的优化、供应链相关流程的优化,以及优化的流程与策略(如战略伙伴关系、供应合同、激励机制等)。另一方面,供应链所有主体应该尽量减少供给冗余并避免供给不足的问题,也应该对可预期的影响供应链稳定性的问题进行提前预防,并制定可靠的风险管理措施,即管理不确定性。

在战略思维层面,资源整合体现了一种系统论的思维方式。通过组织和协调,企业将内部彼此相关但相对独立的职能,以及外部既参与共同使命又拥有独立经济利益的合作伙伴,整合成一个为客户服务的高效系统,从而实现“1＋1＞2”的协同效应。资源整合包括内部整合和外部整合。内部整合是为了满足客户需要，将不同功能单元在企业内部执行的工作连接成一个紧密无缝的流程，即关注制造企业内部的活动。具体事务包括：定期的跨部门会议的采用；在流程改进和新产品研发中跨职能团队的采用；一体化的库存管理；库存的实时跟踪；物流运作数据的实时跟踪；从原材料管理，到生产、运输及销售，各内部功能部门之间的实时整合及连接。

外部整合关注组织间的整合，包括客户整合和供应商整合，具体是指企业和其主要供应链成员（顾客/供应商）形成伙伴关系的程度，是以满足客户需要为目标，将企业之间的实践、程序和行为组织成合作的、同步的和能够管理的过程。在客户整合方面，企业需要与主要客户共享市场信息、销售信息、需求预测信息、库存信息及生产计划信息，同时通过快速订货系统、信息化订货流程和定期沟通等方式加强协作，确保对客户需求的快速响应，并通过反馈跟进不断优化服务。在供应商整合方面，企业需与主要供应商建立战略合作伙伴关系，构建快速订货系统，利用网络实现稳定采购，并共享生产计划、生产能力、库存信息及需求预测信息。此外，企业还应积极协助主要供应商优化流程、参与产品设计、管理多级供应链，以提升供应链整体效率和响应能力。通过外部整合，企业能够实现资源的协同优化，增强企业的竞争力和可持续发展能力。

（四）创新原则

一个成功的商业模式不一定依赖于技术上的突破，而可能是对某一环节的改造、对原有模式的重组与创新，甚至是对整个行业游戏规则的颠覆。商业模式的创新形式贯穿于企业经营的各个方面，包括资源开发、研发模式、制造方式、营销体系以及市场流通等环节。换言之，企业在经营过程中的每一个环节都蕴藏着创新的可能性，这些创新都有潜力发展为一种成功的商业模式。

（五）融资有效性原则

构建有效的融资模式对企业至关重要，尤其对中小企业更为重要。

资金是企业生存和发展的基石,特别是企业在追求快速成长的过程中,解决资金问题往往意味着企业抓住了发展的先机,掌握了市场主动权。观察一些成功企业的发展历程可以发现,虽然它们对外宣称的成功原因各不相同,但资金在其中发挥的关键作用不可忽视。相反,许多企业的失败往往源于未能建立有效的融资模式。例如,某社区团购平台早期曾获得多家知名投资机构的注资,但自 2021 年 3 月起未能获得新的融资,最终于 2022 年全面停止业务并进入善后阶段。这一案例表明,企业不能单纯依赖早期投资维持运营,而需要建立可持续的融资模式。这可能包括挖掘新的投资机会、拓展收入来源、提高资金使用效率等。只有这样,企业才能在竞争激烈的市场环境中实现长期生存与可持续发展。

(六)组织管理高效率原则

根据现代管理学理论,一个企业要想高效运行,首先,企业需要明确愿景、使命和核心价值观。这些不仅是企业生存与成长的动力源泉,也是激励员工努力工作的根本理由。其次,企业需要建立一套科学且实用的运营与管理系统,以解决系统协同、计划、组织和约束等问题,确保各部门间的高效协作与资源的合理配置。最后,企业还需设计科学的奖励与激励方案,让员工能够共享企业创造的价值,从而增强团队的向心力和凝聚力。只有同时解决愿景动力、系统管理和员工激励这三个核心问题,企业管理才能实现高效运作。

(七)风险控制原则

即使设计再好的商业模式,如果缺乏足够的抗风险能力,也如同建造在沙丘上的大厦,难以承受风浪的冲击。这里的风险既包括系统外部的风险,如政策变动、法律环境变化以及行业风险,也涵盖系统内部的风险,如产品变化、人员变更和资金链断裂等。企业只有在商业模式中融入有效的风险应对机制,才能在复杂多变的环境中保持稳健发展。

(八)合理避税原则

合理避税不同于逃税,其核心是在现行制度和法律框架内,通过合理利用相关政策，设计一套有助于合法减轻税负的体系。合理避税不仅符合法律要求，也体现了企业对税务合规的重视，同时能有效降低成本，为企业创造更多发展空间。

第二节　元宇宙商业模式概述

一、元宇宙商业模式的概念

元宇宙商业模式是指开发、集成和利用元宇宙技术，以创造或重塑虚拟与现实融合共生的商业场景，并据此开展用户参与的价值主张、价值创造和价值捕获的基本原理与活动体系。元宇宙商业模式既反映商业模式的一般性，即回答“如何主张、创造、捕获价值”的基本问题，又具备独特性。结合元宇宙的特征可知：数字技术集成性为元宇宙商业模式提供技术动力，也催生出庞大的数字技术商业化市场；虚拟现实融合性为元宇宙企业活动提供前所未有的丰富场景；经济体系持续性描述了元宇宙企业价值创造的巨大前景。元宇宙特征与元宇宙商业模式特征具体如图 8－2 所示（郭海 等，2023）。

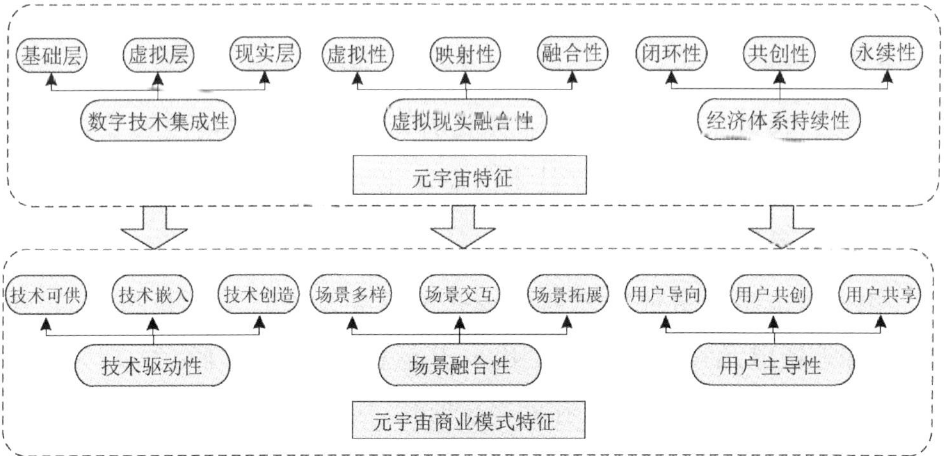

图 8－2　元宇宙特征与元宇宙商业模式特征

二、元宇宙商业模式的特征

(一)技术驱动性

元宇宙商业模式是数字技术综合应用的产物,可被视为通过多种数字技术实现价值创造的过程。从这一视角出发,数字技术的集成性为元宇宙商业模式的构建提供了强大动力。首先,在价值主张维度上,数字技术展现了其独特的可供性特征。数字技术作为改进的信息通信技术或系统,其可供性体现在为特定用户或场景提供行动潜力的可能性。这一特性使得元宇宙相关的前沿数字技术在商业化后能够转化为具有实际价值的产品与服务。元宇宙商业模式通过这种潜能具体化其价值主张,例如通过硬件技术搭建元宇宙基础设施,或通过软件技术塑造元宇宙的社会生态与文明。其次,在价值创造维度上,元宇宙技术展现出强大的嵌入性。这些技术深度融入企业协调资源、提供产品与服务的核心过程。一方面,它们可以嵌入生产环节,例如用于数字虚拟人的设计与迭代;另一方面,它们可以嵌入用户体验中,例如通过虚拟现实设备将用户与元宇宙无缝连接,增强互动性与沉浸感。最后,在价值捕获维度上,元宇宙商业模式体现了数字技术的创造性。元宇宙为数字技术的商业化变现提供了全新渠道。与传统交易模式需要依赖中心化机构(如银行)不同,元宇宙中的交易活动通过去中心化技术实现,提升了交易效率和安全性。这种技术赋能的商业模式为元宇宙经济体系注入了持续发展的动力,同时也拓展了数字技术的商业化边界。

(二)场景融合性

用户需求是创造或重塑商业模式的重要动力。场景是指时间、地点、情感等特定元素,以及企业、用户、其他相关主体间的关系、行为所构成的具体画面或特定过程。在元宇宙时代,用户的差异化需求往往嵌入在具体场景中,何时何地如何为用户提供产品服务,可能比产品服务本身更重要。

场景融合性是元宇宙商业模式的核心特点，贯穿于价值主张、价值创造和价值捕获三个维度。首先，在价值主张维度上，场景融合性体现为场景的多样性。元宇宙的虚拟现实融合特性创造或重塑了多元化的场景。一方面，元宇宙技术推动了全新虚拟产业场景的出现，例如宝马的数字模拟车间，通过虚拟空间完成研发设计与仿真测试，大幅降低了试错成本；另一方面，元宇宙能够重塑已有场景，例如利用增强现实技术丰富现实场景的趣味性，为企业嵌入新产品和服务提供机会。元宇宙与教育、游戏、社交、文创、医疗等领域的结合，催生出更新、更具体的需求，为产品开发提供方向性指导。其次，在价值创造维度上，场景融合性表现为场景的交互性。一方面，元宇宙商业模式注重基于虚拟场景创造产品和服务，例如在大型在线角色扮演游戏中提供数字资产和个性化虚拟服务；另一方面，虚拟与现实场景的高度交互使虚拟空间的产品和服务最终能够满足现实用户的需求，例如角色扮演游戏玩家的沉浸式体验需求。虚拟现实场景的融合交互催生出新的需求与规则，为元宇宙创造价值提供了新的路径与机会。最后，在价值捕获维度上，场景融合性体现为场景的拓展性。在元宇宙时代，用户价值逐渐从功能性价值向体验性价值转变。在具体场景中，提供“有趣”的产品和服务的重要性与提供“有用”的产品同样关键。元宇宙通过场景消费，将价值捕获的范围从功利性价值拓展至情感性价值和体验性价值，为商业模式的创新和发展开辟了新的方向。

(三)用户主导性

元宇宙商业模式具有以用户为导向，与用户共创造，和用户共享价值的共生、共创、共享等特点。首先，在价值主张维度上，元宇宙体现了强烈的用户导向性。在信息文明时代，传统的“货、场、人”的产品中心逻辑正逐渐被“人、货、场”的用户中心逻辑所取代，而元宇宙进一步强化了这一特征，着重满足用户更高层次、更精准化和更个性化的需求。其次，在价值创造维度上，元宇宙突出了用户的共创性。价值共创是指消费者与生产者共同创造价值，强调用户在价值创造过程中的主导作用。元宇宙显著降低了用户参与的门槛,极大地提升了用户的参与度,使用户成为价值创造的重要主体。例如,在数字虚拟空间中,任何人都可以以极低的成本创建自己的数字分身,同时各地用户能够低成本汇聚于同一空间内,释放出巨大的价值创造潜力。最后,在价值捕获维度上,元宇宙体现了用户的共享性。作为价值创造的主体,用户自然也应参与价值捕获环节。许多游戏用户以元宇宙内部创业者的身份,与平台主导方共享虚拟资产,并从中获得现实世界的回报。例如,用户通过内容创造获取经过确权的元宇宙数字凭证,并将其兑换为现实货币。元宇宙通常采用去中心化自治组织的形式运行,在价值分配上规避了平台的过度干涉,体现了完全的用户导向。这种模式可视为元宇宙企业在价值捕获环节中的创新尝试。

三、元宇宙商业模式的类型

元宇宙商业模式是前沿数字技术与用户需求共同塑造的产物,即在技术和经济上具有可行性的基础上满足消费者的需求。元宇宙商业模式中的技术驱动性反映了数字技术对元宇宙价值创造过程的推动作用,其场景融合性与用户主导性则体现了用户需求对元宇宙价值创造过程的拉动作用。

(一)元宇宙相关数字技术分类

结合元宇宙商业模式作为一个活动系统的需要,郭海等(2023)将元宇宙相关数字技术分为三大模块和五大类型,如表 8－1 所示。首先是支撑技术模块,该模块用于构建元宇宙系统的物理基础,主要包括物理基础设施和算力,这是保障元宇宙运行的核心条件。其次是交互技术模块,该模块用于构建元宇宙系统的经济社会基础,涵盖数字人、数字物及其交互过程的构建,并为经济架构提供技术支撑。最后是连接技术模块,该模块用于打通元宇宙虚拟与现实空间的通道,主要是指提供虚实空间接口的技术。

表 8-1　元宇宙技术分类

技术模块	具体类型	价值(功能)	技术举例
支撑技术模块	硬件设备技术	提供物理基础设施	光纤、电缆
	网络计算技术	提供平台底层算力	云计算技术、大数据技术
交互技术模块	智能建模技术	构建数字人、物与其交互过程	渲染建模技术、人工智能
	数字加密技术	提供经济架构支撑	区块链技术
连接技术模块	虚实融合技术	提供虚实空间接口	扩展现实技术

(二)用户需求场景分类

在元宇宙时代,用户需求高度嵌入场景中,场景将人、货、信息等要素紧密结合在一起,是吸引用户的新入口,也是商业模式设计最重要的因素之一。首先,对消费场景的关注,这体现了元宇宙时代消费升级的需求。元宇宙实现了娱乐社交等消费场景的拓展与增强,渲染技术、交互技术、人工智能等一系列技术与现实场景的融合大大拓宽了用户在消费时的体验感,这对于个体用户尤为明显。其次,对产业场景的关注,这体现了元宇宙时代产业升级的需求。元宇宙的一大优势在于对虚拟产业场景的创造。虚拟空间促进了工业生产中虚拟化场景的构建,生产者可利用虚拟空间对现实研发、设计、生产、测试等过程进行模拟,实现现实工厂向数字孪生工厂的投射,从而降低产品的试错成本,更好地指导产业生产实践。元宇宙产业实践呈现出明显的消费者端与企业端场景的差异。消费元宇宙与产业元宇宙是当前元宇宙投资的主要应用场景,前者关注个体用户的体验升级,后者注重企业用户的智能转型。移动互联网时代的场景主要围绕个体消费者,更注重消费升级;展望未来,企业消费者的需求不容忽视。制造业升级带来的潜在市场具备更大的价值创造潜力。

根据元宇宙相关数字技术与场景嵌入的用户需求两个维度,我们对元宇宙商业模式进行分类,如表 8-2 所示(郭海 等,2023)。支撑性技术如光纤基础设施与算力系统,是为整个元宇宙系统提供物理基础设施的底层基石,无论产业还是消费元宇宙都必须依托底层支撑性技术。但是,在涉及元宇宙内部的经济体系构建以及虚拟场景连接方面,产业与消费场景的需求存在差异。据此,可将元宇宙商业模式划分为以下五种类型:支撑性元宇宙商业模式、交互性产业元宇宙商业模式、交互性消费元宇宙商业模式、连接性产业元宇宙商业模式、连接性消费元宇宙商业模式。

表 8-2 元宇宙商业模式分类

技术场景	产业场景	消费场景
支撑性技术	支撑性元宇宙商业模式 (典型企业如亨通光电、阿里云等)	—
交互性技术(如智能建模技术、数字加密技术)	交互性产业元宇宙商业模式(典型企业如英伟达 Omniverse、百度超级链等)	交互性消费元宇宙商业模式(典型企业如 Roblox、Sorare(索拉尔)等)
连接性技术(如虚实融合技术)	连接性产业元宇宙商业模式(典型企业如 Osso VR(奥索虚拟现实)等)	连接性消费元宇宙商业模式(典型企业如 Meta 的 Oculus(奥克卢斯)等)

表 8-3 进一步从技术与需求输入、商业模式过程、组织与社会输出三个方面,运用理论分析与案例阐释相结合的方式,对元宇宙商业模式的类型进行界定与剖析(郭海 等,2023)。

表 8-3 元宇宙商业模型不同类型比较

类型	典型案例	输入因素	过程因素:价值主张	过程因素:价值创造	过程因素:价值捕获	输出因素
支撑性元宇宙商业模式	以亨通光电为代表的基础设施型元宇宙商业模式	光纤技术进步;产业升级需求	为通信企业提高物理基础设施,助力元宇宙崛起	提供设计、研发、制造、安装与应用的全链服务,夯实元宇宙物理基石	销售硬件产品获利,亨通光电 2022 年的净利润达 14 亿元	先进技术商业化的经济价值;稳固元宇宙底层基座的社会价值
	以阿里云为代表的算力支撑型元宇宙商业模式	互联网时代的计算技术积累;元宇宙对超强算力的需求	提供基于云计算技术的解决方案与基于具体场景的体验优化	提供渲染、串流到编码的整套云计算解决方案;提供融合产业端与消费端的元宇宙应用,如“元境”	依托于开放虚拟机、硬件与云平台的租赁服务获利;为阿里母公司决策提供数据基础服务以获得支持	将公司积累的数据与计算能力变现;推动元宇宙发展与产业升级

续表

类型	典型案例	输入因素	过程因素：价值主张	过程因素：价值创造	过程因素：价值捕获	输出因素
交互性产业元宇宙商业模式	以Omniverse为代表的数字交互型产业元宇宙商业模式	智能建模技术的发展；物理世界的拟真需求	为产业界构建仿真虚拟空间与智能交互过程提供工具	将GPU、CUDA、RTX等技术整合到统一平台，使用者在共享的虚拟空间中实现生产协作和产品迭代	工业制造商在使用拟真工具开发产品时支付的服务费用；千万级别设计师的潜在市场	为公司赚取许可证费用，并带动硬件销售增长；赋能创业成长；加快元宇宙节奏
	以百度超级链为代表的经济架构型产业元宇宙商业模式	区块链技术的广泛应用；去中心化经济模式的需求	为元宇宙企业提供数字加密、智能合约、节点管理与共识机制支持等服务	提供区块链网络创建、网络管理、网络应用等服务，方便元宇宙商品交易与资金流动	BaaS(区块链即服务)市场份额增长迅速，赚取服务费用；帮助母公司开发百度元宇宙，在协同开发中获取共同受益	用户增长迅速，交易量攀升；推动母公司智能转型；提升合作者治理能力
交互性消费元宇宙商业模式	以Roblox为代表的数字交互型消费元宇宙商业模式	智能建模技术的成熟；用户娱乐需求的持续升级	开发者与玩家共生的元宇宙游戏，为用户自主创造提供平台和工具	构建数字人形象；为玩家提供技术工具与游戏规则；保障UGC内容社区的创造力	售卖虚拟商品，如游戏皮肤；发行代币并参与交易分成	满足用户娱乐需求，实现技术商业化应用；推动元宇宙在游戏产业的扩散
	以Sorare为代表的经济架构型消费元宇宙商业模式	数字加密技术的成熟；用户主导催生去中心化货币需求	为用户提供安全的数字虚拟交易模式	创造不可替代的数字藏品NFT；通过去中心化货币，确权数字资产；打通虚实交易通道	赋予数字藏品以金融属性，参与元宇宙金融行为的分成	推动区块链游戏行业发展；保护用户的主导权益；可能导致金融风险
连接性产业元宇宙商业模式	以Osso VR为代表的虚实通道型产业元宇宙商业模式	虚拟现实技术在产业端的成熟；产业界虚实交互的需求	为以医学院为代表的机构用户提供虚拟现实交互产品	利用VR技术提高用户体验；拓展服务模块；开发系统解决方案	销售设备获利；收取服务费用	推动相关技术的资本化与商业化；降低虚拟服务成本，提升社会福祉
连接性消费元宇宙商业模式	以Oculus为代表的虚实通道型消费元宇宙商业模式	虚拟现实技术在消费端的扩散；消费升级带来的娱乐体验需求	为连接虚实空间提供移动端技术与设备	将元宇宙的虚拟空间与现实空间连接起来；促进虚拟体验升级	设备销售获利；带动相关娱乐产业如VR游戏的发展并共同获利	推动连接性技术的商业化与创新迭代；帮助元宇宙从概念走入现实

第三节　元宇宙产业链布局

元宇宙产业链分为上游基础设施、中游基础设施、下游基础设施。上游基础设施包括头显设备等硬件入口、算力基础设施、虚拟现实引擎等,它会相应衍生出基础层元宇宙商业模式;中游基础设施是各要素服务的集成,包括平台分发、渠道销售、内容运营,其核心要素包括 NFT、虚拟货币等经济系统交易及一些独立身份、社交场景等,因而平台层的核心是围绕数字资产平台的商业模式;下游基础设施分为应用及用户,元宇宙可以应用在制造、营销、游戏等领域。本节将介绍国内外企业案例,旨在帮助读者初步理解元宇宙产业链的商业布局。后续章节将深入探讨元宇宙产业链的基础层、平台层和应用层所衍生的各种商业模式。

一、脸书

2021 年 10 月,脸书(Facebook)宣布将公司名称更改为元(Meta)。尽管母公司进行了品牌重塑,但公司结构保持不变。新名称代表了 Meta 构建"元宇宙"的未来愿景:一种在交互式虚拟世界中建立的新型社交网络,它将不同的用户连接起来,进行游戏、工作和娱乐。Meta 将元宇宙视为移动互联网的继承者,具有巨大的市场和采用潜力。该公司将专注于软硬件开发,为用户创造独特的虚拟体验(Kraus et al., 2022)。

(一)基础层布局

脸书在技术领域积累深厚,在自然语言处理、图形识别和语音识别等方面取得了显著成果。这些与语音、语义、图形等相关的人工智能技术为脸书进入元宇宙业务奠定了坚实的基础。2014 年 7 月,脸书以 20 亿美元收购了著名的虚拟现实设备企业 Oculus,并在人力、财力和物资等方面对该企业给予了大力支持。一方面,脸书加速了硬件研发,几年间陆续推出了多款虚拟现实设备产品。另一方面，为配合硬件的推广，脸书在内容生产领域也投入了大量资源。通过自研内容以及对初创企业的投资，Oculus 确保其虚拟现实设备每年都有几十款应用更新。硬件开发与内容生产的深度整合，使得 Oculus 在行业内脱颖而出，其市场份额始终保持领先地位。此外，脸书在元宇宙硬件领域也有前瞻性布局。例如，2021 年 9 月，脸书与雷朋合作推出了 Ray-Ban Stories（雷朋故事）智能眼镜。这款眼镜虽然尚未具备增强现实功能，但已支持录像、拍照、上传影像、听音乐和接听电话等功能。与此同时，脸书还在研发混合现实头盔，为元宇宙硬件领域的进一步拓展打下基础。

（二）平台层和应用层布局

相比于其他进军元宇宙的互联网企业，脸书对区块链和加密货币表现出更为浓厚的兴趣。2019 年 6 月，脸书联合 20 余家企业计划推出一款名为 Libra（天秤座）的加密货币。Libra 最初设想以一篮子货币为支撑，为脸书全球 20 多亿用户提供超主权的金融服务。2020 年，Libra 宣布脱离脸书独立运作，并更名为 Diem（迪姆），以缓解监管问题。尽管 Diem 后续采取了诸多措施，例如推出 Novi（诺维）钱包和 Paxos（帕克索斯）美元稳定币等，但在 2022 年 2 月因持续的监管压力宣布解散。然而，Diem 团队并未完全放弃，一些核心成员离开后创立了多个项目，其中 Aptos（阿普托斯）备受关注。

与此同时，脸书也积极布局元宇宙内容领域。2017 年，脸书投资 360 度视频 VR 内容制作团队 Blend Media（布伦德媒体），为其设备平台提供高质量的 VR 内容产品。自 2019 年起，脸书开始大规模收购 VR 游戏企业，包括 Beat Games（比特游戏）、Sanzaru Games（桑扎鲁游戏）、Ready At Dawn（黎明就绪）和 Downpour Interactive（暴雨互动）等优质企业，并将其优秀人员整合至 VR 开发部门。这一系列收购显然是为了在元宇宙内容市场中占据领先地位。随着线上工作和生活需求大幅增长，脸书推出了四个 VR 平台：Horizon Home（地平线家园）、Horizon

Workroom(地平线工作室)、Horizon Worlds(地平线世界)和 Horizon Venues(地平线场馆)。这些平台分别满足用户在 VR 环境中的生活、工作、社交和娱乐需求。这些举措体现了脸书在元宇宙领域的全面战略布局,从硬件到内容再到场景应用,构建出较为完善的生态体系。

二、英伟达

(一)基础层布局

英伟达在元宇宙领域的卓越地位主要源于其在 GPU 领域的领先优势。自 1999 年发明 GPU 以来,英伟达最初专注于图形计算,特别是在游戏领域的应用。然而,随着人工智能的迅猛发展,GPU 的强大并行计算能力被广泛用于大规模深度学习模型的训练,使英伟达在人工智能芯片领域抢占了先机。其最新推出的 Blackwell(布莱克威尔)架构是专为生成式 AI 和加速计算设计的 GPU 架构,凭借出色的性能、效率和扩展能力,为生成式 AI 领域开辟了全新的发展路径。

自 2021 年起,英伟达开始进军 CPU 市场,并在同年发布了其首款 CPU 产品——Grace(格雷斯)处理器。Grace 是全球首款专为 TB(太字节)级别加速计算设计的 CPU,显著提升了超大规模 AI 模型的训练性能,能够支持参数规模超过 1 万亿的下一代深度学习模型。当 Grace 与英伟达的 GPU 结合使用时,整套系统的性能得到大幅提升。这一技术的突破标志着英伟达成功转型为“三芯片”企业,将 CPU、GPU 和 DPU(数据处理单元)三大核心技术有机整合,为人工智能和元宇宙的发展提供了坚实的硬件支撑。凭借全面覆盖的芯片技术与“三芯片”协同的强大优势,英伟达不仅进一步巩固了其在人工智能领域的领先地位,也为元宇宙的构建注入了强劲动力。

(二)平台层和应用层布局

英伟达利用其强大的技术实力,打造了多个知名的元宇宙平台。Omniverse 是一个专为虚拟协作和物理级准确的实时模拟打造的开放式3D设计协作平台。这一平台最初于2019年推出，其核心是英伟达GPU和皮克斯USD（通用场景描述）。根据英伟达方面的设想，Omniverse的定位是“工程师的元宇宙”，其目的在于将元宇宙落实到工业场景，以优化工程与设计行业工作流程，实现高效分工与协同。Omniverse关注“数字孪生”及其应用。创作者、设计师和工程师可以在Omniverse平台上将现实世界的事物进行还原，并将这些材料在共享的虚拟空间中协作和迭代。而开发者和软件提供商则可以在Omniverse的模块化平台上轻松地构建和销售扩展程序、应用、连接器和微服务，以扩展其功能。目前，已经有很多著名企业开始利用Omniverse进行工业设计和流程优化。例如，宝马集团为其工厂建立多个工业数字孪生；爱立信采用Omniverse构建城市地区的数字孪生以帮助确定如何建设5G网络；西门子能源使用Omniverse构建发电厂的工业数字孪生，预计通过这一项目每年可以为公用事业节约17亿美元。

在元宇宙时代，大量的内容创造与交互等需要很高的算力支持，这对于不少企业来说，是一笔很高的成本。针对这一问题，英伟达于2019年推出了CloudXR（云扩展现实）平台。CloudXR构建为可与任何连接设备（包括移动设备，平板电脑以及头部显示器）协同使用，以允许从任何地方流式传输沉浸式AR或VR体验。平台的用户可以使用它来对AR/VR流媒体进行云渲染，然后将它们传输给终端客户。凭借由英伟达GPU驱动的边缘服务器所带来的强大算力以及5G所带来的传输能力，即使终端客户使用的设备比较低端，他们也有机会享受到高保真的AR/VR流媒体效果。

三、腾讯

截至目前，腾讯尚未明确表示将全面进军元宇宙领域，但外界普遍将马化腾提出的“全真互联网”概念视为元宇宙的同义词，认为这一理念可能预示了腾讯版元宇宙方案的雏形。尽管官方未明确表态，但种种迹象表明腾讯对元宇宙这一热点领域并非无动于衷。例如，自2021年9

月起,腾讯陆续注册了“和平元宇宙”“魔方元宇宙”等商标,加上此前已有的商标存量,目前其持有的元宇宙相关商标已达数十个。这些举措表明,腾讯正密切关注并可能在元宇宙领域进行潜在布局。

(一)基础层布局

互联网领军企业腾讯在基础设施领域的布局比较完善,在人工智能、云计算和边缘计算等领域展现出强大的实力。根据调研机构科纳仕的数据,2021 年第三季度,腾讯在国内云计算市场的份额达 16.6%,排名第三,仅次于阿里和华为。此外,根据边缘计算社区发布的“2021 中国边缘计算企业 20 强”榜单,腾讯在边缘计算领域的实力位列全国第十。这些基础设施布局为腾讯未来发力元宇宙提供了强有力的支持。除了基础设施,腾讯在相关技术上的积累同样不容小视。根据科技创新信息服务商 Patsnap(智慧芽)提供的数据,截至 2021 年,腾讯在全球 126 个国家和地区共有 24000 余件元宇宙领域的公开专利申请,其中 99.74%为发明专利。这些专利主要集中在数据处理、区块链、服务器、人工智能、图像处理和虚拟场景等专业技术领域,为腾讯在元宇宙技术层面的竞争力提供了重要支撑。

在接入设备方面,腾讯并未直接参与 AR 或 VR 设备的研发和制造,但通过投资扶持了多家硬件企业,为未来布局元宇宙奠定了基础。例如,在 AR 领域,腾讯投资了 Innovega(英诺维加)和 Snap(快照公司);在 VR 领域,腾讯收购了黑鲨科技。这些企业的硬件产品可以为腾讯的内容提供元宇宙的入口,如果腾讯正式进军元宇宙,这些资源将成为其重要的支持力量。

(二)平台层布局

在平台层面,腾讯为开发者提供了多个功能强大的平台,其中包括广受欢迎的 3D 游戏开发引擎 Unreal Engine 和专注于企业数字化的 WeMake(我们制作)平台。Unreal Engine 是 Epic Games(虚幻游戏)公司旗下的一款顶级 3D 游戏引擎和开发工具,支持从 2D 移动游戏到 PC

游戏及主机平台 3D 大作的开发。许多广受好评的游戏作品均基于虚幻引擎制作。在元宇宙时代，VR 引擎的作用愈发重要，凭借其强大的渲染能力和虚拟场景构建功能，为构建沉浸式数字世界提供了关键支持。腾讯通过投资持有 Epic Games 48.4%的股份，成为其最大股东，使 Unreal Engine 也成为腾讯在元宇宙领域的重要技术布局之一。

2019 年，腾讯正式推出 WeMake 工业互联网平台。针对制造业企业数字化转型痛点和迫切需求，腾讯 WeMake 工业互联网平台在研发设计、生产制造、质量管控、运营管理、安全生产、运维服务、供应链管理、节能减排、企业上云、金融服务、数字营销等方面都开发了多样性的解决方案，服务工业企业转型升级。目前，腾讯 WeMake 工业互联网平台整合了云产品、优图工业 AI、大数据中心、物联网中心、微瓴、企业微信、企点等多个内部产品，以平台为载体将产品能力对外输出，已孵化 20 多个解决方案，覆盖工业制造“研、产、供、销、服”全链路，并与富士康、三一重工、玲珑轮胎等行业领军企业落地多个应用案例。

(三)应用层布局

尽管腾讯目前尚未发布专门的元宇宙应用和相关内容，但其在这一领域的潜力不容忽视。首先，腾讯拥有中国最大的两个社交平台——微信和 QQ。这两个平台不仅积累了庞大的用户群体，还沉淀了丰富的内容资源，为未来的元宇宙转型提供了重要的战略支持。其次，腾讯是全球最大的游戏运营商之一，其旗下的 WeGame(一起玩)平台是国内最重要的游戏分发平台之一。由于游戏本身就是元宇宙的重要应用场景之一，腾讯在这一领域占据了天然优势。例如，中文版的《罗布乐思》由腾讯代理运营，这进一步巩固了其在元宇宙入口竞争中的有利地位。此外，腾讯拥有大量音乐、小说、影视版权资源，为其元宇宙布局提供了充足的内容储备。腾讯还通过广泛投资建立了强大的盟友网络，这些盟友资源也是其进军元宇宙的重要资本。在移动互联网时代，腾讯依靠盟友资源构建生态体系,确保了其核心平台的地位;在元宇宙时代,腾讯很可能延续这一战略,通过掌控核心平台并引入盟友手中的丰富应用和内容资源,推动整个元宇宙生态的繁荣发展。

同时,腾讯也在数字孪生领域展开了布局。2020 年 4 月,腾讯云发布数字孪生城市解决方案"CityBase(城市基础)",结合城市空间、物联网等基础数据,利用建筑信息模型、地理信息系统、人工智能、区块链和大数据等技术,与合作伙伴共同开发了多个应用场景。这些技术已在深圳、武汉、贵阳、重庆等城市中加速落地,广泛应用于城市规划、建设、管理和服务等各个阶段,助力产业和城市的数字化升级。2021 年,腾讯进一步推出"数字安途"智慧高速解决方案,通过全感知、强计算、准决策、泛触达的技术手段,打造数字化高速公路新模式,实现全天候通行、全过程数字管控和全方位服务。这些创新布局不仅展现了腾讯在数字基础设施领域的技术实力,也为其进军元宇宙领域奠定了坚实的基础。

四、阿里巴巴

(一)基础层布局

在国内众多的数字经济巨头中,阿里巴巴在数字基础设施上的布局是最为完善的。

首先,阿里巴巴的云计算在国内居于绝对的领先地位。根据科纳仕的数据,2021 年第三季度阿里巴巴在国内公有云市场上的份额达到了 38.3%,位列所有企业第一。在国际市场上,阿里巴巴也是仅次于亚马逊和微软的世界第三大云服务提供商。强大的云计算能力,将为阿里巴巴发展元宇宙提供强大的算力支持。其次,阿里巴巴在人工智能领域具有强大的能力。在国内多项评比当中,阿里巴巴的人工智能实力都处于前列。2021 年,阿里巴巴正式对外发布了"阿里灵杰"人工智能解决方案。"阿里灵杰"依托阿里领先的云基础设施、大数据和人工智能工程能力、场景算法技术和多年的行业实践,一站式地为企业和开发者提供云原生的人工智能能力体系让企业和开发者对人工智能“开箱即用”。再次，阿里巴巴已经建立起了完善的区块链布局和区块链解决方案，并将其以“云区块链服务”的形式推出。用户企业可以通过阿里云直接对其进行调用，从而达到简化部署运维及开发流程，实现业务快速上链的目的。由于区块链技术在元宇宙中具有突出作用，因此区块链布局将会为阿里巴巴争夺元宇宙市场创造优势。除了既有的布局外，阿里巴巴在元宇宙技术研发方面也有投入行为。2021 年 10 月，阿里巴巴的达摩院建立了 XR 实验室，汇集了一大批国内外顶尖技术人员进行与元宇宙相关的技术研发。

阿里巴巴虽然具备强大的研发能力，但并未直接从事硬件制造，而是通过投资和合作的方式积极布局元宇宙硬件领域。阿里巴巴对多家全球领先的 AR 企业进行了战略投资。例如，2016 年，阿里巴巴向 AR 企业 Magic Leap（魔法跳跃）投资了 7.94 亿美元，同年向以色列 AR 企业 Infinity AR（无限增强现实）投资 1500 万美元；2017 年，阿里巴巴向以色列 AR 企业 Lumus（卢姆斯）投资了 600 万美元；2020 年，阿里巴巴向瑞士 AR 企业 WayRay（伟雷）投资了 1800 万美元。这些投资体现了阿里巴巴对 AR 硬件技术的高度重视以及其在全球范围内的战略布局。

（二）平台层布局

阿里巴巴对于元宇宙平台的布局比较早。2017 年，阿里巴巴就推出了其 AR 开放平台。这个平台内置于天猫精灵开放平台内，面向开发者提供 2D 识别追踪、3D 识别追踪、内容制作平台、高质量渲染引擎等核心能力。开发者通过接入套件，即可快速创建 AR 内容，无须担心开发算法、使用传感器、GPU 优化等难题。与此同时，阿里人工实验室还推出了 AR 内容平台阿里火眼，开发者可以将其创建的 AR 内容直接发布到阿里火眼。2022 年，淘宝中国（阿里资产）平台正式上线“新文旅频道”，依托淘宝（中国）软件有限公司旗下的阿里资产平台，搭建了集“新文旅数字”藏品交易和 VR、AR 藏品交易为一体的全新数字文旅资产交易频道。

(三)应用层布局

在电商领域,阿里巴巴于 2016 年推出了 VR 购物计划 Buy+(买+),让用户可以直接与虚拟世界中的人和物进行交互。2021 年,阿里更新了 Buy+技术,将现实生活场景虚拟化,使其成为一个可互动的商品,进一步增强了用户的购物体验。此外,阿里达摩研究院成立了 XR 实验室,利用三维重建技术构建线下店铺的 VR 模型,使用户可以在模型中漫游、点击查看商品详情甚至下单。同时,XR 实验室与松美术馆合作开发了 AR 艺术展,用户佩戴 AR 眼镜即可沉浸在艺术家设计的虚拟世界中,并与虚拟元素互动。通过这些虚拟购物场景的构建,阿里巴巴延展了现有的购物环境,全力布局“元宇宙+电商”领域。

在协同办公领域,2020 年钉钉推出了钉钉平行协同空间。该应用可内置在可穿戴终端中,运用 AR、VR、AI 等前沿技术为用户提供沉浸式会议体验。用户通过虚拟现实眼镜,能够随时随地进入 3D 虚拟工作环境,体验身临其境的远程沟通与协作。在工业领域,阿里巴巴积极推进数字孪生技术的实际应用。阿里云的工业数字孪生方案通过实时采集工业生产数据,并利用阿里云的人工智能和机器学习技术挖掘数据中的潜在问题,将信息转化为洞察,从而高效驱动生产控制技术。通过建立虚拟的 3D 化数字工厂,阿里能够辅助生产与决策,最终实现新的价值创造。

此外,阿里巴巴在虚拟人领域也有所布局。2021 年,阿里巴巴展示了其虚拟员工 AYAYI(阿雅伊)。据阿里巴巴介绍,这类虚拟人未来可以作为电商模特使用,为商家降低约 90%的模特成本。2022 年,淘宝公布了其直播营销的三大方向,其中虚拟主播和 3D 场景成为平台的新驱动力。这些布局不仅展现了阿里在元宇宙领域的全面探索,也为其在电商、办公和工业等领域的创新提供了新的可能性。

本章小结

发现顾客、满足顾客和锁定顾客是商业模式的基础。围绕元宇宙的商业模式，首先，本章概括了商业模式的内涵，其具体原则包括：客户价值最大化原则、持续盈利原则、资源整合原则、创新原则、融资有效性原则、组织管理高效率原则、风险控制原则、合理避税原则。其次，介绍了元宇宙商业模式，其体现了商业模式的一般性，即回答“如何主张、创造、捕获价值”的基本问题，同时又具备技术驱动性、场景融合性、用户主导性的特征，并根据元宇宙相关数字技术与场景嵌入的用户需求两个维度，对元宇宙商业模式进行了分类。最后，通过脸书、英伟达、腾讯、阿里巴巴案例，讨论了这些企业在各自元宇宙产业链基础层、平台层、应用层的商业布局。

第九章　元宇宙基础层商业模式

第一节　硬件入口

一、概述

硬件入口是元宇宙体验的关键入口，包括各种能够让用户进入虚拟世界并产生互动的设备。这些设备包括但不限于虚拟现实头显、增强现实设备、智能手表、智能手机以及专业的游戏设备。硬件入口的重要性在于它们为用户提供了一个沉浸式的体验平台，通过这些设备，用户可以深入体验元宇宙世界，在其中进行交互、沟通、购物、游戏等多种活动。《元宇宙产业创新发展三年行动计划（2023—2025 年）》进一步强调了拓展元宇宙入口，加速 XR 头显、裸眼 3D 等沉浸显示终端的规模化，推动和丰富了基于手机、计算机、电视机等终端的元宇宙应用，支持脑机接口等前沿产品研发的重要性。

目前，扩展现实设备国外厂商占据先发优势，市场占比较高。某国际数据公司预计，AR 和 VR 头显在未来数年将持续增长 30%以上，2026 年的出货量将达到 3510 万台。中国市场方面的预测数据显示，从 2021 年至 2026 年，中国 AR/VR 市场将以 42.2%的复合年增长率持续高速增长，增长速度将超越美国和西欧等其他八个区域，位居全球首位。2026 年，全球 AR/VR 总投资预计将增至 508.8 亿美元，复合年增长率（2021—2026 年）达 32.3%。其中，中国 AR/VR 市场的总投资规模将超过 120 亿美元，占全球总量的 24.4%，市场规模仅次于美国。这表明,中国在 AR/VR 领域的市场潜力和竞争力持续增强,有望在全球范围内占据重要地位。

二、商业模式

(一)奥克卢斯

2021 年第一季度,Meta 旗下的奥克卢斯(Oculus)出货量已占全球 VR/AR 头显出货量的 75%,同比增长 117%,行业呈现向头部集中的趋势。Oculus 是虚拟现实领域的领先企业,其商业模式主要集中在虚拟现实头显硬件的研发、生产和销售上。在硬件销售方面,Oculus 通过直接销售头显设备获得收益。其系列产品的成功归功于其先进的技术,例如高分辨率显示屏、精准的追踪系统以及舒适的设计,这些特点深受广大虚拟现实爱好者的青睐。通过线上和线下渠道的销售,Oculus 建立了庞大的用户基础。此外,Oculus 还在内容平台上建立了自己的生态系统,通过 Oculus 应用商店提供各种虚拟现实应用和游戏。Oculus 与应用开发者合作推出独占内容,使用户在购买硬件后能够享受到更为丰富和独特的虚拟体验。这为 Oculus 创造了另一项盈利来源。Oculus 在虚拟现实社交方面也进行了尝试,例如推出了 Oculus 社交功能,使用户可以在虚拟现实中与朋友互动。这为未来可能的社交虚拟体验奠定了基础。总体而言,Oculus 通过硬件销售和内容生态系统的建设,成功将用户引入其虚拟现实生态中。随着虚拟现实市场的不断扩大,Oculus 在硬件入口领域持续取得成功,并通过不断的技术创新和用户体验提升,不断拓展虚拟现实的应用领域。

(二)微软

全息眼镜(Hololens)是微软开发的增强现实头戴式设备,它能够将虚拟图像与现实世界进行融合,使用户能够与虚拟对象进行互动。Hololens 具有内置的传感器和处理器,能够感知用户的环境并在其周围创建虚拟图像。其商业模式主要侧重于硬件销售以及与微软 Windows

Mixed Reality(视窗混合现实)平台的整合。在硬件销售领域,HoloLens 通过推出高端增强现实眼镜产品(如 HoloLens 2)获得了收入来源。这款产品的成功在于其先进的混合现实技术,可实现虚拟图像与现实世界的交互。除硬件销售外,HoloLens 与 Windows Mixed Reality 平台深度整合,为用户提供了更丰富的应用体验。用户可以通过 HoloLens 访问应用商店,下载并使用各种增强现实应用。这一整合为微软创造了生态系统的优势,用户在购买 HoloLens 后能够更好地融入 Windows 平台。HoloLens 在企业领域的成功案例也为其带来了额外的收益。在医疗、教育、制造等领域中,HoloLens 被广泛应用于虚拟培训、设计和远程协作等场景。通过提供解决方案,HoloLens 为企业提供了高效的工具,从而吸引了更多企业用户。总体而言,Microsoft HoloLens 通过硬件销售、与 Windows 平台的整合以及在企业市场的成功应用,实现了在增强现实领域的盈利。其技术创新和生态系统的建设为用户提供了更具交互性和实用性的增强现实体验。

(三)比科

比科(PICO)成立于 2015 年,最初隶属于歌尔股份,主要专注于企业端的 VR 商用设备开发。依托歌尔股份在 VR 供应链代工领域的绝对优势,PICO 在硬件制造和技术研发方面积累了深厚的基础。2021 年,PICO 被字节跳动收购后,业务重心逐渐转向消费者市场,专注于 VR 一体机的研发和生产。PICO 在 VR 一体机头显系列产品的开发中展现了三大核心优势:技术创新、内容生态和市场渠道。

PICO 诞生于技术储备雄厚的歌尔体系内,多年来持续投入研发资源,其多款 VR 头显产品在市场中具有较强的竞争力。例如,旗舰产品 PICO 4 采用超短焦光学折叠光路技术,有效缩短了光路距离,减轻了头显重量,同时显著提高了视场角,优化了画面畸变问题。此外,PICO 4 支持眼动追踪、手势识别和彩色透视等创新功能,能够提供更加自然的互动体验和更真实的沉浸感。在内容生态方面,PICO 通过自研和引进两种模式，构建了丰富的内容生态体系。PICO 应用商店已上线超过 300 款游戏和应用，涵盖娱乐、教育、社交、旅游等多个领域。同时，PICO 与多家知名内容提供商合作，例如爱奇艺、腾讯视频和哔哩哔哩，为用户提供优质的影视和互动内容。这种多样化的内容支持为 PICO 设备的使用场景拓展提供了强大支撑。在市场推广方面，PICO 结合线上和线下多渠道策略进行产品销售。在线上渠道，PICO 依托字节跳动旗下的社交平台，通过直播间和关键意见领袖推广等方式吸引消费者关注并促成购买。在线下渠道，PICO 设立自有品牌门店，为消费者提供直观的产品体验和便捷的购买路径。此外，PICO 在教育、医疗、旅游等多个垂直行业拥有广泛的合作客户，为其提供定制化的 VR 解决方案。

PICO 凭借技术创新、内容生态和市场渠道的综合优势，快速在 VR 消费市场中占据了一席之地。通过字节跳动的资源整合及持续创新，PICO 不但提升了 VR 一体机的用户体验，还进一步推动了 VR 技术在多行业场景中的应用，为构建元宇宙生态奠定了坚实的基础。

第二节　算力基础设施

算力是集信息计算力、网络运载力、数据存储力于一体的新型生产力，主要通过算力基础设施向社会提供服务。算力基础设施是支撑元宇宙经济发展的重要资源和基础设施，呈现多元泛在、智能敏捷、安全可靠、绿色低碳等特征，在实现数字化转型、培育未来产业以及形成经济发展新动能等方面具有重要作用。工业和信息化部发布的数据显示，2021 年，中国算力核心产业规模达 1.5 万亿元。截至 2022 年 6 月底，中国在用数据中心机架总规模超过 590 万标准机架，服务器规模近 2000 万台。当前，中国算力创新不断提速，产业保持高速增长，生态日渐完善。算力已经成为衡量一个国家数字经济发展水平的重要指标之一，将为各行各业的数字化转型注入强劲动力。

一、5G 网络建设

(一)概述

中国5G建设部署和规模应用扎实推进,从“建得好”向“用得好”加速升级。在网络建设方面,截至2023年5月末,中国累计建成并开通5G基站284.4万个,覆盖所有地级市城区和县城城区;建成5G行业虚拟专网超过1.6万个,有效满足垂直企业对数据本地化、管理自主化等个性化需求。在技术创新方面,打造了较为完备的5G系统、芯片、终端、仪表等产业链条;5G技术能力持续突破,大上行带宽、网络切片、边缘计算等能力不断提升,有力支撑5G个人市场及部分垂直行业应用需求。在融合应用方面,5G应用已融入97个国民经济大类中的60个,应用案例累计超5万个,特别是工业领域的5G应用已逐步深入生产经营核心环节,5G+急诊救治体系已在超过70个地级市建成使用,全国50强煤炭企业的5G应用占比高达72%。

(二)商业模式

下面我们以电信运营商为例,对5G商业模式进行介绍。

1. 基于网络的商业模式

电信运营商基于5G网络,立足流量,探索流量+产品、流量+内容、流量+权益、流量+差异化服务等方式的商业模式,从单一的流量经营转向多维流量价值经营。5G具有大带宽、高速率优势,面对个人和家庭用户多终端同时联网的需求,电信运营商可以将5G与现有光纤捆绑,提供可同时支持多屏的流媒体服务,增强用户在接入和视频观看上的体验。以美国T-Mobile(T-移动)为例,T-Mobile是美国唯一拥有低、中、高三个频段5G网络的电信运营商,中频5G网络已覆盖超过2亿人口,5G平均下载速度是竞争对手的两倍。为了充分利用5G容量和速度,鼓励现有用户升级到5G以及吸引新用户转网,T-Mobile设计了套餐计划,包含不限量且不限速5G和4G流量,捆绑了Netflix(网飞)、移动热点及其他4K流媒体服务，并且现有用户升级到该套餐不加价，转网用户"切换零成本"，其目标就是要充分利用5G优势，激发用户对真正有意义的5G体验的热情。拥有优质网络资源的电信运营商更容易开展智能家居等增值服务。例如，卡塔尔沃达丰公司基于GigaHome(吉嘉家居)平台面向家庭用户推出智能家居解决方案，通过5G网络或光纤接入实现全屋无缝Wi-Fi支持包括智能门锁、智能插座、智能灯泡、智能传感器、智能摄像头等在内的多类智能家居产品。沃达丰公司在所提供的智能家居服务中处于核心位置，承担网络提供商、解决方案提供商的角色，并可以以优势地位推进智能家居产品生态完善(赵妍 等，2022)。

2. 基于内容运营的商业模式

优质的内容运营可以让电信运营商摆脱经营困局。目前，国外电信运营商已在内容领域发力，一方面通过与内容生产商广泛合作，公司合作开发了高清3D模型虚拟人"coh"(科赫)，与德国电信以及日本、美国多家技术公司合作进行概念验证，通过平台即服务方式验证虚拟人"coh"的多网分发，解决如何使用多接入边缘计算在全球范围内高效交付XR内容和应用的难题。

3. 基于行业解决方案的商业模式

面对庞大的垂直行业市场，电信运营商正努力从专注于基础设施架构和部署转向行业用户解决方案规划和服务，同时利用网络技术和运维优势提供5G解决方案的实施部署以及托管服务等一站式服务。日本电报电话公司旗下的多科莫公司以行业客户面临的问题、需求为导向，与上下游合作伙伴一起开发、设计了超过30种基于5G的应用解决方案，如人脸识别服务、利用VR的远程医疗、8K超高清视频分发、支持远程工作的智能眼镜等，可以面向媒体娱乐、零售/不动产、制造业、基础设施、建筑/土木工程、医疗等多个行业按需提供单一应用或应用组合。该公司设计了硬件+服务、平台+服务、云服务等多种解决方案，并根据解决方案复杂度、客户需求等提供设备租赁/出售、安装部署、专业团队支持等多种服务模式。电信运营商还可以基于自身拥有的优质现网资源实现网络＋平台＋解决方案的一体化方案，如多科莫公司构建了一套开放创新云平台，利用专用网络为用户提供跨境云服务环境。依托这一安全可靠的网络和平台服务，多科莫公司在泰国推出了针对远程工作的支持服务。具体而言，日企驻泰国的工作人员佩戴 AR 智能眼镜，通过该设备实时将现场的图像和声音传送至日本。而在日本的技术支持人员则通过手册、图像、清单等形式，为现场工作人员提供详细的指导。

4. 基于新产品的商业模式

5G 技术的应用拓展了机器人的物理边界，使其能够实现本地及全球范围内近乎实时的动态精确控制。同时，5G 与云计算、边缘计算的深度融合，为机器人提供了更强大的算力和存储能力。电信运营商凭借其独特优势，成为快速发展的机器人市场中的重要推动力量，不仅通过机器人技术扩展了 5G 网络服务，还深入渗透到各行各业，与合作伙伴共同创新商业模式。例如，韩国电信运营商借助 5G 机器人开辟了全新的服务市场，与行业企业合作探索机器人商业化服务。通过医疗机器人，该公司成功进入医疗领域，并与三星首尔医院签署谅解备忘录，共同打造“基于机器人的先进智能医院”。他们向三星首尔医院提供了输血机器人，该机器人配备 AI 自动驾驶功能，能够自动避开障碍物和行人，极大地提高了医疗工作的效率和安全性。此外，SK 电讯通过自动驾驶检验机器人进入工业安全领域，与韩国浦项钢铁集团达成合作，在工业安全与质量检测中引入 AI 解决方案。双方共同开发技术和提供解决方案，利用自主机器人和无人机检测危险与异常情况，预防工作场所事故，助力工业领域的智能化升级。LG U＋则与 LG(乐金)电子合作，基于亚马逊云服务研发了一款自动驾驶机器人。该机器人适用于物流、酒店服务、检疫、引导等多种任务场景，目前已进入商业化落地阶段。这些创新案例表明，电信运营商正通过 5G 技术与机器人应用的结合，推动新型服务模式的发展，为各行业带来深远的变革。

二、AI 算力芯片

(一)概述

根据芯片的类别,AI 算力芯片主要包括 GPU、FPGA 以及以 TPU(张量处理单元)、VPU(视觉处理单元)为代表的 ASIC 芯片,其中以 GPU 用量最大,国际数据公司数据显示,2025 年 GPU 仍占据 AI 芯片 8 成市场份额。由于英伟达 GPU 产品线丰富、产品性能顶尖、开发生态成熟,目前全球 AI 算力芯片市场由英伟达的 GPU 垄断,根据中国信通院的数据,2021 年第四季度,英伟达占据了全球 95.7%的 GPU 算力芯片市场份额。2023 年,英伟达数据中心营收达到 150 亿美元,同比增长 41%,这表明全球 AI 芯片市场规模保持高速增长。数字中国建设对 AI 芯片国产化提出了新要求。2023 年 2 月,中共中央、国务院印发了《数字中国建设整体布局规划》。该规划提出要夯实数字基础设施和数据资源体系“两大基础”。数字中国基础设施的建设有望拉动以数据中心、超算中心、智能计算中心为代表的算力基础设施建设,从而带动服务器与 AI 算力芯片的需求快速增长。同时,该规划提出要构筑自立自强的数字技术创新体系,上游 AI 芯片作为算力基础,自主可控需求凸显,数字中国建设对 AI 芯片国产化提出新要求。

尽管全球 AI 训练芯片市场目前被英伟达所主导,国产 AI 算力芯片正在逐步崭露头角,行业投融资热度持续高涨。据统计,2022 年多家国内 AI 芯片企业获得大额融资,其中摩尔线程融资金额达 15 亿元,天数智芯超过 10 亿元,沐曦也达到 10 亿元。这显示出国产 AI 芯片市场的潜力与资本对该领域的高度关注。在技术性能方面,国产 AI 算力芯片取得了显著进展。寒武纪推出的云端训练侧产品思元 290,INT8 算力达到 512 TOPS,其训推一体产品思元 370 也达到了 256 TOPS INT8 算力。同时,海光信息的 DCU 产品“深算一号”部分参数已经对标英伟达的 A100。在非上市公司中,沐曦的推理侧产品 MXN100 于 2022 年 8

月完成回片点亮,展示了强劲的发展势头。互联网巨头也强势入局AI芯片领域。腾讯领投的燧原科技推出推理侧产品云燧i20,INT8算力达256 TOPS;百度孵化的昆仑芯推出训推一体产品昆仑R200,INT8算力同样为256 TOPS;阿里旗下的平头哥在2019年推出推理侧AI芯片含光800。这些企业的加入,不仅促进了国产AI芯片的技术的突破,也为国内AI产业生态的构建注入了新动力。综合来看,国产AI算力芯片正以多样化的产品线、不断提高的性能以及强劲的融资支持,逐步缩小与国际领先水平的差距,并在全球AI芯片市场中寻求更大的发展空间。

(二)商业模式

1. 芯片销售

Graphcore(格拉波尔)是一家致力于定制AI芯片的企业,其盈利模式主要基于向客户提供专属的、个性化的AI芯片。通过与客户紧密合作,Graphcore能够了解客户的特定需求,并根据这些需求设计和生产定制化芯片。这种个性化的定制化芯片通常用于满足某一特定行业或应用领域的需求,例如医疗、汽车、工业等。利润主要来自芯片的设计、制造和销售,定价通常根据项目的复杂性和个性化程度而定。此外,英伟达通过批量销售通用GPU芯片给设备制造商、数据中心等客户,实现规模化生产并获取销售收入。这种通用性使得英伟达的GPU适用于多种场景,客户可以将其应用于不同领域的设备中,从而实现更广泛的销售。

2. 技术授权

安谋国际科技股份有限公司(以下简称安谋公司)的盈利模式之一是通过知识产权授权向其他公司提供技术使用权。安谋公司的芯片架构被广泛应用于移动设备、物联网设备和嵌入式系统中。通过向其他芯片制造商、设备制造商等授予安谋公司架构的知识产权使用权,安谋公司获得了技术使用费和授权费用。这种模式使得安谋公司能够扩大其技术的影响范围，同时从技术授权中获得盈利。

3. 软硬结合服务

谷歌的 TPU（张量处理单元）是一种集成硬件和云端服务的 AI 芯片。该芯片不仅是硬件产品，同时也是谷歌云提供的 AI 解决方案的一部分。用户可以在云端使用 TPU 进行高效的 AI 计算，实现了硬件与云端服务的结合。这种服务的盈利模式包括硬件销售和云端服务费用，从整体解决方案中获取收入。

4. 提供云端 AI 服务

阿里云的 AI 训练芯片含光 800 结合云端服务，为用户提供高性能、低成本的云端 AI 计算服务。这种服务的盈利模式是通过按照使用量计费的方式，向用户提供云端 AI 服务，实现了从服务费用中获取收入。这种模式使用户能够在云端灵活使用 AI 计算资源，同时为云服务提供商带来了稳定的收入来源。

5. 技术支持与培训

英伟达提供对其 GPU 的技术支持。这包括帮助客户进行硬件和软件的优化，以最大程度地发挥 GPU 的性能。这种服务的盈利模式是通过提供技术支持服务，向客户收取一定的技术支持费用，实现了从支持服务中获取收入。技术支持服务有助于确保客户能够充分利用英伟达的硬件产品。

6. 培训服务

英特尔提供针对其芯片架构的开发者培训，帮助开发者更好地利用英特尔技术。这种服务的盈利模式是向参与培训的开发者收取一定的培训费用。通过提供培训服务，英特尔不仅加强了与开发者的合作关系，还从培训服务中获取了一定的收入，这有助于推动开发者更好地利用英特尔的技术资源。

三、云服务

(一)概述

云服务是通过云计算技术，将计算、存储和网络等资源整合并提供给用户，使其能够通过互联网实现灵活、高效、可扩展的计算体验。云计算作为整合“网络”和“计算”技术能力的平台，以云原生技术为核心，构建了面向全域数据高速互联与算力全覆盖的操作系统架构。这种架构不仅提升了算力和通信网络基础设施的能力水平，还为5G网络和数据中心提供了优化与支持。一方面，云计算对5G网络架构进行了优化改造，增强了数据中心之间的网络连接能力；另一方面，它通过加强多种算力的统一调度，显著提升了算力资源的利用效率。在元宇宙中，云服务不仅为虚拟现实和增强现实等应用场景提供了计算支持，还为大规模的数据处理、模拟和虚拟化场景提供了必要的基础架构支持。云计算能够很好地满足元宇宙企业对高性能计算和大规模数据处理的需求。例如，在元宇宙的虚拟现实场景中，云计算可支持实时渲染和大规模并发处理，确保用户获得沉浸式的临场体验。同时，云计算的高性能、可扩展性和灵活性，使元宇宙中的复杂交互和海量数据处理成为可能。这种技术不仅提升了用户体验，还为元宇宙构建一个稳定、高效的数字生态系统提供了坚实的支撑。

(二)商业模式

亚马逊云计算服务(Amazon web services，AWS)通过提供可扩展且灵活的云计算服务，为企业和开发人员带来了显著价值。其核心优势包括高可靠性与可用性，能够确保应用程序稳定运行；强大的安全措施和合规支持，有效地保障了数据安全；按需计费的成本效益模式，帮助用户优化支出。此外，AWS凭借覆盖全球的数据中心和区域网络，为客户提供低延迟和高性能的服务，并通过持续创新，满足人工智能、机器学习等前沿领域的要求。

AWS 提供的核心产品和服务种类丰富，涵盖多个方面。例如，其计算服务包括虚拟服务器、容器和无服务器计算；仓储服务提供数据存储解决方案、数据库和数据湖；网络与内容交付服务能够优化用户体验；安全、身份和合规性服务确保数据和操作的可靠性；数据分析和机器学习工具支持复杂的数据处理与建模；应用集成服务提供集成与消息传递功能；开发者工具帮助开发、部署和管理流程；管理与治理服务使用户能够有效管理 AWS 资源。

AWS 面向多样化的客户群体，包括大型企业、初创公司、个人开发者、开发团队、公共部门、教育机构以及非营利组织等。例如，大型企业可以借助 AWS 寻求全面的云解决方案；初创公司则能够利用其可扩展的基础设施满足业务增长需求；对于个人开发者和开发团队而言，AWS 提供了多样化的开发工具；对公共部门和教育机构而言，AWS 在政府与教育领域的应用也得到了充分支持。此外，AWS 针对物联网与边缘计算、内容交付与媒体、医疗保健与生命科学等特定领域提供了专业化支持，助力各行业实现技术突破。

在收入获取方面，AWS 采用多种模式以实现盈利。按使用量收费的定价策略是其主要收入来源，即用户根据实际使用情况支付费用。此外，订阅计划、高级支持与维护服务、咨询与专业服务收入、培训与认证费用等也构成了其重要的收入来源。通过 AWS Marketplace（AWS 市场），AWS 还能够从第三方解决方案中获得分成。同时，AWS 数据传输与内容交付服务以及物联网与边缘计算服务也为其收入多元化提供了支持。

在分销策略上，AWS 注重可访问性与全球影响力。依托覆盖全球的数据中心和区域网络，AWS 简化了客户注册和访问流程，并通过构建广泛的合作伙伴生态系统，为客户提供多样化的解决方案和支持。AWS Marketplace 进一步扩展了服务内容，为用户提供了第三方产品和服务选择。此外，AWS 通过培训与认证计划帮助用户掌握技术，通过企业销售团队的直接互动满足客户的个性化需求。以开发者为中心的工具和社区参与则增强了用户黏性,巩固了 AWS 的生态建设。

四、案例:阿里云

阿里巴巴 2022 年财报显示,在超过 1200 亿元的研发费用中,约 60%的研发费用被投入到云计算、人工智能、芯片等元宇宙基础技术的研发,这表明阿里巴巴高度重视元宇宙相关技术的发展。阿里巴巴计划整合其在基础技术领域的优势,进一步加强在操作系统、人工智能、数据库、云平台以及硬件等关键领域的技术布局,为元宇宙的构建和发展提供强大的技术支持。

从价值主张来看,阿里云的元宇宙布局方向主要围绕基于云计算技术积累的解决方案提供和基于具体场景的体验优化。其目标用户主要是需要云计算算力支撑与解决方案的机构客户。通过为企业提供个性化的技术支持,阿里云在元宇宙领域的核心价值是连接基础技术与具体应用场景,助力企业构建创新型元宇宙业务。从价值创造的角度来看,阿里云的快速发展得益于阿里巴巴深耕电商行业的长期积累。阿里生态中庞大的业务计算需求不仅推动了云计算技术的进步,也为阿里云积累了丰富的云数据与技术资源。在具体业务层面,阿里云为企业用户提供从渲染、串流到编码的一整套云计算解决方案,尤其在视觉计算领域具有显著优势。与此同时,阿里云也在拓展元宇宙的产业端与消费端应用,其中 2021 年发布的"元境"云游戏平台,不仅为开发者提供平台服务,还帮助阿里触及消费端用户,进一步扩大其用户群体。从价值捕获的角度来看,阿里云目前的盈利模式主要依赖基础设施服务和平台服务,即通过虚拟机、硬件和云平台的租赁服务获得收入。这类服务的溢价能力相对有限,因此未来阿里云可能会加速向提供软件服务和数据服务转型,以提高盈利能力。此外,阿里云的价值捕获不仅体现在经济回报上,其为阿里巴巴母公司提供的数据基础服务也具有重要的战略意义。这种资源共享与数据支持能力,是阿里云始终能够获得集团资源倾斜的关键原因。

综合来看,阿里云在元宇宙领域的布局展现了其强大的技术整合能力和市场敏锐度。通过深挖技术、优化用户体验、扩大用户覆盖范围以及探索多样化盈利模式,阿里云不仅巩固了自身在云计算市场的地位,还为阿里巴巴整体战略的实施提供了有力支撑(李喻,2023)。

第三节　虚拟现实引擎

一、概述

虚拟现实引擎是用于创建虚拟现实环境的软件框架和工具集。它提供了开发者所需的核心技术和功能,用于构建沉浸式虚拟体验。虚拟现实引擎结合了计算机图形学、物理仿真、音效处理和人机交互等技术,使开发者能够高效地创建、渲染和管理虚拟世界。虚拟现实引擎不仅用于图像和动画的生成与渲染,还具有强大的数据处理和模拟能力,这使其在工业领域展现出广阔的应用潜力和发展前景。随着虚拟现实技术的不断成熟,越来越多的虚拟现实引擎企业开始将目光投向工业领域,并根据其技术优势和应用场景的特殊需求,制订针对性解决方案。例如,Unity 成立了一个独立的"工业事业部",专注于为数字孪生、工业互联网、汽车制造、交通运输、建筑设计以及数字城市等领域提供服务。其解决方案覆盖了从 CAD 数据的高效导入到实时可视化呈现、从虚拟样机测试到整个生产链的数字化管理等多个环节。这种针对性研发不仅推动了传统工业与虚拟现实技术的深度融合,也使 Unity 在工业市场的地位得到进一步巩固。

中国虚拟现实引擎制造起步较晚,其厂商主要分为两类:一类是游戏大厂以及互联网企业为自研游戏开发的引擎,主要参与企业有腾讯、网易、完美世界、金山西山居等,这类厂商的游戏引擎不以通用商业为主要目标,主要以自用为主,因此在设计上也并非大而全面。另一类为专业的商用引擎,主要代表企业为 C2engine(C2 引擎)、Cocos(科科斯)、

Egret（艾格瑞特）、Layabox（莱雅博克斯），这一类企业以商用为主，因此对于通用性和全面性要求较高。相比于海外领先企业，国产虚拟现实引擎的技术能力较为薄弱。从3D角度看，Layabox的3D相对较强，Cocos 3D还处于起步阶段。从2D角度看，大多数国产虚拟现实引擎都具备2D游戏制作能力，其中，较为突出的企业为Cocos，其在国产2D游戏的市场占有率超过80%。

二、商业模式

虚拟现实引擎在早年间价格较为高昂，游戏公司需要付出较为昂贵的使用费购买商业虚拟现实引擎以获得授权，而用不起Unreal Engine等较为高端的虚拟现实引擎的企业则会选择开源的3D渲染引擎Ogre（面向对象的图形渲染引擎）或自研开发引擎系统。但Unity打破了游戏引擎的固有模式，让游戏引擎行业走上逐步低价的模式。由于Unity收费较低且能在较大程度上满足消费者需求，Unity便在此后的行业竞争中独占鳌头，市场份额逐年增加，越来越多的开发者选择Unity作为开发工具，由高端或低端虚拟现实引擎逐渐转向Unity的使用。其他虚拟现实引擎企业逐渐失去市场，不得不通过降低价格或提供免费授权的方式来吸引用户。由此，虚拟现实引擎商业模式不再以产品授权为主，而采用多样化的商业模式以实现盈利，例如游戏收入的抽成、商城模式、游戏变现模式、UGC模式等。Unity的商业模式具体如下。

Unity的价值主张建立在以下关键要素之上：①跨平台开发，即提供游戏引擎，允许开发人员为多个平台创建内容，包括移动、个人计算机、游戏机、AR/VR等；②实时3D，即提供实时3D渲染功能，支持创建沉浸式交互体验；③用户友好的工具，即提供用户友好且直观的开发环境以及一系列工具和资源；④资产商店，即提供资产商店，开发人员可以在其中访问和销售资产、插件和工具。Unity使开发人员能够高效地创建高质量、跨平台的3D内容。

Unity服务于各种客户群，具体包括：①游戏开发者，即为各种平台创建视频游戏的个人和工作室；②AR/VR 开发人员，即增强现实和虚拟现实应用程序和体验的创建者；③电影和动画工作室，即利用实时 3D 制作动画和视觉效果的制作公司；④企业客户，即使用 Unity 进行模拟、培训和虚拟原型设计的公司；⑤教育机构，即将 Unity 纳入其教学课程的学校。

Unity 的分销策略包括在线平台、合作伙伴关系和直接销售。Unity 通过官方网站提供可下载版本的游戏引擎和开发工具，并通过与硬件制造商、软件公司以及游戏发行商的合作，将其产品和服务集成到相关生态系统中。此外，Unity 还直接向开发者和企业销售许可证和订阅，确保其软件可以通过多种渠道触及广泛的用户群体。

Unity 的收入来源多样化，包括向开发者收取访问高级功能和服务的费用，通过为移动游戏提供广告变现平台获取收入，为游戏开发者提供玩家行为分析服务，以及从 Unity 资源商店中资产、插件和工具的销售分成中获利。这些多样化的收入模式确保了 Unity 在游戏和 3D 内容创建行业的强劲竞争力。

Unity 的营销策略也较为全面。Unity 通过论坛、活动和教育资源培育强大的开发者社区，并通过内容营销提供教程、网络研讨会和文档，帮助开发者熟练使用其工具。Unity 还通过与硬件制造商和软件公司的合作推动其产品被广泛使用，同时积极参与行业展相关会议，展示其功能与价值。通过这些策略，Unity 专注于社区建设、教育支持、合作伙伴关系和行业影响力，从而成功吸引了开发者和创作者，进一步巩固了市场地位。

Unity 的竞争优势源于其多功能的游戏引擎、跨平台支持、强大的开发者社区、丰富的资产市场以及与 AR/VR 技术的深度集成。Unity 引擎因其多功能性和跨平台内容创作能力而广受认可，允许开发者通过一次开发即可适配多种设备。同时，Unity 拥有一个充满活力的开发者与创作者社区，为开发者提供支持与灵感。此外，Unity 资产市场提供丰富的资产、插件和工具，助力用户高效创作，而在 AR/VR 领域的深度集成更使其始终站在新兴技术的前沿,成为 AR/VR 开发的首选平台之一。

本章小结

本章基于元宇宙产业链的基础层,首先,从硬件入口着手,介绍了基于扩展现实设备的商业模式,主要是围绕硬件销售和生态系统的建设。其次,重点从 5G 网络建设、AI 算力芯片、云服务角度介绍算力基础设施。其中,5G 商业模式基于网络、内容运营、行业解决方案以及新产品,AI 算力芯片商业模式基于芯片销售、技术授权、技术服务等,云服务主要以按需付费和订阅为主。最后,概括了虚拟现实引擎,介绍了 Unity 多元化的商业模式。

第十章　元宇宙平台层商业模式

第一节　数字资产发行平台

一、概述

根据平台在数字资产中主要承担的角色，可以将其划分为数字资产发行平台和数字资产交易平台。NFT 具有非同质化权益的特性。NFT 作品的创作者（例如收藏品类 NFT 项目中的艺术家）不仅可以在初次创作后通过销售获益，即通过数字资产发行平台实现价值变现，还能够在 NFT 的后续流通中持续获益，这依赖于数字资产交易平台的支持。此外，该 NFT 项目的后续购买者也可能通过其流转过程中的增值获得收益。国内主流 NFT 平台以数字资产发行平台为主，其业务模式主要围绕虚拟商品销售展开，如游戏道具、人物皮肤等传统商业领域的应用。这些平台的数字藏品通常具有较高的性价比，但用户的交易行为受到一定限制。而国外的主流 NFT 平台则融合了数字资产发行与交易两大功能，用户不仅可以在平台上创建和拥有虚拟商品，还能通过交易体验其增值潜力。更重要的是，这些平台允许用户自由交易数字资产，并从中赚取差价，实现多元化收益模式（杨东 等，2023）。

目前，在中国数字藏品流通市场中，大部分一级交易行为是合规的，其主要发展方向为中华文艺文化资产与品牌文化资产的数字化，并利用区块链技术进行传播。然而，二级市场若涉及“炒作”做市交易，则可能违反相关金融监管规定，因此这部分交易行为目前仍处于不合规状态（顾

明毅 等,2022)。总体上看,数字藏品面临的风险主要分为技术风险、交易风险与金融风险等三种类型。技术风险主要源于区块链技术、元宇宙和互联网环境在发展过程中所固有的技术缺陷或安全隐患;交易风险主要来源于数字藏品流转、交易与消费过程所面临的侵犯知识产权、投机炒作欺诈、交易纠纷违法违规等风险;金融风险主要来源于数字藏品固有的金融属性。尽管中国对数字藏品的虚拟金融和虚拟货币属性进行了严格限制,但作为源自 NFT 的衍生品,数字藏品仍然天然携带金融风险。需要注意的是,限制并不等同于完全消除这些潜在风险(张兴旺等,2023)。

二、案例:阿里“鲸探”

鲸探出自支付宝的一个小程序,随后发展成为一个系统性的平台,这个平台铸造的 NFT 是在阿里的蚂蚁链上,属于联盟链。用户需要绑定支付宝账号或者进行实名认证。其藏品购买一般采取限量抢购的模式,同时也存在提前预约以抽取购买名额的方式,并且可通过分享到社交媒体邀请好友助力提高中奖率,平台藏品均以 3D 动态的方式呈现,其藏品主要以中华传统文化为主题,涉及建筑、服饰、文物等领域。目前,该平台主要集中发行全国非遗传承技艺的数字藏品,覆盖内容包含苗族银饰南京云锦、琉璃烧制技艺等。平台通常与官方或者民间艺人合作,通过将其已有作品或为鲸探平台独家创作的作品转变为数字藏品的方式,使传统文化在数字藏品新兴传播载体的助力下,进入消费者的日常生活,让传统技艺不再只是空中楼阁,而是真实的、立体的、可感知的。

从鲸探平台经营情况来看,相比其他数字藏品平台,鲸探有蚂蚁链的技术支持,依托“阿里系”背景,还有支付宝、淘宝、淘票票等平台的支持,为平台后期建设数字藏品业态提供了坚实的基础。此外,鲸探对数字藏品二次交易进行严格监管,加上平台具有的政策优势,经营风险相对较小。

第二节　数字资产交易平台

根据是否存在权威的交易所作为买卖双方的第三方中介,数字资产交易平台可以分为两类,即中心化交易平台和去中心化交易平台。

一、中心化交易平台

在中心化交易平台中,用户将数字资产存进交易平台,由交易平台集中保管和控制。用户在进行交易时,会向交易平台提交交易指令,由交易平台进行交易撮合,并将成交后的结果告知用户。除了充、提币以外,整个交易过程全部在交易平台的服务器中完成,与区块链没有交互。下面介绍一些中心化交易平台的典型案例。

(一)币库

币库(Coinbase)成立于2012年,是美国一家专注于比特币及其他数字货币交易的平台,也是少数获得电子货币及货币转换牌照的机构之一。由于美国各州法律的差异,Coinbase在不同州的网络电子货币业务范围存在一定区别。例如,在纽约州,Coinbase可以提供代币间的交换服务,而在阿拉斯加州,其牌照仅允许支持法定货币之间的兑换。Coinbase通过其附属平台提供委托账式交易服务,交易者(买方或卖方)将拟交易的代币数量和价格挂单,系统会自动匹配价格一致的买单与卖单,完成交易。作为平台收入来源,Coinbase根据交易规模收取0.25%至1%的交易费用。这种模式不仅提升了交易效率,还为用户提供了安全可靠的交易环境。此外,当交易者将比特币、以太币、莱特币以及比特现金转换为法定货币时,Coinbase会根据所在国家和支付机构的不同,收取最高达3.99%的换汇费用。Coinbase高度重视客户资金和交易的安全性。在交易者进行代币交易时,平台要求启用双重认证,以增强账户的技术安全保障。除了技术层面的保护,Coinbase还采用线上与线下相结合的资金管理方式,进一步提高安全性。具体来说,Coinbase 将不到 2%的交易者代币资金用于线上交易,其余超过 98%的资金存储在线下服务器中进行保管。这种策略有效降低了客户资金被盗用的风险和潜在损失,同时确保了日常交易的顺利进行。

(二)币安

币安(Binance)是一家专注于区块链资产的数字货币交易平台,支持比特币、以太币、莱特币、币安币等多种数字货币的交易服务。此外,Binance 还提供杠杆交易功能,这是一种利用第三方资金进行资产交易的方式。相比常规交易账户,杠杆交易账户为交易者提供了额外的资金,从而增加了交易规模。从本质上讲,杠杆交易通过放大交易结果,使交易者在营利时能够获得更大的利润。这种特点使得杠杆交易在低波动性市场(如国际外汇市场)尤其受到欢迎。在传统金融市场中,杠杆交易所需的借款通常由投资经纪人提供,而在加密货币交易中,所需资金则通常来源于虚拟货币交易平台的其他用户。例如,在 Binance 中,用户可以通过平台进行杠杆交易,向系统借入所需的数字资产。作为回报,用户需支付一定的利息,具体费用根据市场供需情况动态调整。通过这一机制,Binance 为用户提供了更灵活的交易选择,同时进一步丰富了平台的交易生态。

(三)罗宾汉

罗宾汉(Robinhood)是一家致力于通过创新服务实现"全民金融民主化"的金融服务公司,提供免佣金交易服务,涵盖公司股票、期权、交易型开放式指数基金以及加密货币交易。同时,其业务范围还包括现金管理账户,为用户提供便捷的资金管理解决方案。当用户通过 Robinhood 的经纪账户进行股票、交易型开放式指数基金或期权交易时,平台会将交易指令发送给做市商执行。这些做市商通常会为 Robinhood 提供优于传统交易所的报酬,从而形成收益来源,支持平台的免佣金模式。为推动"全民金融民主化"的目标,Robinhood 采取了几项关键措施。首先，平台实行免佣金交易模式，这显著降低了投资门槛，激发了普通投资者的参与热情，使更多人能够进入股票市场。其次，Robinhood 推出零碎股票交易服务，允许用户以小于一股的单位购买股票，使得个人投资者能够以较低的资金门槛分散投资，构建复杂的投资组合。该机制对资金有限的中小投资者尤为重要，极大地扩展了可投资标的范围。此外，Robinhood 在交易客户端的设计上追求简洁，仅以一条折线展示价格变化，降低了新手投资者的学习成本，让用户更容易上手操作，尤其适合没有金融背景的普通投资者。

为保障用户的账户安全和资金问题，并确保交易过程的顺利进行，平台方需要加大监管力度并提升服务效率。在加密货币交易中，最早也是目前使用最广泛的形式是中心化交易所。中心化交易所具有诸多优势，例如交易速度快、用户无须管理私钥等。这些特点在降低用户使用门槛的同时，也伴随着一定的风险，例如用户的加密货币由交易所托管，而交易所可能面临破产等风险，一旦发生危机，将给投资市场带来巨大冲击。随着区块链技术的不断发展，加密货币交易形式日益多样化，去中心化交易所逐渐成为一种重要选择。在去中心化交易所中，用户无须注册账户，只需通过数字钱包连接即可完成交易。交易完成后，相应的加密货币会自动转入用户的钱包中，这种模式显著提升了交易的安全性和用户体验，同时避免了资产被集中托管的潜在风险。

二、去中心化交易平台

去中心化交易平台是基于区块链和智能合约来建构的 P2P 交易平台。在没有中央权威的情况下，每一笔交易记录都依托智能合约自动执行并且记录到区块链中。

(一)迪韵

迪韵(dYdX)是一种基于以太坊的订单式去中心化数字货币衍生品交易平台，致力于构建支持全球金融服务的去中心化交易生态。该平台支持四种主要业务模式,分别是现货交易、保证金交易、借贷交易和合约交易。其中,在去中心化衍生品领域,尤其是永续合约交易方面,dYdX具有显著的优势。与中心化交易所相比,dYdX 通过其去中心化架构为用户提供了更高的安全性和透明度。用户无须担心平台可能存在私自挪用个人资产、财务造假或因破产而导致资金损失的风险,从而有效规避了许多传统交易平台的潜在金融隐患。此外,dYdX 在交易过程中免除了"了解你的客户"政策的强制审查,这不仅简化了交易流程,也为用户提供了更高的隐私保护。总体而言,dYdX 凭借其去中心化特性和用户友好型设计,为全球用户提供了一种更加安全、透明且高效的数字货币衍生品交易选择。

(二)优尼斯瓦普

优尼斯瓦普(Uniswap)是基于以太坊的兑换池模式的去中心化交易平台。用户在 Uniswap 中交易的价格则由这个兑换池中的代币比例和算法来决定。作为目前主要运行的自动化做市商之一,Uniswap 主要目的在于推动 DeFi 领域的交易流动性,即通过自动化做市过程来限制风险和降低成本,以实现鼓励交易的目的。同时,与 dYdX 不同,目前 Uniswap 支持的币种大概在 150 种左右,具有更大范围的适用性。但是,由于 Uniswap 中的交易价格是通过兑换池中代币的比例和算法(恒定乘积公式)来决定的,这种机制可能导致无常损失的风险。无常损失是指因某种代币价格大幅上涨或下跌,导致其在兑换池中的数量发生变化,从而影响交易价格,造成流动性提供者的资产价值相较于单纯持有代币的情况有所减少。这种风险在市场价格剧烈波动时尤为显著,成为去中心化交易平台中流动性提供者需要权衡的重要因素之一。

(三)寿司交换

寿司交换(SushiSwap)是一家去中心化交易所,致力于在自动化做市商模式的基础上实现市场多样化,并通过引入新功能扩展 Uniswap 的传统模式。例如,SushiSwap 通过其平台代币 SUSHI(寿司)为网络参与者提供额外奖励，将一部分交易费用分配给 SUSHI 的持有者，从而增强用户的长期参与动力。与 Uniswap 不同，SushiSwap 发行了平台币 SUSHI，并在其收入模式中融入了独特的分配机制。Uniswap 的收入来源主要是对每笔交易收取 0.3%的手续费，并将这部分费用按比例分配给流动性提供者。而 SushiSwap 同样收取 0.3%的交易手续费，但将其分为两部分：其中 0.25%的部分分配给流动性提供者，与 Uniswap 一致；其余 0.05%的部分用于回购市场上的 SUSHI 代币。这种回购机制直接将 SushiSwap 平台的交易量与 SUSHI 的价值挂钩，交易量越大，回购需求越高，从而提升 SUSHI 的市场价值。

SushiSwap 的经济激励机制在 Uniswap 的基础上做了改进，它保证了早期参与者的长期利益。SushiSwap 经济激励机制的特别之处在于分配方式和赎回机制。第一，SushiSwap 的分配机制与 Uniswap 不同。区别于 Uniswap 用流动性提供者代币的形式来分配手续费，SUSHI 是每个区块都产生一次，根据用户现在的资金比例分配。这样即使未来有大额资金进入 SushiSwap，早期参与者的资金份额被摊薄，但是他们之前已经获得的 SUSHI 代币不会减少，这就相当于挖到了“头矿”，早期参与者凭借着相对较高资金份额占比而积累下的 SUSHI 代币可以享受到 SushiSwap 长期发展带来的福利。第二，SushiSwap 的赎回机制与 Uniswap 不同。Uniswap 的流动性提供者在赎回了当初存入的代币之后，就不能再获得交易所的手续费分成了。而 SushiSwap 的流动性提供者即使赎回了资金，还能够凭借着持有的 SUSHI 代币获得币价上涨带来的收益。

(四)NFT 交易所开放海

开放海(OpenSea)已发展成为全球最大的去中心化加密收藏品和 NFT 数字交易市场，其覆盖范围广泛，包括艺术、音乐、地名、游戏资产和卡牌等多种类型。目前，平台上共有约 82.81 万种收藏品类型，NFT 数量已超过 3000 万。用户不仅可以在 OpenSea 上自由买卖 NFT，还可以通过平台提供的“收藏品管理器”免费创建自己的 NFT 作品,无须支付任何手续费。即使出售这些 NFT,用户也无须承担额外费用。对于 NFT 项目方和相关数据服务方而言,OpenSea 是一个开放的平台。需要 NFT 相关数据的服务方可以通过 OpenSea 的 API 接口获取详细数据;而对于 NFT 项目方而言,他们可以直接将项目的 NFT 交易市场链接到 OpenSea 上,从而快速构建自己的交易市场。这种模式让项目开发人员能够专注于项目本身,而不必花费精力从零开始开发独立的交易市场。

OpenSea 的主要收入来源是交易手续费,其费率为交易金额的 2.5%。尽管这一费率比普通加密货币交易所的手续费高出近十倍,但在 NFT 交易市场领域却基本属于最低水平。相比之下,其他 NFT 交易平台的手续费通常在 10%至 20%,而传统艺术品拍卖行的收费更高。例如,苏富比和佳士得对艺术收藏品买家收取 12%至 25%的佣金,同时对卖家收取 2%至 9%的佣金。与之相比,OpenSea 的手续费明显更低,这使其在成本上具有显著优势,也进一步巩固了其在 NFT 市场中的领先地位。

(五)DeFi 平台

DeFi 平台通过区块链上的智能合约运行金融服务,无须依赖中央金融中介机构(如经纪商、交易所或银行)提供传统金融工具。其中最具代表性之一是 dForce(迪福斯)。dForce 是一个基于区块链的去中心化金融和开放式货币协议平台,它为 DeFi 和开放金融应用程序提供底层基础设施。其业务涵盖借贷协议、资产协议和流动性协议三大领域,包括全球流动性池、生息市场、多货币定币、合成资产、交易聚合器以及自动做市商等功能,满足用户在资金管理、资产配置和交易效率等方面的需求。借助区块链和智能合约技术,dForce 在多个方面相比传统金融服务形式展现出显著优势。通过去中心化的资金流转,用户可以快速完成借贷操作,享受高效的资金使用体验。所有交易记录公开可查,提高了系统的透明度,同时由于智能合约不可篡改,确保了规则的严格执行。

此外，dForce 支持通过智能合约设定固定利率，为用户提供更加稳定的金融服务选择。这些特点使 dForce 在 DeFi 领域中脱颖而出，成为去中心化金融的重要平台，也充分体现了去中心化金融在效率和信任方面的优势。

三、去中心化平台和中心化平台的对比

目前去中心化平台正在逐渐取代中心化平台，二者的区别如下。

1. 资产控制权方面

在中心化数字货币交易平台中，资产所有人与平台管理人之间形成一种委托管理关系。当资产被转入中心化交易所时，其实际控制权随即转移至平台手中，由平台负责资产的存储与管理。而在去中心化平台中，资产的交易依托于智能合约通过公钥与私钥自动完成，交易过程透明且不可篡改，同时资产的控制权始终由私钥持有者掌握，不会转移给任何第三方。从这一点来看，即便在理想状态下，中心化交易平台的资产安全性相比去中心化平台仍略显不足。

2. 信息不对称问题方面

在中心化平台中，投资者与平台控制者之间往往存在信息不对称的问题，这种不对称可能导致内幕交易、数据造假和资金挪用等风险。而在去中心化平台中，所有节点被平等地置于同一层级，每个节点能够公平地收发信息。每笔交易或投票行为都需将相关信息上传至所有节点进行验证，从而保证数据的透明性和一致性。同时，即使某个节点遭到破坏或数据丢失，也不会对整个系统的运行造成影响。通过这种机制，去中心化平台建立了分布式节点之间的信任关系，形成了一个透明且可信任的分布式系统。这种“去中心化”的设计不仅提升了系统的安全性与可靠性，还有效缓解了信息不对称问题，为参与者提供了更加公平和透明的交易环境。

3. 交易稳定性方面

在中心化平台中,由于依赖中心节点,一旦中心节点受到攻击或故障,可能会导致交易停滞甚至中断。然而,在去中心化平台中,得益于去中心化机制和智能合约的应用,即使某个节点遭到破坏或数据丢失,也不会影响整个系统的自动化运行,从而有效保障了交易的稳定性和连续性。

4. 效率方面

目前,去中心化平台仍无法完全取代中心化平台的最大原因在于效率问题。在交易执行效率方面,智能合约公链生成一个区块通常需要数秒时间,每秒处理的交易量仅为数百笔,远低于中心化平台的处理能力。这一技术瓶颈限制了去中心化平台在高频交易和大规模用户场景中的应用,成为其相较于中心化平台的最大短板。

四、元宇宙数字资产交易市场的行业风险

元宇宙中的数字资产交易市场主要存在四大典型行业风险,分别是价值、技术、产权和监管风险。

(一)价值风险

价值风险主要源于元宇宙数字资产价值锚定的不稳定性。目前,元宇宙经济体系尚未建立普遍认可、具有社会共识的价值锚点,其资产价值主要依赖交易市场的自我调节。这种机制容易导致市场的过度波动,使得资产价格在短期内受到情绪、投机行为等非理性因素的驱动,从而引发泡沫化现象。一旦市场信心崩溃或资金流动性不足,则可能产生资产大幅贬值甚至亏空的风险,对元宇宙经济的稳定性构成重大挑战。

(二)技术风险

技术风险是元宇宙数字世界的固有风险。元宇宙以区块链技术为

基础，而现有区块链公链的匿名性和链式传播的难追踪性，使得监管主体难以对区块链经济系统中的交易行为进行有效监管。当攻击者对系统安全构成威胁，或非法用户利用区块链从事违法活动时，监管主体往往难以追踪并对攻击者进行追责。此外，由于区块链具有难以篡改的特性，一旦网络攻击者入侵交易主体的区块链节点并实施非法交易，该笔交易将无法撤回，可能导致用户遭受不可逆的经济损失。

（三）产权风险

产权风险主要存在于数字艺术品交易市场，主要包括三个方面。首先，“作品真正的创作者是谁”。尽管 NFT 记录了所有权证书，但无法保证“物”的真实性，也无法证明 NFT 所代表的作品的真实创作者。这容易导致他人盗用权利人作品并以 NFT 形式非法销售。其次，NFT 的“内核”可能被替换或多次售卖。目前，各公链尚未实现跨平台互通，NFT 技术也无法控制其数据被复制的情况，这导致违规多次销售的现象普遍存在。最后，NFT 涉及财产所有权、著作人身权等问题，但法律上尚未统一界定其属性。因此，NFT 拥有者是否享有版权等问题仍待解决，特别是现实资产上链的 NFT，其法律地位需要进一步研究。例如，某公司在购买了某街头艺术家的作品并烧毁后，在去中心化交易平台上创建相应 NFT，这引发了关于数字作品是否具有现实意义的争议。

（四）监管风险

监管风险是元宇宙经济体系中最为关键的问题之一。元宇宙产业的发展亟须监管先行，以防止洗钱、诈骗等违法违规行为的滋生与泛滥。2019 年，中国主管部门发布法律文件，明确禁止“虚拟货币”的发行和交易。然而，目前针对非虚拟货币形式的 NFT 尚未建立专门的监管机构和法律政策，导致交易双方的权利、义务缺乏明确的规范，增加了交易风险和法律纠纷的可能性。随着 NFT 市场的迅速发展，NFT 的属性正在从区块链上的数字资产逐步延展为链下实物资产的映射,这不仅使交易形式更加复杂,也进一步扩大了其潜在的监管范围。此外,NFT 艺术品的交易数据通常由第三方机构解释和执行,这些机构分散且独立运作,导致监管方难以对发行和交易行为实施有效监督。与此同时,部分数字货币交易机构在无牌照经营的情况下,缺乏政府的信用背书,存在欺诈、洗钱、非法集资以及违禁品暗网交易等潜在风险。例如,诈骗者可能冒用知名艺术家的名义售卖伪造的 NFT 作品,不仅侵害消费者权益,还严重扰乱市场秩序。

五、案例:中国数字资产交易平台

为践行国家文化数字化战略,以科技支撑、创新驱动发展文化事业和文化产业,推动中国文化数字化成果全民共享,中国技术交易所、中国文物交流中心和华版数字版权服务中心股份有限公司联合建设了全国首个国家级合规数字资产二级交易平台——中国数字资产交易平台。平台交易种类包括知识产权、数字版权、数字藏品等。平台依托中国技术交易所国家级交易所属性发挥交易所的交易职能,为数字资产交易业务制定完善的交易制度、规范的交易体系、科学的交易流程、安全的结算机制,夯实数字资产交易业态的底层基础设施建设,为交易全流程服务保驾护航。该平台以中国文保链作为可交易数字资产的唯一可信存证服务平台,为机构及个人用户提供数字资产的登记、确权、存证、维权监测、版权保护服务。中国文保链由中国文物交流中心发起设立,是以推进区块链技术应用与文化数字版权保护深度融合为宗旨的国有文化版权保护服务及文博文创产业数字化平台,通过制定文博文化数字化标准,建设统一素材及应用版权库,打造文博元宇宙,提升文物艺术品科技创新应用水平,助力文博产业数字化发展及多场景应用。

此外,中国数字资产交易平台将与中融环球控股有限公司达成战略合作。中融环球控股有限公司旗下“数藏之家”平台是全国首个元宇宙数字藏品信用评价聚合平台，将为中国数字资产交易平台生态系统内的所有用户提供元宇宙及数字藏品相关的具有价值的信息、数据、内容等多维度聚合服务。中国数字资产交易平台的出现预示着中国NFT放开二级交易的可能性正在增加。相关律师事务所表示，官方建立合规的二级交易平台对整个行业的健康发展具有积极意义。一方面，这表明国家对数字资产持开放包容的态度，鼓励并支持数字资产在中国实现合规和创新发展；另一方面，这也意味着中国的数字资产行业将逐步向更规范化和受监管的方向迈进，为行业的长远发展奠定坚实的基础。

第三节 基于数字资产平台的商业模式

一、代币发售

在数字资产平台中，代币发售模式使得加密货币项目可以在平台上发行自己的代币，以此筹集资金。这些代币代表着对项目的一种投资或对未来服务的预购。数字资产平台在这个过程中发挥着至关重要的作用，它们不仅提供技术和合规支持，还负责市场推广和投资者吸引。为了这些服务，平台通常会从筹集的资金中抽取一定比例的费用作为收入。Binance Launchpad（币安启动板）是加密货币交易平台 Binance 的代币发售平台。它为选定的加密货币项目提供一个发售平台，让这些项目能够向 Binance 的庞大用户群体筹集资金。Binance Launchpad 不仅提供了一个资金筹集的场所，还提供了项目的市场分析、推广及合规性审核等服务。通过这些服务，Binance Launchpad 使新的加密项目能够更顺利地吸引投资，同时也确保了投资者的利益受到保护。每当一个项目通过 Binance Launchpad 成功筹资时，Binance 从中收取一定比例的费用,作为其营收的一部分。

二、交易手续费

每当用户在平台上进行交易时,平台会收取一定比例的手续费。这种模式的优势在于其持续性和稳定性,尤其在交易量大的情况下。手续费可能是基于交易金额的百分比,也可能是一个固定的费用。此外,某些平台可能还会对提现、存款或其他特殊交易收取额外费用。例如,Coinbase(币库)允许用户购买、出售和存储各种加密货币。Coinbase 的主要收入来源是交易手续费。每当用户在平台上进行交易,Coinbase 都会收取一定的手续费。这些费用通常基于交易额的百分比,并且可能会根据用户的交易量和账户级别有所不同。这种收费模式使得 Coinbase 能够从每一笔交易中获利,同时也确保了平台能够持续提供高质量的服务和技术支持。

三、托管服务

托管服务为加密货币提供安全存储服务。这包括保护资产免受未经授权访问的风险,以及提供安全的交易环境。托管服务对于那些没有足够资源或专业知识来独立管理自己加密资产的个人或机构来说尤为重要。企业通常会根据存储的资产价值收取一定比例的费用,或者收取固定的服务费。BitGo(比特高)子公司 BitGoTrust(比特高信托)是全球第一家专门存储数字资产的合格托管商。截至 2022 年 4 月,BitGo 拥有机构托管客户超过 500 家,加密资产交易所客户超过 150 家,共交易资产 3250 亿美元,月均交易量约为 200 亿美元。BitGo 为个人和企业提供加密货币托管服务,确保他们的数字资产得到安全存储和管理。BitGo 的服务包括多重签名技术、密钥管理、资产清算等。客户通常需要为这些服务支付费用,这些费用可能是基于管理资产价值的百分比,或是一个固定的年费。通过这种方式,BitGo 不仅提供了一个安全可靠的数字资产管理平台，同时也为自己创造了持续的收入来源。

四、项目审核和合规服务

项目审核和合规服务是确保平台内上市的资产符合法规要求的关键。这些服务包括对项目的财务健康状况、业务模式、技术基础、合规性和团队背景进行深入分析。平台通常会对这些审核和合规服务收费，以覆盖相关成本并保持服务质量。这不仅为平台提供了收入，也提高了整个平台的信誉和可靠性。Chainalysis（链分析）是一家专注于区块链数据分析的公司，为加密货币交易所、政府机构和其他客户提供合规和调查服务。它帮助客户监测和识别在区块链上进行的可疑交易和活动，确保合规性。Chainalysis 的客户需要为这些深入的分析和监控服务支付费用。通过这些服务，Chainalysis 不仅增强了客户遵守法律法规的意识，还为自己创造了稳定的收入来源。

五、咨询和技术服务

在数字资产领域，许多公司寻求专业的咨询和技术服务来帮助他们进入市场或优化现有操作。数字资产平台可以通过提供这些服务来获得收入。这些服务可能包括区块链技术的开发和实施、系统集成、智能合约的编写和审核以及提供定制解决方案。这些服务对那些缺乏内部技术专长的公司极具价值。ConsenSys（康森西斯）是一家专注于以太坊技术的软件公司，它能提供一系列区块链相关的服务。这些服务包括区块链应用开发、企业区块链解决方案以及提供专业咨询服务。ConsenSys 通过为客户提供定制的技术解决方案和专业咨询来赚取收入。他们的客户群包括初创公司、大型企业甚至政府机构，这些客户都在寻求利用区块链技术来改善或扩展其业务操作。ConsenSys 的专业知识和技术能力使其成为该领域的领先者，同时也为其创造了稳定的收入来源。

本章小结

本章从数字资产平台角度介绍元宇宙平台层的商业模式。根据平台在数字资产中主要承担的角色,可将其分为数字资产发行平台和数字资产交易平台。首先,国内NFT主流平台以数字资产发行平台为主,依然是游戏道具、人物皮肤等虚拟商品销售的传统商业模式。其次,根据是否具有一个权威的交易所充当买卖双方之间的第三方,数字资产交易平台可以分为两类,即中心化交易平台和去中心化交易平台。去中心化交易平台是基于区块链和智能合约来建构的P2P交易平台,目前去中心化平台正在逐渐取代中心化平台。最后,介绍了基于数字资产平台的一些商业模式。

第十一章　元宇宙应用层商业模式

第一节　元宇宙与智能制造

一、概述

（一）智能制造

智能制造是基于先进制造技术与新一代信息技术深度融合，贯穿于设计、生产、管理、服务等产品全生命周期，具有自感知、自决策、自执行、自适应、自学习等特征，旨在提高制造业质量、效率效益和柔性的先进生产方式。智能制造系统架构从生命周期、系统层级和智能特征等三个维度对智能制造所涉及的要素、装备、活动等内容进行描述，主要用于明确智能制造的标准化对象和范围。

1. 生命周期

生命周期涵盖了从产品原型研发到产品回收再制造的各个阶段，包括设计、生产、物流、销售、服务等一系列相互联系的价值创造活动。生命周期的各项活动可进行迭代优化，具有可持续发展等特点，不同行业的生命周期构成和时间顺序不尽相同。

2. 系统层级

系统层级是指与企业生产活动相关的组织结构的层级划分，包括设备层、单元层、车间层、企业层和协同层。①设备层是指企业利用传感器、仪器仪表、机器、装置等，实现实际物理流程并感知和操控物理流程的层级；②单元层是指用于企业内处理信息、实现监测和控制物理流程的层级；③车间层是实现面向工厂或车间的生产管理的层级；④企业层是实现面向企业经营管理的层级；⑤协同层是企业实现其内部和外部信息互联和共享，实现跨企业间业务协同的层级。

3. 智能特征

制造活动具有自感知、自决策、自执行、自学习、自适应等智能功能，具体在资源要素、互联互通、融合共享、系统集成和新兴业态五个层面体现智能化特征。①资源要素是指企业从事生产时所需要使用的资源或工具及其数字化模型所在的层级；②互联互通是指通过有线或无线网络、通信协议与接口实现资源要素之间的数据传递与参数语义交换的层级；③融合共享是指在互联互通的基础上，利用云计算、大数据等新一代信息通信技术，实现信息协同共享的层级；④系统集成是指企业实现智能制造过程中的装备、生产单元、生产线、数字化车间、智能工厂之间以及智能制造系统之间的数据交换和功能互连的层级；⑤新兴业态是指基于物理空间不同层级资源要素和数字空间集成与融合的数据、模型及系统，建立的涵盖了认知、诊断、预测及决策等功能，且支持虚实迭代优化的层级。

(二)工业元宇宙

元宇宙与制造业深度融合发展，形成了元宇宙的一个重要领域，即工业元宇宙。李勇坚等(2022)认为工业元宇宙是真实世界与虚拟世界交互的结果，是数字物理空间的升级版，创造了一个可能具有颠覆性的融合世界，其基础是数字孪生，其核心是利用物联网技术将物理世界及人的互动纳入数字世界之中。工业元宇宙是智能制造的一种更高级形态，智能制造强调利用数字技术对现有制造过程的实时动态监测、生产流程的优化与安排、生产能力的充分利用、对生产故障的快速响应、生产组织的高效联动等，而工业元宇宙除了将工业过程数字化外，还引入人的因素，在虚拟空间里实现人与生产过程的互动，从而实现对工业原型的快速测试。

(1)工业元宇宙实现了对物理世界的数字化实时洞察,通过元宇宙中的3D数字孪生技术,可以直观地观察制造过程,快速定位问题发生的位置,从而实现对生产制造过程的精准监控。对于管理人员而言,物理世界的数字化还能帮助他们快速了解资源利用状况和流程运行情况。

(2)工业元宇宙能够在数字空间中虚拟测试新解决方案。工业元宇宙通过对机器、材料、工艺等相关领域的数据化处理,不仅可以帮助用户观测物理世界的状态,还可以利用元宇宙进行模拟操作,从而发现潜在问题并提出优化路径。对于许多工业原型开发,通常需要大量测试才能最终定型,而工业元宇宙的应用可以显著降低原型验证成本,并优化生产流程,使原型在投入生产时更加高效。

(3)工业元宇宙可以推动供应链和产业链的透明化。这一功能使企业能够实现更高效的协同工作,同时提升供应链的可见性。供应链透明度的提高,让客户可以准确知道货物的交付时间,并实时同步任何运输延迟。企业还可以通过元宇宙的数字化手段,动态调整分销商的实时运输成本,显著降低物流成本,提高供应链的可靠性。通过工业元宇宙的广泛应用,生态系统中的合作伙伴可以实现互操作性。这种能力不仅有助于降低企业间的协调成本,还能提升协调效率,使所有参与者都能共享工业元宇宙带来的收益。

二、元宇宙与智能制造融合的具体路径

数据化理论和工业元宇宙理论的兴起,使元宇宙具备了在制造业领域广泛应用的理论基础。从实践来看,利用元宇宙技术,制造商可以在虚拟空间里进行产品开发,从而加快研发步伐,也可以通过对生产流程的数据化,实现对生产流程和资源利用的实时动态监测,还可以在工厂中使用传感器或物联网设备,模拟虚拟世界中的真实生产过程,让工人可以练习虚拟操作控制并针对不同的生产方式设置跟踪故障项目,无须进行任何实际试运行(陈永伟 等,2022)。

(一)研发设计

在物理世界中对产品原型进行定型,需要大量的定制与试制,这个过程涉及多部门的联动,时间长且协调困难。而在元宇宙空间,通过利用 Unity 等虚拟引擎的渲染功能和基于数字孪生等工具,对原型产品的结构、工艺等进行模拟,推动相关部门在虚拟空间里实现联动与互动,可显著加快原型制作过程,及时解决原型制作、定型等诸多方面的问题。在元宇宙中进行原型定型与制造,能够及时对产品进行持续修改,使工艺流程更为优化,最终为客户带来更多选择,缩短从构思到创建的时间。

元宇宙可以实现多主体、多部门协同开发。元宇宙能够为参与项目的所有利益相关者提供一个公共空间,数据信息共享可从 2D 屏幕转向沉浸式 3D 空间,为各方参与者提供更多的交互机制。此外,元宇宙通过与制造商共享、根据反馈进行迭代等方式,提高产品开发设计的成功率。元宇宙技术能够将产品原型以数字化方式呈现出来,并更早地交付技术部门、制造部门和营销部门,根据这些部门的反馈,在产品进行生产之前即可进行多次迭代优化,识别潜在错误,缩短产品迭代优化周期,提高企业对市场的适应能力。制造部门也可以通过元宇宙参与设计过程,在设计阶段对最终产品的生产工艺进行持续优化,通过将资产拖放到基于物理的模拟中,可以轻松确定如何在制造中更高效或更安全地生产产品,而无须执行重要的物理测试,这将提高从概念设计到生产制造全流程的效率。例如,Sky-Real(天际实境)是一家专注于航空航天的软件公司,帮助客户公司协作处理其制造的各个阶段(从概念和工业化,到培训和营销),为他们提供身临其境的体验,从而形成更强的协作能力与产品迭代能力。

在产品优化过程中,利用元宇宙还能够与用户共同进行产品测试。在元宇宙中,制造商可以提供产品的虚拟原型,并将其提交给用户进行虚拟试用。用户通过沉浸式的使用体验提出改进意见,从而帮助制造商进一步优化产品设计,更好地满足用户需求。同时,制造商还可以借助元宇宙发现高价值用户，并积极吸纳这些用户参与新产品的共同开发，从而降低产品研发失败的风险，提升产品的市场适配性和成功率。例如，一家新兴的智能冰箱制造商可以通过与用户的深入互动，收集用户对其即将推出的产品界面设计的市场反馈。在与用户共同开发新产品的过程中，制造商甚至可以将一些不具备量产可能的虚拟原型产品转化为 NFT 数字藏品，从而开辟新的收入来源。此外，元宇宙技术能够基于多目标要求对产品进行多维度同步优化，有效避免传统开发过程中因多目标不同步而导致的返工问题。在元宇宙环境中，每个优化过程都伴有数据记录与留存，便于制造商对优化环节进行检查和复盘，从而显著提升产品开发效率，降低开发成本。

在元宇宙中，许多产品可以从逆向设计的视角出发，即通过先设计一个虚拟产品，在元宇宙中测试其受欢迎程度，再决定是否投入实体生产。一些企业已经采用这种先从虚拟产品再到实体产品的逆向设计方法。例如，耐克在其设计流程中运用了虚拟现实和计算机辅助设计等技术，首先创建数字化的虚拟原型和设计概念。在虚拟环境中，耐克对产品的性能、设计和舒适度等特征进行测试和优化，从而更精准地满足消费者需求。当虚拟设计达到理想状态后，耐克再将这些数字化设计转化为实体产品。这种设计方法不仅提升了企业的灵活性和效率，还使企业能够更好地迎合市场的多样化需求。通过在虚拟环境中进行创新和设计，企业能够实现更加敏捷、低风险且创新的产品开发过程，充分发挥元宇宙技术的潜力。

(二)制造流程

将元宇宙技术应用于制造业领域，企业可以在物理生产之前对生产布局和生产流程进行预先模拟，虚拟评估设备、材料或人类行为变化可能带来的影响。在不同环境下，企业通过模拟生产过程中各类对象的交互行为，虚拟运行并识别生产线中的问题，进一步优化产品设计、制造流程以及结构化模型。与智能制造相比，这种模拟虽然是数字化的，但设备、材料和物理空间都引入了与其物理特性相关的参数，且相关人员可以在虚拟空间中进行真实体验，从而更全面、准确地发现各流程中的潜在问题。此外，虚拟世界还能测试数千种可能发生的潜在场景，对设备和材料进行各种极限条件下的测试。这不仅帮助企业实时了解设备性能，还能发现设备、工艺和材料在可持续性方面的改进空间，从而优化实际运行方案。例如，宝马公司在一家新工厂投产前，利用虚拟世界进行了为期六个月的模拟测试，按照 1∶1 的比例构建虚拟汽车模型，并据此优化工厂布局。在这六个月中，企业基于模拟结果对原始设计进行了约 30％的调整，提高了最终设计的效率和合理性。

在生产过程中，元宇宙技术可以持续模拟真实的物理现象，快速将资产拖放到基于物理的模拟环境中，以快速确定提升工作效率和安全性的方法，而无须通过中断生产的物理测试来寻找解决方案。元宇宙实现了工厂布局和生产流程的全面虚拟化，通过物联网设备动态跟踪每台机器、产品、人员和工具的状态和位置，并保持实时更新，为生产管理提供了精确的数据支持。对于生产工人而言，元宇宙技术可以在虚实融合的工作环境中提供完整的工作流程，甚至生成交互式 3D 全息图，为操作提供直观指导。对于生产工艺来说，人工智能能够将模拟结果自动传送到现实世界中，不仅能优化人工智能算法，还能推动工厂、车间和生产线的智能化转型与升级，而这一切都无须耗费任何物理时间和资源。

在流程优化方面，单纯的数学模型或数字孪生可能会忽略人的因素，以及不同工艺之间的联动与协调。而元宇宙的引入，则能够将人的因素与模型进行全面综合，形成更高效的系统协同，提升整体流程的运行效率。此外，元宇宙技术还可对要求较高的生产环境流程进行实时动态监控，通过虚实融合预防潜在故障，并对已发生的事故进行快速处理，从而避免生产中断带来的损失。例如，亮风台公司的 AR 生产解决方案已被海尔等企业采用。其专业软件解决了生产过程中人与信息的连接问题，允许用户将物联网数据（如温度和湿度）、视频等数字信息实时发布到虚拟空间中。协作人员可以实时查看这些数据及其动态变化过程，从而更好地实现远程协作，提高生产效率和响应速度。

在质量控制方面，元宇宙可以帮助制造商更高效地诊断设备问题，并确保所有零部件和成品在供应给消费者之前均符合质量要求。在产品生产完成后，元宇宙可以对整个生产流程进行回顾和分析，通过数字模拟复盘快速定位可能存在问题的节点、零部件或成品，从而更早、更精准地查明设备故障。借助这种技术手段，制造商不仅能够提高质量管理的效率，还能有效降低生产中的潜在风险，确保所有产品在交付之前达到严格的质量标准。

在人员培训方面，元宇宙提供了多样化和高效率的培训机制，使员工能够迅速熟悉生产环境和工艺，更好地应对潜在问题。通过沉浸式学习，员工可以在虚拟环境中进行训练，不仅改善了学习体验，还将错误成本降至几乎为零。元宇宙技术还突破了空间限制，通过 AR/VR 和全息技术构建模拟现实工业环境的虚拟场景，实现远程教育和全球范围内的虚拟操作培训。这种创新方法不仅能有效降低生产过程中的错误率，还能够显著提高生产力，甚至生产力提高幅度超过 40%。例如，霍尼韦尔公司已经成功利用 AR 和 VR 技术改进员工培训，为员工提供身临其境的学习体验。这种方法不仅减少了知识流失，还简化了团队之间的知识传递流程，为企业提高效率、降低成本提供了全新的解决方案。

（三）供应链管理

供应链管理需要基于劳动力成本、库存控制、间接费用和生产速度等诸多因素对生产制造过程进行优化，并以此为基础，对供应链进行重构，根据需求感知算法更好地预测库存。而库存不但取决于企业自身的需求与生产能力，更取决于上下游企业的供给和需求。元宇宙空间具有跨越时空的特点，通过数据接口开放等方式，可以将制造业产业生态相关的主体引入工业元宇宙中，从而实现生态内各个主体的更高效耦合。

工业元宇宙首先将供应链内的企业及利益相关者全面引入到同一个数字空间中，供应链上下游企业能够清晰地了解到企业的生产及库存情况,这将使供应链更为透明和高效。麻省理工学院斯隆管理学院发布的一份研究报告显示,消费者愿意为提供更高供应链透明度的产品多付2%到10%的费用。但最初的供应链并非为了透明而设计,在现有的供应链管理架构中,消费者并不是参与者和监督者,消费者对供应链中所存在的产品安全、奴隶劳动或森林砍伐等道德问题有着监督的意愿,但缺乏监督的渠道。利用元宇宙系统,在虚拟世界中建立可视化、可追溯的数字化供应链,能够让消费者随时访问供应链并发现可能存在的问题。制造商也能够使用AR技术简化物流和仓储功能。例如,利用元宇宙技术,供应链计划和订单拣选将变得更快捷、更容易、更准确。

工业元宇宙将推动企业在产品生命周期管理和跨供应链协作方面实现更广泛的合作。产品生命周期涉及材料、设计和备件等多方面的协同问题,而传统机制多以事故响应为主,一旦出现故障或问题,事后处理成本往往非常高。借助工业元宇宙,各方能够实现产品生命周期数据的共享,从而建立起高效的预防机制和快速的响应系统,有效降低故障处理和问题解决的成本。此外,随着制造业的发展,协作范围逐渐超越单一供应链,跨供应链的协作变得越来越重要。然而,在物理世界中,跨供应链协作的复杂性极高,而在工业元宇宙中,这种协作可以大幅简化,使企业能够更高效地完成资源整合和信息共享。

同时,元宇宙还为员工提供了对供应链流程的更高可见性。在元宇宙中,不同的合作方可以在同一虚拟空间内协作,无论其物理位置如何,各方都能访问产品设计、制造、销售和分发的3D虚拟模型。客户甚至可以实时跟踪订单,全面了解从原材料采购到成品交付的整个生产周期。通过这样的全流程透明性,客户可以获得更清晰的交货时间预期,同时深入了解实时运输成本和动态变化。这种高透明度使客户能够更好地应对潜在问题(如运输延误),并为其提前做好准备,从而提升供应链的可靠性和用户体验。

(四)售后服务

元宇宙能够带来售后服务的变革,它建立在数字孪生的基础上,但引入了人的协作。元宇宙在工业领域的一个重要应用是跨距离协作。例如,微软的 HoloLens 和移动设备上的 Dynamics 365 Remote Assist(动态系统 365 远程协助)允许专家与远程用户实时共享视图,以指导用户操作。元宇宙还可以在远程协助场景中发挥作用,特别是在偏远地区的紧急情况下,跨国公司在协同解决问题时也能从元宇宙中受益。例如,西门子公司利用元宇宙使来自不同国家的工程师能够共同解决问题。元宇宙还可以在虚拟世界中重新创建设备或生产组件,并使用实时数据预测设备寿命、组件磨损和维护需求,从而减少停机时间,降低健康和安全风险,避免灾难性故障。

三、案例

(一)上海海尔洗衣机互联工厂

上海海尔洗衣机互联工厂旨在构建全球领先的元宇宙未来工厂,包括 4 条智能总装线、4 个模块化智能加工区域以及两套智能物流系统,依托 5G、工业互联网、量子技术、区块链等先进技术,通过全流程信息自感知、全要素事件自决策和全周期场景自迭代,赋能产品设计、生产调度和故障诊断等全链路智能化,在提升产品质量和生产效率的同时,满足用户对高品质生活的需求。通过基于数字孪生的元宇宙工厂模式,海尔不仅确保全线产品保持行业领先的质量水平,还显著提升生产效率,实现从人力依赖向智能驱动的跨越,突破了传统制造的瓶颈。

在空间层面,管理人员和设计人员能够在工厂孪生世界中实现沉浸式协作,供应商质量和物流数据的全局可视化进一步确保物料无损管理,打破了企业内部与产业链之间的空间限制和数据壁垒。在时间维度上,工业元宇宙通过“一物一码”和“一机一档”实现了对每个产品、部件及设备的全周期追溯,所有生产数据均可溯源。同时,虚拟生产线还可以通过快速仿真模拟,在实际生产前验证排产方案的合理性,预测并规避潜在的生产问题。依靠统计过程控制系统,海尔建立了零缺陷质量保障体系,对来料关键尺寸、过程参数和实验数据进行全流程监控,实现了100%的合格品出厂,确保不良品不流入下游环节。

在物流管理方面,工厂通过智能仓储孪生管理系统实现了生产流程的精准化升级。系统能够自动识别产品型号,从而实现大件组件的精准匹配与装配。在成品出厂阶段,工厂利用超宽带无线通信技术实时盘点库存,确保数据的准确性。相比传统模式,发货效率提升了20%,盘点效率提高了30%。通过对关键制造环节的透明化升级,工厂成功实现从电器制造向100%网器制造的转型,进一步完成了从单一产品提供向全生命周期用户服务方案提供的升级。此外,工厂的数字孪生系统能够实时还原设备运行状态,对设备的运作进行精准监控并记录相关数据。在如激光焊接等精密设备的运维管理中,系统通过600多个传感器实现自感知和自采集功能,不仅能快速识别设备故障,还能及时发出报警并生成维修工单。

上海海尔洗衣机互联工厂将数字孪生、人工智能和数据空间等技术贯穿于消费和工业互联网场景中,实现了全要素模型还原、全流程数据贯通和全场景网络互联,构建出“线下实体工厂+线上多维空间”的工业元宇宙共生体系。通过智能化设备、数字化质量、智能物流和仿真调优等创新手段,工厂取得了设备自优化、零缺陷质量和物流无延误的成效,推动了全流程、全链路的价值增长。

(二)西门子与英伟达

2022年6月,西门子宣布与图形增强及人工智能技术的引领者英伟达扩大合作,共同推动工业元宇宙的发展,探索人工智能驱动的数字孪生技术在工业场景中的应用,使工业自动化再上一个新台阶。双方将连接西门子 Xcelerator(加速器)与英伟达的3D设计协作平台 Omniverse,结合西门子基于物理世界的数字模型和英伟达融合AI与物理规律的实时仿真技术,构建工业元宇宙,帮助企业实现更快、更精准的决策。

英伟达 Omniverse 的加入为开放的西门子 Xcelerator 平台生态注入了新的动力，显著加速了数字孪生技术的实际应用，从而在生产与产品生命周期管理中提升了效率并优化流程。无论企业规模多大，都可以通过实时运营数据与数字孪生技术的结合，构建创新的工业物联网解决方案。这些方案不仅能够在边缘或云端进行高效的数据分析，还能通过更加直观、更具沉浸感的模拟仿真，应对未来工程中的各种复杂挑战。

通过西门子 Xcelerator 与英伟达 Omniverse 的互联互通，西门子打造了一个实时、沉浸式的元宇宙平台，实现从边缘到云端的硬件与软件连接，并集成大量西门子软件和解决方案的数据。这种深度整合不仅增强了西门子在工业领域的数字化能力，还通过将西门子的机械、电气、软件、物联网和边缘计算解决方案与英伟达 Omniverse 及其 AI 生态系统相结合，开辟了一个全新的工业自动化应用场景。西门子与英伟达的合作推动了制造业的深度变革，为从设计到运营的全生命周期提供全新的沉浸式体验。Xcelerator 与 Omniverse 平台的整合，实现了数字与现实的精准映射，并将软件定义的 AI 生态系统从边缘扩展至云端。

第二节　元宇宙与数字营销

元宇宙为品牌创造了一个全新的增量空间，把握元宇宙的特性，合理运用“人”“货”“场”的运行逻辑将成为品牌元宇宙营销成功与否的关键（王飞，2022）。

一、人：面向数字替身的元宇宙营销

元宇宙的热潮加速了数字人产业的发展。品牌不仅持续构建了多样化的数字人品牌标识矩阵，还推动了数字人向智能化和场景化方向的发展。在这个虚实结合的数字世界中，将形成两类数字替身：一类是现实世界中的人在虚拟世界中的映射，即用户数字替身，用于满足用户在元宇宙中的交互需求；另一类是品牌标识的数字化表达，即品牌数字替身，旨在

与用户建立深度连接,突破传统沟通的隔阂,创造全新的互动形式。

(一)用户数字替身

在元宇宙中,用户数字替身能够承载虚拟世界中形成的所有社交关系和资产归属。品牌在面向用户数字替身进行营销时,核心关注点在于数据的有效利用。通过大数据生成的用户画像和偏好轨迹,品牌可以挖掘潜在客户,并争取在消费者生命周期内实现用户向消费者的转化。在建立消费者生命周期模型的基础上,品牌可以围绕"发现、'种草'、互动、兴趣、首购、复购、信赖"七个关键节点,对用户进行标签分组。完成标签分组后,品牌可以利用数字化程序工具,根据不同分组制定有针对性的个性化营销内容,从而提升用户的浏览兴趣。最终,品牌通过归因系统抓取投放效果数据,对营销活动进行全面复盘,以优化后续策略并提升整体营销效果。

在元宇宙中,用户数据的获取和利用与传统互联网有着明显不同。元宇宙被构想为一个去中心化的开放世界,这意味着用户数据不再集中在企业手中,而是掌握在用户自己手中。此外,区块链技术的整合不仅增加了用户数据的价值,还将其转化为元宇宙中的一种新型"货币"。因此,用户数据成为一种宝贵资源,不会被轻易转让或分享。例如,基于区块链技术的搜索引擎 Presearch(预搜索)利用独立节点支持用户数据的安全,并将用户的搜索行为转化为数字货币。这种货币可在元宇宙中用于各种经济活动,类似于现实生活中的货币交易。这一技术使得 Presearch 每月吸引约 30 万活跃用户,突显了用户数据在元宇宙时代作为"硬通货"的价值。然而,即便企业获得用户授权和数据,为用户提供定制化的营销内容仍充满挑战。在元宇宙中,用户的虚拟身份可能与其现实身份大相径庭,甚至包括性别的差异。因此,企业在进行针对性营销时,需要更深入理解和分析元宇宙中用户身份的多样性和复杂性。

(二)品牌数字替身

在元宇宙赋能阶段,品牌可以向数字人提供数字化奖励或产品,以此满足数字人的生存需要和个性化表达需求。在品牌数字替身参与元宇宙共创阶段,元宇宙营销也会从品牌数字替身变为用户数字替身。品牌数字替身要参与到元宇宙的建设中,并且要完成品牌的虚拟化转型。目前,品牌数字替身主要分为虚拟偶像、虚拟品牌标识和智能数字人(廖俊云 等,2023)。

1. 虚拟偶像

对于尚不具备技术和资源来打造成熟数字化身的品牌而言,与虚拟偶像结盟推广产品已成为元宇宙领域的一种常见策略。通过与虚拟偶像合作,品牌可以利用其“完美”的形象和高度的可塑性进行产品代言,从而创造热度并推动销量增长。虚拟偶像相比真人偶像,具有更广阔的创造空间和更高的形象塑造灵活性。品牌可以通过脚本和故事设计强化虚拟偶像的形象,并将其广泛应用于多种场景中,例如担任品牌体验官、参与直播联动、推出联名产品等,从而进一步提升品牌影响力和用户参与度。

虚拟偶像的概念最早可追溯至20世纪80年代。早期的虚拟偶像并未在当时引起广泛关注,2007年初音未来的出现彻底改变了这一局面。初音未来的成功不仅引发了虚拟偶像热潮,也为市场提供了一种新的造星模式,吸引了大量资本的关注。以洛天依为例,作为中国首位现象级的成功虚拟偶像,她与多家知名品牌合作,如百雀羚、肯德基、三只松鼠等,并在某直播间的亮相吸引了超过270万观众在线观看。虚拟偶像在商业领域的应用不局限于品牌代言或电商直播合作方面,还扩展至游戏、演唱会、周边产品等多个方面。这种多元化的商业模式显示了虚拟偶像的广泛影响力和市场潜力。从长远来看,虚拟偶像凭借其高可塑性、稳定的人设、性价比优势以及强大的粉丝消费能力,已成为品牌营销的优选方案。随着Z世代(通常是指1995年至2009年出生的一代人)逐渐成为社会消费的主力军,虚拟偶像的市场前景预计将更加广阔。然而,从综合成本和品牌营销的持续性角度出发,打造专属于品牌的数字替身或虚拟品牌标识可能是一种更具经济性且更具长期效益的策略。

2. 虚拟品牌标识

随着Z世代的崛起并成为社会消费市场的主力军,品牌正积极深入挖掘年轻人喜好的沟通方式。许多品牌采用同龄化沟通策略,实现“入圈、占圈、出圈”的全链路互动。品牌自主打造虚拟形象大使,吸引年轻用户,强化品牌认知,拉近与用户的距离。例如,蜜雪冰城创造的雪王形象运用了年轻人喜爱的土味元素,巧妙地捕捉了年轻人的喜好,传达了品牌年轻的价值观。此外,品牌可以打造符合自身调性的虚拟品牌标识进行代言推广,无须担心虚拟形象的人设崩塌,更契合当下消费者的“无菌审美”,为品牌带来积极的营销效果。例如,花西子推出的虚拟品牌标识是古典时尚的东方女性形象。

对于品牌而言,虚拟品牌标识更像是品牌“人格化”的形象,集智能化技术、个性和情感于一身。这不仅有助于说服用户进行购买,还能提升用户支付品牌溢价的意愿,实现降本增效。在虚拟品牌标识的塑造中,品牌通过为虚拟形象注入生命、情感,增强了品牌叙事的生动性、合理性以及虚拟品牌标识与用户心理上的亲近性,提升了用户对品牌标识的接受度。欧莱雅集团的虚拟形象“欧爷”、屈臣氏的“屈臣曦”等品牌都为其设定了青春、帅气的品牌标识人物形象。这些虚拟品牌标识甚至能够与用户互动、沟通,为他们提供建议,使用户在购物时产生情感认同,促进了用户对虚拟品牌标识形象的信任与崇拜,拉近了品牌与用户之间的距离。

3. 智能数字人

智能数字人作为品牌数字替身的先进形式,外貌上具备了超写实的人类外观,能够通过自然语言处理算法与用户进行有效交流。随着智能数字人智能化和自动化水平的提升,其承担的角色和任务也日益强化。智能数字人不仅可以充当品牌产品体验官,搜集用户和市场反馈,还能参与产品工业设计等工作。例如,海尔生物推出了行业首个智慧实验室数字人——阿莱蒙。阿莱蒙在智慧实验室中担任多个角色,作为智慧实验室的控制中台，阿莱蒙可以掌控实验室的所有设备和信息。同时，他还是研究人员的操作助手，能够与其交流并执行指令。对实验室而言，阿莱蒙的存在不仅仅是一个数字人，他不但可以“听”和“说”，还能“理解”并“思考”，为用户带来更多的应用价值。

二、货：虚实融合的元宇宙产品营销

在新兴智能化设备的推动下，品牌的产品营销在元宇宙领域有极大的想象空间。一方面，品牌通过 AR 试穿打造虚拟空间、将数字人作为代言人等方式，在虚拟空间提升用户的购物体验，推广产品，为品牌引流，即“以虚助实”；另一方面，品牌借助现实品牌价值的赋能，在虚拟世界中全方位打造品牌数字资产，包括虚拟产品线、定制游戏道具、NFT 数字藏品等，拓宽市场，即“以实助虚”(Dwivedi et al，2023)。未来，品牌将具有“虚”和“实”两条产品线，实现虚实结合。

(一)以虚助实

目前，品牌利用元宇宙来促进实体商品的销量主要有以下三个场景。其一，推出 AR 试穿、AR 试妆等，改善用户购物体验，同时借助穿搭分享功能，通过社交平台为品牌引流。Gap(盖璞)品牌于 2021 年收购在线虚拟试衣间技术提供商 Drapr(德莱普)，让用户根据自己的 3D 形象挑选适合自己的服装。其二，通过创建虚拟数字人或选择与虚拟偶像合作，打造虚拟代言人，革新与用户的沟通方式以满足各种场景传播需求。其三，借助游戏等新型元宇宙平台开拓更时尚、更智能的营销场景，开启全新数字虚拟营销策略。例如，可口可乐在虚拟岛屿 Pixel Point(像素点)中首先打造“像素味”可乐吸引玩家眼球，继而推出了现实版的“乐创无界”并限量发售。

(二)以实助虚

若品牌欲推出虚拟产品线或子品牌，以探索品牌的新价值增长，则善用品牌赋能显得尤为关键。随着年轻用户逐渐从现实社交转向虚拟世界互动,奢侈品和时尚鞋服等品牌正积极谋求数字化发展,争相进军元宇宙。奢侈品牌所奉行的“稀缺性”品牌价值与NFT的“独一无二”数字经济天然融合,品牌不仅能够在复制实体商品的基础上创造元宇宙原生的虚拟品牌,还能够超越实体商品的限制,实现数字原生的创新。

众多奢侈品牌选择在元宇宙中销售虚拟商品以获取利润。例如,由某著名设计师设计的高定玻璃礼服在元宇宙中被一位玩家以相当于约194万美元的现实货币高价竞拍成功。此外,美国某新锐时尚品牌在虚拟现实沉浸式体验平台上限量发布了400件虚拟服装,并邀请虚拟玩家参与体验,结果这些服装在10分钟内便被抢购一空。这些案例表明,奢侈品牌通过数字化手段在元宇宙中推出虚拟商品,已成为一种成功且具有潜力的盈利模式。

(三)虚实结合

随着元宇宙建设的不断完善,虚实交互的产品营销方式将成为主要趋势。所谓虚实交互,即借助智能化平台真正做到线上线下结合共生。品牌的实体商品都有属于它们的“虚拟分身”,用户既可以通过购买NFT虚拟产品,获得实体产品的折扣,甚至直接使用数字资产购买实体商品,也可以通过购买实体产品获得元宇宙中的产品增值服务,如获得相应的数字藏品、成为品牌虚拟专区会员等。在虚实交融的营销体系中,现实与虚拟的界限将被打破,营销的边界也将得到极大的拓展。

三、场:元宇宙的场景营销

元宇宙概念为场景的沉浸化、现实化、交互化带来了机遇。在元宇宙背景下,场景营销传播的概念也在发生变化。其目标在于通过构建用户生活中或想象中的场景,影响用户的需求或想法,从而有效传播信息。随着元宇宙概念的融入,“场景”平台必然将成为全新的传播媒介,为消费者提供交互化、沉浸式的全新体验。

元宇宙场景具备个性化、真实性、精准性、代入感四个显著特点。首先，在个性化方面，场景营销传播能够准确瞄准用户群体，通过分析用户的消费数据，为用户提供个性化的信息推送服务。其次，在真实性方面，人工智能、扩展现实以及可穿戴式装备技术的逐渐完善使得各种场景更加真实与个性化，从而促使用户能够在横跨时空的体验中产生更为深刻的感受。再次，在精准性方面，元宇宙与场景的结合通过大数据和云计算技术，分析用户的浏览记录及消费情况等行为偏好，描绘出用户的精确画像，准确地满足用户需求，使目标用户积极参与其中。最后，在代入感方面，元宇宙下的场景营销更具有代入感，能够准确触发用户的痛点和情绪，引发用户共鸣，最终塑造用户对产品和品牌的认可。目前，场景营销传播有以下几方面的表现。

(一)以虚拟叠加现实创新营销新场景

XR 技术的不断成熟为品牌提供了全新的场景营销机遇。品牌可以利用愈加逼真的虚拟场景，为用户带来沉浸式体验，如虚拟试穿试戴、VR 看房等。在这一领域，华为通过河图技术平台成功打造了融合虚拟与现实的数字新世界，开创了全新的营销模式。例如，2021 年，华为在北京长天街和丽泽天街开展了一场基于 AR 的互动活动，通过河图 App（应用程序）为用户提供全息道路引导，帮助他们寻找车辆和商店，同时参与打卡全息景观等活动，带来超现实的娱乐体验。河图 App 提供广泛的 AR 导航服务，覆盖了大面积商圈，用户可以通过虚实叠加的路线指引搜索并到达目的地。与此同时，河图 App 还与商场合作创建虚拟标牌，强化用户感知，营造独特的数字化商场氛围。为了实现一站式消费体验，河图 App 整合了会员体系，支持用户直接在应用中完成支付，并积累会员积分以兑换优惠券或代金券。总体而言，这一创新活动不仅提升了商场的互动性和可玩性，还显著改善了用户的消费体验。同时，该活动助力商场实现智能化升级，提高了商场的竞争力、用户经营能力和客单转化率。

(二)构建品牌虚拟空间

品牌通过从用户需求出发,精心打造专属生态环境,旨在为用户提供更强的归属感和参与感,以提高用户黏性并实现营销目标。例如,耐克于 2021 年 11 月在 Roblox 中开设的虚拟旗舰店 Nike Land(耐克乐园)为用户带来了购物、社交互动等多层次体验。在这个虚拟空间中,用户不仅可以购买产品,还能进行个性化装扮、参与社交互动,甚至利用品牌元素设计迷你游戏。顶级用户更可与耐克合作生产个性化商品。这一创新案例突显了虚拟空间作为展厅、商店和社区等多功能载体的潜力,为用户打造了一个独特的品牌世界。

通过构建线上虚拟空间,品牌突破了现实世界中客户体验的物理局限,显著降低了用户参与门槛。在全新的品牌体验路径下,品牌能够更便捷地向用户呈现完整的品牌内容,使品牌主张的生活方式更贴近年轻消费群体。随着元宇宙的快速发展,每位元宇宙用户将拥有独一无二的数字替身和数字资产。与此同时,品牌数字化营销将向“虚实相生、虚实相长、虚实交融”的全触点模式迈进,致力于打造更加沉浸式的产品体验和虚拟场景,以更好地满足用户需求并提升互动体验。

(三)数字化版权内容+虚实融合

元宇宙的涌现为影视内容呈现形式带来了深刻的变革。用户不仅能够通过增强现实技术在现实世界与影视内容产生互动,还能完全沉浸在虚拟世界中。在这个数字化的环境中,用户可以使用数字身份与影视作品进行交互,甚至可以成为影视作品中的一部分,身临其境地感受作品的故事场景,享受具有沉浸感和参与感的观影体验。以爱奇艺为例,该平台通过打造知名影视版权内容,输出融合现实与虚拟的元宇宙内容,最终通过付费体验和数字藏品实现变现。具体而言,2021 年,《风起洛阳》在爱奇艺上首播,成为平台当年的重要影视版权内容。紧接着,爱奇艺推出了一套与《风起洛阳》相关的 VR 系列数字藏品。在爱奇艺旗下的 VR 全感互动线下馆中，用户可以欣赏到3D数字藏品，并通过亲身体验感知相应的VR互动。2023年，爱奇艺推出了国内首个向公众开放的实景＋VR全感娱乐项目——《风起洛阳》VR全感剧场。在这个剧场中，爱奇艺的制作团队将实景环节与虚拟体验融为一体。观众在剧情体验过程中，不仅可以进行换装，观看真人演绎等互动环节，还能通过VR技术进入“平行宇宙”，身临其境地成为故事的主角，享受多层次的沉浸式娱乐。

（四）打通虚实，多态融合

尽管元宇宙仍处于起步阶段，但它正逐渐成为影响旅游目的地和组织竞争力的一种颠覆性趋势。如果元宇宙能够实现价格实惠、易于访问、操作便捷，并提供优质体验与价值，那么用户很可能会迅速接受这一新模式。这些用户可以沉浸在多样化的元宇宙环境中，参与虚拟旅游活动，从而更好地评估可选方案，并最终做出购买决策。

目前，市场上已经出现了一些沉浸式文旅演艺项目。例如，2023年，风语筑签约黄河悬河文化展示园展陈工程、杭州亚运会博物馆空间软件服务、杭州西站裸眼3D内容制作等多个项目。同时，元宇宙也为数字化方式保护、挖掘、传承各类文化遗产提供了新的途径。各种文化和旅游资源都将被复刻到虚拟世界中，形成一个开源开放、规模宏大、品类齐全的文旅资源数据库。例如，敦煌研究院和腾讯联手在线上构建了一个全真的数字藏经洞，以互动体验的方式和大众一同分享藏经洞出土文物背后的“鲜活历史”。同时，他们还打造了全球首个基于区块链的数字文化遗产开放共享平台“数字敦煌·开放素材库”，通过素材库向全球开放文化资源，实现文化资源的安全高效流动。尽管当下的元宇宙在文旅领域的应用路径逐渐明晰，但这一过程中依然可能面临包括垄断风险、制度风险、伦理风险、权利风险和沉迷风险等挑战。元宇宙助推文旅产业高质量发展，应从强化认识、发展产业、打造标杆推进试点、搭建宣传平台、强化伦理监督、开展法律建设等方面采取针对性措施（石培华 等，2022）。

四、案例

（一）古驰的元宇宙营销

古驰（Gucci）的一系列元宇宙营销举措，使得 Gucci 成功结合了社交、虚拟体验和数字资产，为品牌在元宇宙中的参与者提供了多样化且深度的体验（胡钰敏，2023）。

（1）建立品牌专属社区。Discord（迪斯科德）是一款提供完整社区定制服务且使用门槛较低的社交软件，其优势在于品牌方和用户能够快速上手，实现实时聊天和互动。Gucci 在 Discord 上创建了首个品牌社区，旨在培养品牌数字化转型的“超级用户”，并通过与用户建立“真正的对话”增强品牌黏性。Gucci 将社区中的艺术家和 NFT 项目的“超级粉丝”视为核心成员，并为社区配备专门的运营团队。为了契合社区调性，Gucci 对社区运营人员提出了特别要求：必须在简历中说明喜欢 NFT 的原因，并在参与社区治理时对平台的前沿趋势保持敏锐的洞察力。

（2）在 Roblox 平台上推出品牌专属虚拟空间 Gucci Town（古驰小镇）。该空间包含一个中央花园，将不同区域连接在一起，玩家可以在这些区域玩各种迷你游戏、逛咖啡馆，或者在虚拟商店内为他们的 Roblox 头像购买古驰饰品。虚拟社区包括游戏空间、艺术展览、数字产品商店等。虚拟广场还提供了一系列游戏体验。用户进入 Gucci Town 后，首先可以获得一个专属虚拟形象，并在社区内完成互动打卡任务，获得社区数字货币奖励，这些奖励可用于购买道具和虚拟物品。

（3）帮助用户创建虚拟形象。Gucci 与虚拟形象公司 Genies（吉尼）合作，在其官方应用程序中设置了数字替身生成功能。基于 Genies 的 3D 虚拟形象软件开发工具包，用户可以创建个性化虚拟形象，并使用素材库的 200 多件 Gucci 配置。该工具还具有情绪分析功能，可检测、识别用户的面部表情，让用户更充分地融入元宇宙情境中。

(4)推出 NFT 项目,激发品牌的溢价能力。Gucci 利用 NFT 概念打造品牌数字藏品,赋予产品不可替代的属性。通过与潮玩公司 Superplastic(超级塑料)合作,Gucci 推出了具有收藏价值的 SuperGucci(超级古驰)系列数字藏品。此外,Gucci 还携手佳士得拍卖行推出了一系列名为"未来频率:生成艺术与时尚的探索"的数字艺术 NFT,涵盖由 AI 艺术家和生成艺术家创作的 21 个 NFT,其灵感主要来源于 Gucci 的系列产品。奢侈品品牌通过强化品牌的唯一性与独特性,进一步激发品牌的溢价能力。Gucci 的数字藏品凭借其唯一性、收藏价值和可交易性,不仅提升了基于区块链的数字资产的珍贵性,还为品牌建立了与竞品差异化的营销模式。通过采用新技术,Gucci 焕新了品牌形象,强化了品牌在虚拟世界与现实世界的联动效应。此外,持有者除了收藏虚拟世界中的艺术藏品,还可以获得同款实体潮玩。Gucci 设计的玩偶形象不仅作为 NFT 的组成部分,也成为品牌与用户互动的重要媒介。

(5)通过 AR 应用推动数字化产品体验和营销。他们在官方 App 推出了 Gucci Sneaker Garage(古驰运动鞋车库),提供了品牌故事、互动游戏、艺术创意和虚拟试鞋等内容,让用户在虚拟的球鞋世界中体验创造虚拟的专属款式,鼓励用户在虚拟世界中进行自我表达。通过 AR 应用,用户可以在虚拟世界中看到自己穿上这双鞋的样子,并能够拍照、录制视频并分享。此外,Gucci 与 Snapchat(快拍)合作推出了一款帮助用户线上试穿鞋类的 Snapchat AR 滤镜,其成为首个为 Snapchat AR 推出滤镜的品牌。用户可以在屏幕上选择要尝试的鞋款,将智能手机的摄像头对准自己的脚进行试穿。如果用户喜欢试穿的鞋款,就可以直接点击 Snapchat AR 的"立即购买"按钮进行购买。科技公司 Wannaby(万纳比)为此次的 Gucci 滤镜提供了技术支持,他们的机器学习算法为 Snapchat 的 AR 试穿功能中的脚部追踪提供了支持。Gucci 的 AR 试穿功能赋能了线下营销,将现实与元宇宙营销的赋能双向结合。现实世界的品牌魅力和品牌故事吸引用户进入品牌的元宇宙社区,而元宇宙商品和活动提高了品牌价值,为产品在现实世界的营销提供新的消费增长点。

(二)蓝色光标的元宇宙营销

蓝色光标是一家为企业提供智慧经营方案的数据科技公司,主营业务包括智慧营销、数字广告等,其致力于成为一家在大数据和社交网络时代为企业智慧经营全面赋能的营销科技公司。面对元宇宙的热潮,蓝色光标基于过去的服务经验,对元宇宙进行战略布局。蓝色光标通过与多家企业建立合作关系,共同打造虚拟直播、虚拟空间、虚拟人三大场景在内的完整生态链。

2021 年 10 月,蓝色光标集团在阿里巴巴云栖大会上展示了蓝色光标数字达人服务全景图 1.0。会上,蓝色光标宣布与阿里巴巴达摩院达成合作,将携手开拓虚拟直播技术应用,赋能电商行业。2022 年 1 月,蓝色光标发布虚拟人“苏小妹”,通过中国传统文化和前沿科技,打造具有“文化符号”价值的虚拟人,推动文化创新。2022 年 2 月,蓝色光标推出真人数字分身驱动平台——分身有术,提供低成本、高效率、超写真的“分享”场景解决方案,助力千行百业实现“分身自由”。2022 年 3 月,蓝色光标发布第二个数字虚拟人——音乐人“K”,以元宇宙技术开启音乐体验新维度,打造首个虚拟音乐人全链路整合营销案例。同月,蓝色光标孵化首个数字藏品发行平台 MEME(魔因未来),同时发起成立“数字艺术家联盟”,助力品牌资产价值化、构建数字商业新范式。同月,蓝色光标旗下“蓝宇宙”营销空间正式上线入驻百度希壤。2022 年 6 月,“蓝标智播”正式上线,可以帮助商家轻松实现 24 小时全天候带货直播。2022 年 11 月,“蓝宇宙”空间正式上线,打造了以 App、电脑、VR 等多端应用为核心的虚拟空间。

蓝色光标在元宇宙上的布局囊括了营销的人(虚拟人苏小妹/K)、货(MEME 平台)、场(蓝宇宙虚拟空间)三个方面,不仅突破了电商营销在形式上的局限,更让用户有了更奇特、更沉浸的体验。

第三节 元宇宙与游戏

一、元宇宙游戏产业概述

(一)元宇宙游戏发展阶段

Roblox是一个允许玩家自建内容的游戏平台,也是第一个在招股说明书中引入元宇宙概念的平台。基于这一特性,有人认为元宇宙就是像Roblox这样构建的3D虚拟世界平台,或者是具备高沉浸感的VR游戏。尽管这种认知并不完全准确,但游戏确实是当前最接近元宇宙的行业之一。作为元宇宙最相关的领域,游戏行业经历了一系列内容形态的演变与升级。从早期的单机游戏,如贪吃蛇、俄罗斯方块、扫雷、扑克牌,到联网游戏,如王者荣耀等,再到如今的3D游戏和多人实时在线对战或交互类游戏,游戏行业的演变态势为推演元宇宙中的游戏内容形态提供了重要参考。游戏的未来发展可能会经历以下四个阶段(王磊,2022)。

第一阶段:单机体验式的内容。在这一阶段,单机游戏逐步融入沉浸式属性。例如,互联网时代的单机游戏在VR、AR等技术的支持下,升级为沉浸式的元宇宙游戏。类似于互联网早期以游戏机或单机游戏为主的情形,目前元宇宙处于萌芽发展阶段,市场上的大多数VR游戏仍以单人体验模式为主,强调个人沉浸感。

第二阶段:小范围的交互内容。随着技术的进步,单机AR游戏逐渐融入社交属性,开始实现小范围的玩家交互。不过,由于当前的通信网络和技术还不足以支持大规模的实时互动,游戏行业迈向这一阶段仍面临挑战,需要通信网络和相关技术的进一步发展来提供支撑。

第三阶段:大规模多人涌现式体验。当技术达到一定水平后,游戏内容会逐步成熟,可以支持大规模的多人交互体验。在这一阶段,尽管可同时承载多人参与,互动性仍局限于较简单的小范围互动。这一阶段为未来复杂互动的实现奠定了基础。

第四阶段:多人实时在线、可交互的元宇宙。这一阶段是元宇宙游戏内容形态的终极目标,代表着高度发达的元宇宙。游戏内容不仅能够支持同一空间内的多人实时在线,还可以实现复杂的交互操作。实时刷新、实时互动以及高度仿真的画面效果,将为用户提供极具沉浸感的体验。这种多维互动和虚拟与现实的深度融合,将成为元宇宙游戏的显著特点。

(二)与主流游戏的区别

大多数互联网游戏的内在逻辑是由游戏开发者提前设计的固定框架,包括关卡、难度、场景、游戏任务以及游戏道具等。玩家只能从游戏提供的人物名录中选择一个感兴趣的角色,并通过代入该角色参与到游戏中。这种设计逻辑导致玩家的自由度受到多种限制,只能在开发者设定的框架内进行活动,缺乏灵活性和个性化体验。然而在元宇宙中,每个人都可以成为游戏的主角,甚至可以选择成为游戏的创作者。用户不仅可以制定游戏规则、设计游戏场景,还可以创造自己的游戏内容,成为游戏中的"上帝"。这种完全由用户掌控的创作自由,为玩家提供了更高的沉浸感和参与感,比传统互联网游戏更具吸引力。以 Roblox 为例,它在制作方面与主流游戏的区别主要体现在以下两点。

1. UGC 玩法设置

当前主流的游戏开发模式为 PGC,以 Roblox 为代表的 UGC 平台为游戏行业的内容创作方式带来了全新的想象空间,开放的创作生态也促进了用户口碑加速增长。目前,Roblox 已成为全球最大的多人在线创作游戏平台。例如,2021 年 4 月,世纪华通在 Roblox 平台上推出了自研的元宇宙游戏"Livetopia"(《闪耀小镇》),游戏上线不到 5 个月时间,月活跃用户超过 4000 万,在 Roblox 平台上的用户数超过 1 亿,累计访问突破 6.2 亿次。

2. 自带引擎工具

Roblox 为平台内的开发者和玩家提供了简单易用的游戏制作工具——Roblox Studio(罗布乐思工作室),显著降低了创作门槛。相比其他主流游戏开发引擎,Roblox Studio 具有操作简便、编程语言易学的特点。通过封装底层技术,开发者可以使用更容易上手的 Lua(卢阿)语言直接操作 3D 环境,这不仅大幅降低了编程难度,还最大限度保障了内容的质量。与其他平台相比,Roblox 平台生态的特殊性在于开放性,每个玩家都可以参与游戏内容的创作,这种开放性促进了游戏内容的繁荣,能够对尚未加入游戏的开发者和玩家产生极大的吸引力,加之虚拟与现实互通的经济系统,每位参与游戏内容创作的用户都可以获得一定报酬,这促进了生态的活跃性与创造者的积极性,形成了一个正反馈循环。

二、元宇宙游戏产业发展路径

(一)打造沉浸式游戏体验

沉浸式体验和交互感是元宇宙在感官层面的核心表现,也是其必备特性。在游戏平台中,如何打造更强的沉浸感已成为游戏厂商和平台共同努力的方向。VR/AR 技术能够调动玩家的五感,通过视觉、听觉和触觉等感官为玩家提供身临其境的代入感,让游戏从传统的平面形式逐步迈向三维立体化。然而,受限于现有技术和设备普及率,AR 技术尚未广泛应用于主流游戏领域,更多见于移动端的互动玩法。相比之下,物理引擎技术在主流游戏中的应用更加普遍,通过将重力、碰撞、摩擦力等物理规则写入游戏平台,玩家能够在虚拟空间中获得更贴近现实的交互体验。这种技术不仅增强了游戏的真实性,也进一步拉近了虚拟世界与现实世界的感官距离,为未来元宇宙的发展奠定了重要基础。

(二)从游戏即服务到游戏即平台

元宇宙与游戏结合带来的一个重要变化是用户与游戏关系的转变。在传统游戏中,游戏内容的生产权和所有权本质上归属于游戏开发商。而依托区块链、NFT 等技术以及元宇宙下虚实共生的理念,游戏将从服务模式转变为平台模式,实现创作者与玩家的共生关系。一方面,内容制作的权利将交还给用户,平台通过制定规则并提供无代码工具,支持玩家发挥想象力进行游戏开发和创作。另一方面,游戏的运营管理也将由用户共同参与。常见的方式是通过发行平台治理代币,让用户以投票形式参与游戏平台的建设与规划。这种去中心化的管理模式赋予用户对游戏平台的共同所有权,使其真正成为所有用户的共享平台。

(三)打造游戏经济系统

Roblox 在其招股书中提出了元宇宙的八个关键特征,即身份、朋友、沉浸感、低延迟、多样性、随时随地、经济系统、文明。其中,经济系统和文明使得元宇宙游戏脱离了传统游戏的范畴。元宇宙游戏的资产能够通过 NFT 或者数字藏品表示,依托于区块链发行的 NFT 能够作为数字资产的凭证。游戏元宇宙内的宠物、装备、建筑甚至是地块都能够通过 NFT 或者数字藏品的形式表示,并能够实现资产价值的衡量和流通。游戏的平台代币是元宇宙游戏内衡量和交换价值的媒介,同时也支持兑换成其他加密货币或者法币以打通元宇宙与外部世界的关系。此外,平台代币另一个重要的作用为赋予玩家更大权利。用户通过代币投票参与平台治理,元宇宙内的规则、文明都能够被玩家共同重新定义。

(四)增强非游戏体验

在将元宇宙与游戏相结合的过程中,非游戏体验正逐步融入游戏本身。在这一趋势下,社交活动、虚拟音乐会、虚拟商店等非游戏元素将在元宇宙游戏中变得更加常见。非游戏提供商的加入,不仅将丰富游戏元宇宙的内容形态,还将通过与产业或商业的结合,拓展游戏的生态体系。长期来看,这种融合将为游戏行业带来巨大的商机和增长潜力。与此同时，社交嘉年华、虚拟音乐会等非游戏体验活动进一步强化了元宇宙游戏的社交属性。这些活动不仅提升了游戏的吸引力，还吸引了一批原本非游戏玩家的参与，从而拓展了游戏的用户基础，为游戏生态的多样化发展注入了新的活力。

虽然游戏与元宇宙结合的可行性已初步验证，但游戏行业的元宇宙化仍处于早期阶段，技术和内容都亟待进一步突破和提升。与此同时，知识产权、版权保护以及安全与隐私问题也将随着元宇宙化的深入而变得更加突出。首先，游戏的“可玩性”是元宇宙化的基础，提升游戏的趣味性和交互性是吸引玩家的关键。其次，加大元宇宙技术的研发力度，解决大规模开发与操作技术的不成熟问题，是推动元宇宙与游戏深度结合的关键。再次，完善内容审核机制以保护知识产权和版权，尤其是针对 UGC 中的侵权行为，建立健全的审核和管理体系至关重要。最后，强化元宇宙游戏社区的安全性和隐私保护，预防虚拟身份盗窃、信息骚扰等问题，通过加强数据加密和隐私管理措施提升玩家的信任度。

三、案例

（一）Roblox 的商业模式

Roblox 专注于如何为用户创造价值。①Roblox 提供了一个 UGC 平台，激发用户的创造力，使他们既是玩家又是创作者；②平台为用户提供了丰富的社交环境，支持好友联系、参与虚拟活动及项目协作；③Roblox的跨平台兼容性确保用户可以在个人电脑、移动设备和游戏主机等多种设备上访问，随时随地畅享平台内容；④平台提供了通过销售虚拟商品和体验来变现创作的机会，激励开发者和创作者持续创作；⑤Roblox通过沉浸式的 3D 环境为用户提供独特的游戏娱乐体验；⑥平台重视用户安全，尤其是针对儿童群体，实施审核系统和内容管理工具，确保用户在一个安全的环境中互动与创作。通过这些举措，Roblox 不仅为用户提供了多元化的娱乐体验，还成功构建了一个持续吸引开发者和玩家的生态系统。

Roblox 提供了多个核心产品和服务。首先,Roblox 平台是其核心产品,用户可以在其中访问丰富的用户生成的游戏和体验库。其次,Robux 是平台的虚拟货币,用户可以通过真钱购买或参与各种活动赚取,并用于游戏内购买虚拟物品和配件。再次,Roblox Studio 是一款功能强大的游戏开发工具,能帮助用户创建自己的游戏和体验,是平台创作者和开发者的重要工具。Roblox 市场则使用户能够购买、出售和交易虚拟物品及资产,如服装、配饰和头像定制。最后,Roblox 还提供了专属会员的高级订阅服务,每月为用户提供 Robux 津贴和独家物品。通过这些产品和服务,Roblox 构建了一个多元化的虚拟生态系统,满足了用户的不同需求。

Roblox 的平台迎合了多种客户群体。首先,玩家和游戏爱好者是平台的主要用户群体,他们喜欢玩其他用户创作的游戏和体验。其次,开发者和创作者是平台的核心成员,他们包括业余和专业开发人员、设计师和艺术家,负责在 Roblox 上构建和发布游戏与体验。父母和监护人关注平台的安全性和教育价值,尤其是在孩子们使用 Roblox 时。另一些教育机构则将 Roblox 作为教学工具,帮助学生学习编程、游戏设计等技能。最后,营销人员将 Roblox 作为一个营销和推广平台,吸引年轻且活跃的用户群体。通过满足这些不同客户群体的需求,Roblox 成功地打造了一个多元化的生态系统。

Roblox 通过多种方式产生收入。首先,Robux 销售是其主要的收入来源,用户用现实货币购买 Robux,Roblox 从中提取一定比例的收入。其次,虚拟物品销售也是其一大收入来源,用户可以购买由开发者和其他用户创建的虚拟物品、配件和头像定制等,Roblox 从这些交易中抽取一定比例。高级订阅计划通过每月的订阅费为 Roblox 带来收入,订阅者还可获得 Robux 津贴和其他福利。开发者交易所允许开发者将 Robux 兑换为现实货币,并从销售虚拟物品或体验中获取收入分成。再次,平台内的广告也是其收入来源之一,Roblox 通过展示广告赚取来自广告商和营销人员的收入。最后，Roblox 通过特许权使用费从平台上成功的游戏和体验中分享开发者的收入。通过这些多元化的收入方式，Roblox 建立了一个稳固的盈利模式。

Roblox 旨在最大化用户参与度和平台的可访问性。首先，跨平台可访问性是其重要特点，Roblox 可在个人电脑、移动设备和游戏机上使用，确保用户无论偏好何种设备，都能轻松访问平台。其次，应用商店也是一个关键分发渠道，Roblox 可以在苹果、谷歌等主流应用商店下载，移动用户可以快速访问平台。通过 Roblox 网站，用户可以注册、创建账户并探索平台的功能，进一步提升平台的可接触性。对于创作者，Roblox 工作室作为游戏开发工具，可以从 Roblox 官网免费下载，帮助创作者设计和发布游戏。再次，Roblox 通过社交媒体和合作伙伴关系，与影响者和品牌合作，推广平台及其用户生成的内容，扩大影响力。最后，口碑效应也是平台增长的重要因素，用户通过邀请朋友和家人加入，共同体验，推动了平台的自然增长。通过这些分发策略，Roblox 成功吸引了全球范围内的用户参与。

（二）Axie Infinity 的商业模式

Axie Infinity（阿蟹无限）的价值主张包括通过游戏赚取加密货币，为玩家提供边玩边赚的机会；使玩家能够拥有、交易和出售基于 NFT 的 Axie（阿蟹）；利用区块链技术确保游戏内资产的透明性和安全性；允许玩家参与游戏的开发与治理。这些特点吸引了那些寻求通过游戏赚钱、交易 NFT 以及参与基于区块链的游戏社区的玩家。Axie Infinity 的客户群体包括玩家、交易者及开发者。玩家主要希望通过 Axie Infinity 玩游戏并赚取加密货币；交易者则购买、收藏、交易和出售 Axie NFT；开发者参与游戏开发和治理。

在分销策略方面，Axie Infinity 利用区块链技术确保资产的安全与所有权，并通过 NFT 市场列出 Axie NFT 进行交易。平台还通过建立游戏社区、利用社交媒体来扩大受众范围，促进玩家的参与。在营销方面,Axie Infinity 通过社交媒体推广、与影响者合作、突出边玩边赚功能以及举办竞赛和活动来促进社区参与,吸引并保持玩家的活跃度。在组织结构方面,Axie Infinity 的团队包括开发团队、市场团队、社区经理、治理团队、营销与增长团队以及财务与运营团队,构建了支持游戏开发、市场管理、社区参与、治理、营销和财务运营的完整体系。

Axie Infinity 的收入来源多样,包括对市场上 NFT 交易收取费用、通过 Axie 培育产生新 Axie 收取费用、销售游戏内资产和虚拟物品、通过治理代币获得升值潜力,以及通过边玩边赚模式从玩家的活动中获得收入。其竞争优势来自商业模式创新,提供边玩边赚的区块链游戏;通过 NFT 提供真正的游戏资产所有权;构建了一个充满活力的 NFT 生态系统;培养了一个积极参与且忠诚的游戏社区;让玩家参与平台治理。这些都使 Axie Infinity 在区块链游戏领域占据领先地位。

本章小结

首先,本章从智能制造领域介绍元宇宙应用层的商业模型,介绍了智能制造和工业元宇宙,从研发设计、制造流程、供应链管理、售后服务等流程分析元宇宙与智能制造融合的具体路径;其次,从人(品牌数字替身,如虚拟偶像、虚拟品牌标识、智能数字人)、货(虚实融合)、场(场景营销,如虚拟空间等)角度探究元宇宙与数字营销的融合;最后,介绍了元宇宙游戏产业发展阶段,指出其与主流游戏的区别,并总结了其发展路径。

参考文献

安宝磊，2020. AI芯片发展现状及前景分析[J]. 微纳电子与智能制造，2(1):91-94.

安宝磊，2021. AI芯片的落地场景和关键技术分析[J]. 微纳电子与智能制造，3(4):87-91.

毕马威. 初探元宇宙[R/OL]. (2022-03-02)[2024-01-20]. https://kpmg.com/cn/zh/home/insights/2022/03/first-exploration-metaverse.html.

波特，2014. 竞争战略[M]. 陈丽芳，译. 北京:中信出版社.

蔡维钧，2004. 企业的整体运作[M]. 广州:广东经济出版社.

柴天佑，2020. 工业人工智能发展方向[J]. 自动化学报，46(10):2005-2012.

陈根，2020. 数字孪生[M]. 北京:电子工业出版社.

陈永伟，程华，2022. 元宇宙经济:与现实经济的比较[J]. 财经问题研究，5:3-16.

陈永伟，吕琳媛，2022. 元宇宙漫步指南[M]. 上海:上海人民出版社.

成生辉，2022. 元宇宙:概念、技术及生态[M]. 北京:机械工业出版社.

崔佳，2020. 云计算与边缘计算[J]. 电子技术与软件工程，10:159-160.

德勤. 元宇宙系列白皮书:用户核心，创作至上:消费元宇宙塑造商业新模型[R/OL]. (2023-03-08)[2023-07-25]. https://www2.deloitte.com/content/dam/Deloitte/cn/Documents/finance/cn-fa-business-metaverse-report-zh-230303.pdf? nc=42.

德勤管理咨询. 工业元宇宙在能源及汽车行业应用示例[R/OL].

(2022－10－21)[2023－09－28]. https://www2.deloitte.com/cn/zh/pages/technology/articles/metaverse-energy-automobile.html?nc=42.

杜雨，张孜鸣，2022. WEB3.0：赋能数字经济新时代[M]. 北京：中译出版社.

傅云瑾，魏雨含，2022. 元宇宙沉浸式交互技术发展现状及趋势[J]. 中国经济报告，6：98－107.

高举红，武凯，王璐，2021. 平台供应链生态系统形成动因及价值共创影响因素分析[J]. 供应链管理，2(6)：20－30.

顾明毅，郑婕，2022. 中国数字藏品发展现状与未来方向[J]. 中国广告，10：24－28.

郭海，杨主恩，丁杰斌，2023. 元宇宙商业模式：内涵、分类与研究框架[J]. 外国经济与管理，45(3)：23－45.

胡钰敏，2023. 元宇宙语境下的时尚品牌营销：以Gucci为例[J]. 中国商论，24：90－93.

黄安明，晏少峰，2022. 元宇宙：开启虚实共生的数字平行世界[M]. 北京：中国经济出版社.

嘉世咨询. 2023AI芯片行业发展简析报告[R/OL]. (2023－10－23)[2024－01－20]. https://www.djyanbao.com/preview/3690483?from=search_list.

李勇坚，冯明宪，2022. 元宇宙推动制造业高质量发展：理论框架和实现机制[J]. 新经济导刊，4：40－49.

李喻，2023. 阿里元宇宙：数字世界的“新基建”[J]. 国际品牌观察，8：46－52.

李振勇，2008. 商业模式：企业竞争的最高形态[M]. 北京：新华出版社.

廖俊云，王欣桐，2023. 元宇宙营销：数字化营销新纪元[J]. 金融博览，3：62－63.

刘健辉，2006. 商业生态系统：适应复杂商业环境的新手段[J]. 商业经济，9:16－18.

刘权，刘宗媛，2022. 元宇宙:产业布局新趋势[M]. 北京:清华大学出版社.

曼昆，2015. 经济学原理:第7版.微观经济学分册[M]. 梁小民，梁砾，译. 北京:北京大学出版社.

穆尔，1999. 竞争的衰亡:商业生态系统时代的领导与战略[M]. 梁骏，译. 北京:北京出版社.

清华大学. 人工智能芯片技术白皮书:2018[R/OL].（2018－12－18）[2024－01－20]. http://cbdio.com/BigData/2018－12/18/content_5956449.htm.

赛迪顾问. 中国AI芯片产业发展白皮书[R/OL].（2019－08－30）[2024－01－20]. https://www.vzkoo.com/document/15f5e6be603e4a9f2da592621a46aa19.html.

商汤智能产业研究院. 产业元宇宙白皮书:数字经济与实体经济深度融合[R/OL].（2022－01－13）[2024－07－21]. https://www.sensetime.com/cn/ecosystem-research.

石培华，王屹君，李中，2022. 元宇宙在文旅领域的应用前景、主要场景、风险挑战、模式路径与对策措施研究[J]. 广西师范大学学报（哲学社会科学版），58(4):98－116.

孙从众，2022. 脑机接口进展、挑战及展望[J]. 智能物联技术，5(3):1－6.

孙雪冬，刘铭，王新民，2022. 区块链发展应用综述[J]. 吉林大学学报（信息科学版），40(5):798－804.

唐旖浓，2015. 美国类脑芯片发展历程[J]. 电子产品世界，22(4):24－25.

陶飞，刘蔚然，张萌，等，2019. 数字孪生五维模型及十大领域应用[J]. 计算机集成制造系统，25(1):1－18.

王飞，2022. 元宇宙:新生态开启数字生活新纪元[M]. 北京:电子工业出版社.

王磊，2022. 元宇宙是什么[M]. 北京:中华工商联合出版社.

王娜，2007. 商业生态系统健康评价体系探讨[J]. 价值工程，11:20－22.

王能民，史玮璇，何正文，2023. 运营管理:新思维、新模式、新方法[M]. 北京:机械工业出版社.

王能民，何奇东，张萌，2023. 供应链管理[M]. 北京:机械工业出版社.

王能民，王梦丹，任贺松，等，2022. 海尔人单合一模式:基于数据驱动的大规模定制[J]. 工业工程，25(1):1-10.

王庆丰，赵晓萍，2023. 基于马斯洛需求理论的影视元宇宙产品规划思考[J]. 上海广播电视研究，2:32-37.

王伟，张欣，陈皓，等，2018. 云计算原理与实践[M]. 北京:人民邮电出版社.

王雪，李莎，李荣洋，等，2023. 脑机接口在元宇宙中的应用研究进展[J]. 工程科学学报，45(9):1528-1538.

王雨辰，胡华，2016. 类脑计算新发展:“TrueNorth”神经元芯片[J]. 计算机科学，43(S1):17-20.

吴海平，宣国良，2002. 价值网络的本质及其竞争优势[J]. 经济管理，24:11-17.

吴松强，张佳惠，蔡婷婷，2023. 元宇宙价值创造:理论逻辑与运行机制[J]. 外国经济与管理，45(3):86-100.

吴亚光，侯涛，蒲鸽，2022. 产业元宇宙[M]. 北京:中译出版社.

武娟，刘晓军，徐晓青，2020. 扩展现实(XR)关键技术研究[J]. 广东通信技术，40(10):34-39.

夏清华，陈超，2016. 以海尔为案例的中国本土制造企业商业生态重构研究[J]. 管理学报，13(2):165-172.

邢杰，赵国栋，徐远重，等，2021. 元宇宙通证[M]. 北京:中译出版社.

徐井宏，李东红，2020. 重构:国内外企业生态战略案例研究[M]. 北京:清华大学出版社.

杨东，梁伟亮，杨翰方，等，2023. 元宇宙与数字资产[M]. 北京:中译出版社.

扬西蒂，莱维恩，2006. 共赢:商业生态系统对企业战略、创新和可持续性的影响[M]. 王凤彬，王保伦，等译. 北京:商务印书馆.
姚前，陈永伟，2022. Web3.0:下一代互联网的变革与挑战[M]. 北京:中信出版社.
叶毓睿，李安民，李晖，等，2022. 元宇宙十大技术[M]. 北京:中译出版社.
易靖韬，2023. 生态竞争:数字时代的企业生存法则[M]. 北京:中国人民大学出版社.
尹首一，2019. 人工智能芯片概述[J]. 微纳电子与智能制造，1(2):7-11.
曾诗钦，霍如，黄韬，等，2020. 区块链技术研究综述:原理、进展与应用[J]. 通信学报，41(1):134-151.
张臣雄，2021. AI 芯片:前沿技术与创新未来[M]. 北京:人民邮电出版社.
张瑞敏，2021. 生态品牌:第四次工业革命中再生的新范式[J]. 清华管理评论，9:16-28.
张兴旺，雷薇，段雪纯，等，2023. 中国特色数字藏品的理论体系、研究模式与未来研究趋势分析[J]. 图书情报工作，67(24):122-134.
赵道致，李广，2005. 网络组织向商业生态系统的进化[J]. 工业工程，1:24-28.
赵国栋，易欢欢，徐远重，2021. 元宇宙:互联网的未来就是元宇宙[M]. 北京:中译出版社.
赵妍，汪卫国，2022. 电信运营商 5G 商业模式创新分析[J]. 互联网天地，3:40-45.
中国信息通信研究院. 工业元宇宙园区应用白皮书[R/OL]. (2023-03-24)[2023-07-25]. https://www.aii-alliance.org/resource/c331/n3763.html.
周鸿祎，2016. 智能主义:未来商业与社会的新生态[M]. 北京:中信出版社.
周旭，李琢，2023. 面向算力网络的云边端协同调度技术[J]. 中兴通讯技术，29(4):32-37.

AMIT R, ZOTT C, 2001. Value creation in e-business[J]. Strategic Management Journal, 22(6-7):493-520.

BERNAL S L, CELDRÁN A H, PÉREZ G M, et al., 2021. Security in brain-computer interfaces: state-of-the-art, opportunities, and future challenges[J]. ACM Computing Surveys, 54(1):1-35.

BROOKS J, TENG S Y, WEN J, et al., 2021. Stereo-Smell via electrical trigeminal stimulation[C]. Proceedings of the 2021 CHI Conference on Human Factors in Computing Systems, 502, 1-13.

DWIVEDI Y-K, HUGHES L, WANG Y-C, et al., 2023. Metaverse marketing: how the metaverse will shape the future of consumer research and practice[J]. Psychology & Marketing, 40(4):750-776.

GAN J, NORMAN C, GILBERT PUPA, et al., 2013. 2012 International science & engineering visualization challenge[J]. Science, 339(6119): 509-519.

GANZER P D, COLACHIS S C, SCHWEMMER M A, et al., 2020. Restoring the sense of touch using a sensorimotor demultiplexing neural interface[J]. Cell, 181(4):763-773.

GULATI R, NOHRIA N, ZAHEER A, 2000. Strategic networks[J]. Strategic Management Journal, 21(3):203-215.

KRAUS S, KANBACH D-K, KRYSTA P-M, et al., 2022. Facebook and the creation of the metaverse: radical business model innovation or incremental transformation? [J]. International Journal of Entrepreneurial Behavior & Research, 28(9):52-77.

ZOTT C, AMIT R, MASSA L, 2011. The business model: Recent developments and future research [J]. Journal of Management, 37 (4):1019-1042.